大数据交易的
竞争法规制研究

国瀚文 / 著

中国政法大学出版社

2023·北京

图书在版编目（ＣＩＰ）数据

大数据交易的竞争法规制研究/国瀚文著. 一北京:中国政法大学出版社，2023.1

ISBN 978-7-5764-0736-5

Ⅰ.①大… Ⅱ.①国… Ⅲ.①反不正当竞争－经济法－研究－中国 Ⅳ.①D922.294.4

中国版本图书馆CIP数据核字(2022)第223040号

书　名	大数据交易的竞争法规制研究
	DASHUJU JIAOYI DE JINGZHENGFA GUIZHI YANJIU
出版者	中国政法大学出版社
地　址	北京市海淀区西土城路 25 号
邮　箱	fadapress@163.com
网　址	http://www.cuplpress.com (网络实名：中国政法大学出版社)
电　话	010-58908466(第七编辑部) 010-58908334(邮购部)
承　印	北京旺都印务有限公司
开　本	720mm×960mm　1/16
印　张	16
字　数	254 千字
版　次	2023 年 1 月第 1 版
印　次	2023 年 1 月第 1 次印刷
定　价	80.00 元

序 一

发展数字经济、建设数字中国，是 2020 年《中共中央关于制定国民经济和社会发展第十四个五年规划和二〇三五年远景目标的建议》中的一项重要内容。党的十八大以来，党中央高度重视发展数字经济。十九大报告中明确提出建设"数字中国"的发展目标，指出要"推动互联网、大数据、人工智能和实体经济深度融合"。十九届中央政治局在多次集体学习中，对大数据、人工智能、数字经济进行深入研究，强调要构建以数据为关键要素的数字经济，推动实体经济和数字经济融合发展，数字经济已经成为我国经济发展的新引擎，并上升到国家战略层面。党的二十大报告指出，加快发展数字经济，促进数字经济和实体经济深度融合，打造具有国际竞争力的数字产业集群。将数据法学作为新兴交叉学科进行培育和建设，在学理层面进行深入研究以指导数据法治实践，是助力当前和未来数字中国建设，践行习近平法治思想的重要举措。

进入数字时代，监管对象和监管环境都在快速变化，特别是平台规模大，数据交易量大，垄断问题和其他不正当竞争行为易产生影响且快速蔓延，大而不能倒的问题特别突出。习近平总书记在《求是》发表的《不断做强做优做大我国数字经济》一文中指出："推动数字经济健康发展，要坚持促进发展和监管规范两手抓、两手都要硬，在发展中规范、在规范中发展。要健全市场准入制度、公平竞争审查制度、公平竞争监管制度，建立全方位、多层次、立体化监管体系，实现事前事中事后全链条全领域监管，堵塞监管漏洞，提高监管效能。要纠正和规范发展过程中损害群众利益、妨碍公平竞争的行为和做法，防止平台垄断和资本无序扩张，依法查处垄断和不正当竞争行为。"因此，及时精准出台监管制度和政策法规，并及时修改完善和迭代升级，是应对多变数字世界监管创新，监管理念和方式更新，以及加强法治服务保障的时代要求。本书研究数字经济背景下数据与大数据的生成机制，从而锁定以大数据交易的竞争法规制为研究对象，针对国内外数字竞争制度目前存在的突出法律理论观点和问题，对我国数字经济竞争规制中的基本问题进行系统梳理和深入分析，在全面建成社会主义现代化强国的新征程中，出版本书具有非常重大的理论和实践意义。

"法与时转则治。"随着经济社会不断发展、经济社会生活中各种利益关系不断变化，新技术、新产业、新业态和人们新的工作方式、交往方式、生活方式不断涌现，数字经济平台以及各类新模式新业态发挥了经济基础性稳定器的作用，这对部门立法甚至对整个基于工业经济的法律体系都提出了巨大挑战。一方面，电商平台、远程办公软件乃至在线司法等，为线上的活动提供了便利；另一方面，平台经济领域也出现诸多乱象，例如，客户端关闭所有第三方分享 API 接口，阻碍数据的开放共享和数据生产要素价值实现；平台权力过大，遏制创新和损害消费者利益。包括我国在内的主要国家和地区都加大对平台监管的力度，反垄断法成为指向科技巨头的常用监管工具。但是反垄断法不应成为治理平台的唯一机制，否则，这部法律和平台经济领域都将不堪重负。国固民富，路之欲通有其规，市之欲畅有其熵。不管是对平台经济领域还是对其他领域的监管执法，都应从市场竞争机制的本源进行监管，规范和引导资本健康发展。回顾我国平台经济近二十年的发展，可以发现其离不开数据、网络和不断进步的 ICT 技术，平台企业的行为主要基于算法实施的数据处理行为，所以治理平台需要治理数据行为。

本书对于大数据交易的规制从竞争法学的角度进行讨论，既是基于数字时代背景的需求，又是我国数据法学研究从理论走向实践过程的总结。总体来看，全面进入数字经济时代之后，法律监管体系也正在作出相应的调整。本书正是针对数据交易中有关法律问题从理念、理论到实践、实务的梳理和提炼，具有以下五个特点：一是具有回顾性。作者通过回顾我国互联网竞争法学学术的变化发展，展现我国互联网经济发展的脉络，从而锁定数字经济、数据交易以及数据垄断的形成、发展与规制动向。如本书第二章，以可视化分析的研究方法，通过《反不正当竞争法》〔1〕的修正过程，对我国互联网经济与竞争法学术发展进程进行梳理，旨在识别数字经济下的竞争法治建设进程，并介绍数字经济与数据交易的形成。二是具有体系性。竞争法学作为一门带有综合性和交叉性的法律学科，对其进行交叉学科的研究是学科属性的内在要求。本书将个人信息保护与竞争规制这两个传统上没有关联的问题联系在一起，提出数据生产要素的价值实现和分配机制，需要经济法、民法、行政法、刑法、诉讼法等各类法律体系的全面保护和规制。数字经济法律规制体系的构建，当务之急是与数据市场接触最为紧密的竞争法。三是具有实践性。数字经济平台利用平台、数据、算法、算力等优势形成市场力量，但该市场力量亦视市场特性影响竞争，通过限制竞争对手访问数据，阻碍共享数据、设置进入壁垒，新型的竞争损害并非价格上涨，而是消费者福利中质量、创新和隐私的损失，以社会实证分析方法阐释数字经济下竞争法产生的根本原因。因此，作者提出个人隐私和数据保护不仅仅是民法的问题，也是包括反垄断法在内的其他法律体系需要关注的，同时结合经典案例对其适用现状进行论述并寻找对我国有意义的借鉴。如第三章，通过世界范围内的竞争规制与个人信息保护历程，以及经典案例反思各国涉大数据交易规制制度产生的缘由。四是具有针对性。通过分析与中国历史、人文更相近的韩国数据法律体系的发展与适用现状并进行立法反思，探索适合中国大数据交易的竞争法规制构建路径。五是具有前瞻性，如本书第四章，从原则构建、个人信息的竞争法保护、数字市场秩序的反垄断法监管规制分析我国的大数据交易竞争法规制动向。第五章提出了在中国竞争法语境下的大数据交易规制路径的具体建议。

本书作者国瀚文博士研究方向是数据法学、经济法学、商法学、平台垄断、数据合规、环境资源治理与双碳政策实践等法学交叉学科。本书以"大数据交易的竞争法规制研究"为题，将现有制度规范与现实技术进行有机结合，深入研究数据权利的生成机制，对竞争法规制领域的新型问题以及司法

---

〔1〕　为表述方便，本书中涉及的我国法律法规、部门规章直接使用简称，省去"中华人民共和国"，例如《中华人民共和国反不正当竞争法》简称为《反不正当竞争法》，全书统一，不再一一说明。

实践问题进行体系化、技术化的研究分析，有助于我们全面理解和把握我国竞争法规制的现状。本书无疑是一部专门研究大数据交易竞争法规制的力作，可以为大数据交易的法治实践和理论提炼提供借鉴和参考。在深入学习贯彻落实党的二十大精神之际，本书由中国政法大学出版社出版，彰显了中国政法大学出版社助力我国新型"数据法学"新学科建设与对数据法治人才培养的社会责任。本书即将付梓，我希望并深信国瀚文博士能进一步深入拓展这一领域的研究，写出更多可供学术界参考、可供实务界借鉴的推动数据法治完善的优秀著作和文章。

中国政法大学　时建中

2022 年 10 月

序 二

　　大数据是一种大到在获取、存储、管理、分析方面，大大超出传统数据库软件工具能力的数据集合，它是以互联网为代表的高科技时代的产物，具有数据规模大、流通快、类型多样和成本低等特点。大数据技术则是从各类数据中，快速获得有价值信息的能力。大数据从采集、处理、存储到形成结果的整个过程，均依赖互联网、数据挖掘、云计算、分布式处理、存储和感知等技术及相关设施的支撑。大数据技术的重大战略意义，不在于掌握庞大的数据信息，而在于对具有内在意义的海量数据进行专业化加工、处理，以实现其附加价值的能力。

　　在数据经济时代，大数据的开发应用极大地提高了企业生产经营的效率，以及人民群众日常生活的便利度和幸福指数。数据资产已经成为企业的核心资产，数据管理能力则成为企业的核心竞争力。充分、有效地利用大数据可以帮助企业降低成本、提高效率、开发新产品、作出更明智的业务决策。社会民众的生活和工作也日益离不开依赖大数据提供的环境或编织的关系网络。因此，2022 年我国新修正的《反垄断法》对大数据竞争引发的垄断现象及时地予以回应。

　　国家对大数据技术的发展和运用前景高度重视。2015 年国务院印发了《促进大数据发展行动纲要》，推动大数据的发展和应用，预期在未来 5—10 年打造精准治理、多方协作的社会治理新模式，建立运行平稳、安全高效的经济运行新机制。主要任务是加快政府数据开放共享，推动资源整合，提升治理能力；推动产业创新发展，培育新兴业态，助力经济转型；强化安全保障，提高管理水平，促进健康发展。2016 年 3 月发布的《中华人民共和国国民经济和社会发展第十三个五年规划纲要》，更进一步确立了"实施国家大数据战略"，提出把大数据作为基础性战略资源，全面实施促进大数据发展行动，加快推动数据资源共享开放和开发应用，助力产业转型升级和社会治理创新。

数据在生产、管理和社会生活中的应用和渗透，势必成为各学科高度关注的研究对象，不仅孕育着数据科学，而且将会派生出众多的交叉学科，例如"数据法学"。《大数据交易的竞争法规制研究》正是恰逢其时的学科交叉研究成果。本书在结构安排上除第一章导论外，主体部分共分四章：第二章互联网与竞争法的交织，第三章大数据交易竞争法规制模式，第四章大数据交易竞争法规制动向，第五章大数据交易竞争法规制路径探析。本书以大数字生产、收集、加工、处理，大数据交易过程中诱发的不正当竞争和数据平台垄断行为作为研究对象，立足国内，放眼世界，以广阔的学术视野全景式地展现大数据竞争法律规制的脉络，突出了法律规制的难点、模式、方法和路径，最终目标是构建中国语境下的大数据交易反垄断法体系。该体系以确立大数据交易竞争法规则为依据，以大数据集聚平台、大数据应用平台、大数据交易平台等各类大数据平台为规制对象，通过区分平台功能进行差异化治理、监管，并引导大数据平台多元协同共治，以促进大数据平台开展公正交易，有序、高效竞争，实现大数据资源优化配置，从而保护消费者、经营者的合法权益。

品读和欣赏这部著作，读者若能领悟和把握以下特色，则会有更多收获。

其一，本书的基本理论框架是"大数据交易竞争—法律规制"。具体研究思路和逻辑线索是：首先，描述了数据的生成，数据生成大数据，进而产生大数据交易，最终形成数字经济的过程。其次，数字经济在促进社会生产力提高、民生改善，改变原有生产、生活方式和社会治理方式的同时，也拓展和加剧了市场竞争。拥有大数据的高水准的加工处理能力业已成为新一轮争夺国内、国际竞争制高点的优势。这不可避免地会诱发不正当竞争和数据垄断，严重威胁个人信息、隐私安全，以及公平竞争的数据市场秩序。因此，对大数据交易进行多层面的法律规制和引导，尤其是发挥竞争法的调整功能，就显得至关重要。最后，作者承上启下地探索了大数据交易竞争法规制的模式、方向和路径。

其二，跨学科交叉研究。数据作为一种新型资源和生产要素，已经渗入各行各业和各学科门类，进而成为满足社会生产和生活的必需品。因此，数据与任何事物都存在着普遍的因果关系和交集。本项研究在应然论域内对与数据交叉的焦点进行了较深入地探讨和辨析，可细分为三个层次：第一个层次是，对数据科学技术与经济、法律、道德伦理和哲学的交叉研究；第二个层次是，法律对数据、大数据的规制，对个人信息和隐私的规制，对消费者利益的保护，对利用数据不正当竞争、利用大数据垄断进行规制，相互间存在交叉和竞合的分析、研究；第三个层次是，数据学、数据法学、数据竞争法学和消费者权益保护法学等学科交叉层面的探讨。通过这三个层次的交叉研究和分析，充分体现了"大数据交易的竞争法规制"的新颖性、多维性和复杂性。

其三，以案说法、以案释法是该项研究成果的又一大特色。作者为了将理论研究与实践相结合，除了选择案件实事作为支持其论点的实践论据，还选择了一些涉数据竞争的经典案例，从理论和法律的角度研判。尤其是本书的第三章"大数据交易竞争法规制模式"，为了阐明欧盟、美国、韩国和中国对大数据交易竞争法规制模式各自调整的范围、方式和效果，分别选择了具有代表性的案例加以分析和评判。例如，2021 年，中国出现首例因互联网平台拒绝数据许可引发的反垄断民事诉讼。该诉讼无论是在取证方面，还是对相关市场的界定，对滥用市场支配地位行为的认定等方面，均面临前所未有的难题和挑战。然而，该案的审理和裁决对于促进数据流动、共享，合理、高效地配置，激发创业创新，增进消费者福祉，都具有划时代的深远意义。相关的分析和评价，不仅对读者理解、领会竞争法对大数据交易规制的目的和原理有很大的帮助，而且能够引导读者将感性认识上升为理性认识。

本书作者国瀚文博士对大数据交易的竞争法规制问题的研究，始于 2017 年她在韩国忠北大学留学之时。这部即将付梓的著作，就是在她的博士学位论文《大数据交易滥用市场支配地位规制》的基础上，继续研究、修改和完善而成的最终成果。

　　我相信这部学术著作的出版发行会使广大的读者更加关注大数据竞争的法律问题，也会激发更多的有志之士加入这一具有时代意义的研究活动之中；同时，我也更加希望国瀚文博士能继往开来地拓展和深化这一领域的研究，取得更多高质量的学术成果。

郭富青

于古都西安

2022 年 9 月 16 日星期五

摘　要

2020 年 4 月，数据作为新型生产要素，被正式写入中央关于要素市场化配置的文件，这标志着数据已和其他要素一起融入了我国经济价值创造体系，成为数字经济时代的基础性资源、战略性资源和重要生产力；已快速融入生产、分配、流通、消费和社会服务管理等各个环节，深刻改变着生产方式、生活方式和社会治理方式，也推动了以"大数据"为交易对象的商业模式的发展。但从近年的情况看，大数据交易的发展并没有预想中顺利，数据权属不明、隐私泄露、数字市场秩序混乱、流通机制设计与国际数字贸易对接不畅等问题掣肘了数据要素价值的实现。主要原因在于大数据包含着的商业价值不仅涉及个人信息，也涉及数字市场的秩序监管，使其交易的合法性面临着不确定性；同时，也使得个人信息保护与竞争规制这两个传统上没有关联的问题日渐联系起来。大数据交易涉及各方利益，只有融合各项法律手段才能使数据资源价值得到有效实现。鉴于目前大数据交易多是基于数字平台进行的，而数字平台利用其技术实现数据要素生产价值的同时，也对基于工业经济形成的法学规制理论体系提出了挑战。尤其是平台企业之间的数据竞争行为掣肘了数据要素价值的实现，平台涉数据的垄断行为也引发了社会的关注。数字平台的发展以创新为主，有创新就有竞争，有竞争就会影响市场秩序，在《反垄断法》的框架中以竞争规制对大数据交易涉及的问题进行讨论，是正确认识并且科学处理竞争与创新关系的重要抓手，对于推动经济高质量发展，重申竞争政策的基础性地位有重要意义。同时，这也是对 2022 年新《反垄断法》中以法律的形式和位阶，尊重数字经济竞争规律的有力回应。《反垄断法》在第 4 条专门加入了"国家坚持市场化、法治化原则，强化竞争政策基础地位"的表述；在第 5 条专门讨论公平竞争审查制度，规定了行政机关和法律、法规授权的具有管理公共事务职能的组织在制定涉及市场主体经济活动的规定时，应当进行公平竞争审查。以上新修的条文对于稳定市场的信心，回应社会上的各种疑虑将会起到十分重要的作用。

过去的几年中，"3Q 大战""丰鸟之争""新浪微博诉脉脉案"等互联网经典案件均以数据的竞争为核心。2021 年 11 月，湖南蚁坊软件股份有限公司及其北京分公司（以下简称蚁坊公司），以新浪微博运营商北京微梦创科网络技术有限公司（以下简称微梦公司）拒绝许可数据的行为构成垄断为由，向长沙市中级人民法院提起诉讼，成为国内首例因互联网平台拒绝数据许可引发的反垄断民事诉讼。自国际上备受关注的 LinkedIn v. hiQ 案后，关于互联网平台拒绝数据抓取的行为是否构成垄断，一直有激烈讨论。国内虽然自"新浪微博诉脉脉案"以来，围绕数据的抓取和使用等问题也有些许案例，但判决中对此类纠纷均从不正当竞争的角度切入，尚未有诉请确认互联网平台拒绝他人抓取、使用数据构成垄断的先例。从本案来看，作为一家专门以网络公开数据进行网络舆情分析的公司，微梦公司的微博平台在国内拥有不可比拟的用户群。蚁坊公司需要利用微博数据提供政务舆情监测服务，而新浪微博却多次拒绝。迫于公司生存需求，蚁坊公司认为微梦公司拒绝其使用数据，实际是变相逃避监管，并严重限制了数据分析技术的创新、发展，损害了社会公共利益，构成了滥用市场支配地位的垄断行为。该案对于促进数据流动和共享，提高数据资源利用效率，激发相关领域产品创新，增进消费者福祉，都将具有深远意义。在诉讼过程中如何取证、认定、界定存在的变量，不仅需要反垄断法提供规则框架，还需要了解平台间对于"大数据交易"的定价规则、算法机制等，以及市场监管中认定排除、限制竞争行为的范式转化。比如，大数据中包含的个人信息不再附属于价格，而是具有与价格同样的内涵。其不仅是价格的影响因素，其本身亦是在线服务的对价，已具有重要的竞争法属性。当个人信息保护作为一项独立的消费者福利内容时，数字平台利用算法技术对个人信息的滥用剥削应被视为新型垄断行为，需要对该企业的滥用市场支配地位行为认定进行重构。

　　本书对于大数据交易的规制从竞争法学的角度进行讨论，既是基于数字时代背景的需求，又是我国数据法学研究从理论走向实践过程的总结。竞争法学作为一门带有综合性和交叉性的法律科学，对其进行交叉学科的研究是学科属性的内在要求。在我国竞争法语境下，竞争规制包含《反不正当竞争法》与《反垄断法》，需要将现有制度规范与现实技术进行有机结合，深入研究数据的生成机制，对竞争规制领域的新型问题进行体系化、技术化的研究分析，可以更加全面地分析我国大数据竞争规制的现状。综上，本书通过我国互联网竞争法学术的变化发展，展现我国互联网经济发展的全部脉络，从而锁定数字经济、大数据交易以及数据垄断的形成、发展与规制动向，并通过展现欧美地区数据法律体系的构建过程，以经典案例对其适用现状进行论述，寻找对我国有意义的借鉴；对与中国历史、人文更相近的韩国则通过其数据法律体系的发展与适用现状进行立法反思。最后，探索适合中国的大数据交易竞争法规制构建路径。

第一章
导　论

一、目的与意义

竞争法作为经济领域的宪法，在规制市场主体行使排除、限制竞争行为等方面，发挥着重要的指导作用。在数据要素政策颁布后，以数据[1]作为交易对象的数字经济[2]呈现出迅猛发展的态势。传统竞争规制认定垄断等行为以价格理论为基础，数据交易似难与之直接对接。但在数字时代，数据要素不仅以价格为影响因素，而且是平台中在线服务的对价，已具有重要的竞争法属性。数据交易不再附属于价格，而是具有与价格同样的内涵。既而数据的保护已然成为一项独立的消费者福利内容，平台企业间对数据交易规制的禁止合谋与剥削应被视为新型垄断行为，需要对滥用市场支配地位行为认定进行重构。在改革开放早期，由于市场发展水平较低，大量社会基础设施需要由国家进行投资建设，当时由政府主导的产业政策一度成为我国市场经济的引领。但是，随着经济的发展，市场对于资源配置的决定性作用日益突出，竞争政策和产业政策的地位也就随之出现了逆转。《反垄断法》作为竞争政策

---

　　[1]　尽管数据多种多样，本书仅讨论个人数据与大数据：根据经济合作与发展组织（OECD）关于个人数据的列举，本书中个人数据是指，有关某个被指明身份或者可以被查明身份之个体（数据主体）的任何信息。大数据是指，可用于分享与交换的数据，具体见本书第二章中相关内容。

　　[2]　数字经济基于互联网产业的发展而兴起，源于互联网产业而又不同于互联网经济，是互联网经济的具体一类。本书先论述作为数字经济发展基础的互联网经济与竞争法的关系，然后展开论述数字经济与竞争规制发展的关系，以保证本书论点的概念清晰。互联网经济是以互联网技术为平台，以网络为媒介，以应用技术创新为核心的经济活动的总称，是基于互联网所产生的经济活动的总和，在当今发展阶段主要包括电子商务、互联网金融（ITFIN）、即时通讯、搜索引擎和网络游戏五大类型；数字经济指一个经济系统，在这个系统中，数字技术被广泛使用并由此带来了整个经讯、搜索引擎和网络游戏5G环境以及经济活动的根本变化。数字经济也是一个信息和商务活动都数字化的全新的经济系统。

领域最为重要的法律规范，由于出台时间较早，在早期的规范文本中并没有对于竞争规制问题进行详细的阐释，以至于在数字要素市场发展之际出现反垄断与公平竞争审查之间的关系。随着平台经济的崛起，我国近年来不断加强对平台领域反垄断和反资本无序扩张的重视，加大了对数据市场行为进行规范的力度。因此，在《反垄断法》的框架中重申竞争政策地位之时，以竞争规制对大数据交易涉及的问题进行讨论，对于稳定市场的信心，回应社会上的各种疑虑将会起到十分重要的作用。

中国现行的竞争法律体系是由反垄断法律规范和反不正当竞争法律规范构成的完整统一体。[1]它表现为法律、行政法规、部门规章、地方性法规、相关司法解释和相关国际公约等多种法律渊源。如《价格法》《招标投标法》《著作权法》《产品质量法》等，《刑法》也含有一些有关反垄断方面的罪名等。此外，在中国行政法规、部门规章层面，地方性法规层面以及司法解释层面均有关于竞争方面的规范。中国对于反不正当竞争与反垄断行为采用分别立法的模式。反垄断与反不正当竞争是中国现代国家规制市场的两种主要方式，它们都是国家对市场竞争的直接规制。但从本质上看，垄断行为是排斥、限制竞争的，与竞争相对立；而不正当竞争是以竞争的存在为前提的。正因如此，中国的竞争法往往被分为反垄断法和反不正当竞争法，反垄断法主要规制垄断行为和限制竞争行为，反不正当竞争法将不正当竞争行为作为规制对象。

对比国外，韩国采取合并立法的立法模式，主要为韩国《独占规制法》和韩国《公正交易法》，[2]所以其有关反垄断法的规制范围不仅包括预防和制止垄断行为、确保自由公正的市场竞争、保护消费者利益和社会公共利益，还把助长具有创意的企业活动、实现国民经济的均衡发展确定为该法的规制目的。欧盟、美国的竞争法律体系也均是一个以规制限制竞争行为为主，兼及不正当竞争行为的法律体系，并未单纯对反垄断或反不正当竞争行为作出区别规定。另外，韩国个人信息保护委员会 2021 年 9 月 28 日提交的韩国《个人信息保护法（修正案）》有利于降低个人信息被泄露、滥用的风险，

---

〔1〕 王晓晔：“竞争法的基础理论问题”，载《经济法论坛》2004 年第 0 期。
〔2〕 王晓晔：“竞争法的基础理论问题”，载《经济法论坛》2004 年第 0 期。

增强个人信息的机密性，从而增强公众的权益。[1]个人信息处理器被指定为应该清楚地定义处理个人信息的目的，并且在该目的所需的范围内以较为适当和公平的方式收集最少量的个人信息。这也说明，韩国相关部门很早就意识到隐私保护对市场公平竞争的影响。为了更好地适应经济全球化背景下不断变化的市场竞争需要，作为规制竞争行为的中国竞争法律体系理应是一个动态的、开放的体系，其内容也在不断丰富发展。在新科技革命时代，对于新型的互联网交易市场，也同样要以适应时代发展的规范来进行协调与规制，否则将会影响中国市场竞争秩序的维护，影响中国市场经济的深入发展，所以务必采取有效措施对大数据交易竞争行为加以规制。

因此，对大数据交易进行竞争法规制需要从整体的竞争法律体系来看，《反垄断法》与《反不正当竞争法》以及两部法律的立法背景、立法时间、立法目的均应进行考虑。鉴于大数据交易竞争法规制的研究是基于互联网经济的发展而发展的，所以本书以中国互联网经济发展阶段进行时间切片，以可视化分析的方式分析互联网反不正当竞争行为的学术发展趋势，由此展开大数据交易行为对竞争法带来的威胁与未来规制动向。从世界范围来看，各国所选择的对待数据企业滥用市场地位的规制，[2]是基于其本国的文化选择。而文化选择偏好直接制约了不同国家对待"法"的态度与立场。一般来讲，法律现象普遍有迹可循，但如果以严格的"法律"语词为标准来识别法的文化，那么只在大陆法系传统国家存在法的文化现象。然而，面对社会经济生活中的危险力量，两大法系采取了不同的预防机制和法律准备。英美法系国家利用灵活机动的宪政机制与司法传统来化解这种危险，而大陆法系国家则选择了事前立法的法律防控机制。在理性主义指导下，大陆法系国家的规划性立法活动与法律整理习惯塑造了法的部门的轮廓。职业法学家群体则通过对法的概念、学说、知识体系的建构和解释，以及参与立法等方式，推动了法的文化现象在这些国家的形成与发展。即使在数字经济社会中，韩国依然追寻着大陆法系惯有的思维，通过各种立法来降低风险。但是，韩国经济虽在先进国家之列，而大数据产业的发展却在世界范围内排在末端。因为其虽然有充足的法律保障，但是却未形成一个大数据交易系统。也就是说，韩国

---

〔1〕 孟雁北："反垄断法规制平台剥削性滥用的争议与抉择"，载《中外法学》2022 年第 2 期。

〔2〕 程啸："论公开的个人信息处理的法律规制"，载《中国法学》2022 年第 3 期。

过多的法律规范对大数据产业形成了过度的限制，阻碍了新兴工业的发展。由于大陆法系的传统，面对快速发展的大数据产业，中国依然认为立法很重要，围绕着科技社会发展的进度，从国家政策到法学家研究一直在积极推进着立法进程。根据中国现行法律规范，对数字企业使用个人信息构成侵权的行为，鲜有胜诉。因为，对于平台企业使用个人信息进行竞争的行为，是否涉嫌滥用市场支配性地位，不论是法学界、业界还是公众舆论反应，都呈现出相当大的分歧。包含个人信息的数据到底应依据侵权行为还是垄断行为进行起诉的法律适用具有局限性。在数字经济中，要认定平台企业的市场支配地位，除了要考虑其市场份额，还要考虑其掌握的相关数据情况。这实质上也是判断平台企业对个人信息竞争行为是否构成垄断的标准，这一前沿命题可以对比法国、德国在对于 Facebook 侵权案件中关于市场支配地位的行为认定，该案件有很多值得借鉴之处。通过讨论各先进国家和地区关于大数据交易的现状与竞争规制，并与韩国进行反向比较，立足中国经济发展和市场竞争的实际，对大数据交易的竞争法规制完善提出有意义的启示。

本书主要内容：首先，以可视化分析的研究方法，通过《反不正当竞争法》的修订过程，对我国互联网经济与竞争法学术发展进程进行梳理，旨在识别数字经济下的竞争法法治建设进程，以社会实证分析方法阐释数字经济下竞争法产生的根本原因。其次，厘清数据、大数据的概念、特征以及生产过程，数字经济形成的原因与过程，个人信息与竞争法的交织、数字市场秩序与竞争法的监管等竞争规制基础理论。再次，基于我国竞争法立法的时代背景，在竞争法立法过程中，参考了欧盟、美国、韩国等国家的立法经验。这些国家或地区的竞争法历史悠久，对于数字垄断行为进行规制的法律体系及法律规定较为成熟，其在数字竞争规制案例方面也积累了丰富的经验。所以，这些国家在大数据交易竞争法规制方面对中国也会产生有意义的启示与反思。最后，探索适合中国的大数据交易的竞争法规制路径。

二、大数据交易竞争法规制模式选择

从世界范围来看，欧盟、美国、韩国与中国的大数据交易规制模式是极其具有代表性的。从各国（或地区）的法理构建、规制法律、典型案例等方面可以看出各国（或地区）对大数据交易所秉持的态度以及所采取的竞争法律规制措施。从法系出发，欧盟与美国同属于英美法系。从竞争法律制度出现之初至今，一直在稳健发展，包括对待数字经济市场也是保持法律规制与经济发展同步的趋势；从比较法的角度来看，中国与韩国同属于大陆法系，但是中韩两国对待大数据规制模式却有极大的反差，这也是大陆法系国家中具有代表性的规制模式。因为，即使在数字经济社会中，韩国依然追寻着大陆法系惯有的思维，通过各种立法来降低风险。比如，韩国从 1996 年就开始对信息产业进行立法规范，并且对于个人信息保护的法律条文持续进行修订，现在对数字产业和个人信息保护程度居于亚洲之首。而中国从 2000 年才开始以国家政策的形式对信息产业化进行规制。韩国在关于大数据反垄断规制方面，不仅有完善的韩国《独占规制法》对滥用市场支配地位等行为进行法律上的认定与规制，也有韩国《个人数据保护法》《大数据利用和产业振兴等相关法案》以及《信息通信网利用促进及信息保护等相关法律》等法律、法规与其相辅相成。这充分体现了韩国在对大数据交易行为纠纷可以进行竞争规制的同时，也有其他充足的法律条文用以保障法的实施。从两国竞争法律立法时间来看，在中国《反不正当竞争法》制定 24 年后，于 2017 年才迎来首次修订。[1] 在《反垄断法》方面，不仅于 2018 年 3 月对反垄断执法机构进行了调整，法律规范在 2022 年 6 月 24 日也迎来首次修正，并于 2022 年 8 月 1日起施行。

反垄断法在市场经济国家的法律体系中占有重要地位，中国经历了 40 多年的体制改革后，于 2007 年通过《反垄断法》，该法或许适应当时的市场经济，但是已经不适应数字经济发展了。由于中国人口多，经济基础薄弱，需要迅速发展新兴产业以振兴经济发展。并且，执法机构或者法学家们，由于学科背景的原因，对于数字经济中潜伏的法律风险无法及时发现。尤其是一些大型平台经营者滥用数据、技术、资本等优势实施垄断行为进行无序扩张，导致妨碍公平竞争、抑制创新创业等问题。由于法律的滞后性，导致了交易实践领先于法律监管，于是就出现了中国的数据交易越发频繁，延迟的法律规制效力就越发不足的问题。大数据交易行业缺乏规范的交易规制，责任追究机制尚不健全，导致数字经济市场中垄断现象频出，不仅对经济秩序产生

---

[1] 이동원, 국한문, "반부정당경쟁법의 개정과 사법적 적용 - 인터넷 부정경쟁 행위 유형을 중심으로 - ",경제법연구, 제17권, 3호, 2018. 12, 3면.

了很大影响，也侵害了消费者的个人权利。在此背景下催生了《反垄断法》的第一次修正，这是极其尊重数字经济竞争规律的理论实践。

综上所述，本书通过我国互联网竞争法学术的变化发展，展现我国互联网经济的全部脉络，从而锁定数字经济、大数据交易以及数据垄断的形成、发展与规制动向，并通过展现欧美地区数据法律体系的构建过程，以经典案例对其适用现状进行论述；与中国历史、人文更相近的韩国则通过其数据法律体系的发展与适用现状进行立法反思。

第二章
互联网与竞争法的交织

一、互联网与竞争法

我国互联网产业的快速发展，给原有的法律制度提出了各种挑战。因此，如果新技术出现催生了新的行为方式，改变了社会关系和利益格局，原有法律制度中的部分内容也就可能过时，[1]1993 年版的《反不正当竞争法》早已不能再应对中国互联网市场的现状，经过几次修订，2018 年新法（以下表述为新法）已于 2018 年 1 月 1 日起施行，且在 2019 年进行修正。[2]但是，从中国《反不正当竞争法》设立至今，中国学者对其的研究与争议不断。由于研究者学科背景的多样性和竞争法学科对于这一热门话题的显著性，构建了许多的文献学说。而使用 CiteSpace [3][4]，可以基于可视化图谱和关键路径

---

〔1〕 王迁："如何研究新技术对法律制度提出的问题？——以研究人工智能对知识产权制度的影响为例"，载《东方法学》2019 年第 5 期。

〔2〕 由于 2019 年修正内容并未涉及过多互联网条款，而 2018 年《反不正当竞争法》以立法的形式明确了《反不正当竞争法》对互联网经营活动的规制，具有里程碑式的意义，所以本书以 2017 年修订通过并于 2018 年施行的条文为样本，并以 1993 年版《反不正当竞争法》为参照，将 2017 年修订 2018 年施行的《反不正当竞争法》表述为新法。

〔3〕 文献计量学是对现存文献的统计分析，用于对给定领域的出版物进行定量分析（Mayr & Scharnhorst 2014），文献计量学起源于 20 世纪初出现的文献定量研究，此后基于文献计量学的文献分析在学术研究中得到了广泛的应用（Diem & Wolter 2013）。主要信息类别是作者、关键词、参考文献、期刊、国家、机构和某一特定领域的趋势（Abramo, D'Angelo & Viel 2011）。强调基于共引分析的图形化可视化研究可以提供更多信息，使数据更加全面（Chen 2006）。Abramo G., D'Angelo C. A. & Viel F., 2011, "The field-standardized average impact of national research systems compared to world average: The case of Italy", Scientometrics 88（88），599-615. https://doi.org/10.1007/s11192-011-0406-x; Diem A. & Wolter S. C., 2013, "The use of bibliometrics to measure research performance in education sciences", Research in Higher Education 54（1），86-114. https://doi.org/10.1007/s11162-012-9264-5; Ma F. & Xi M., 1992, "Status and trends of bibliometric", Journal of Information Science 13（5），7-17; Chen C., 2006, "CiteSpace II: Detecting and visualizing emerging trends and transient patterns in scientific literature",

算法对这些学术文献进行数据分析，对研究领域进行历史梳理，旨在识别研究基础与未来趋势。[1]这些法治建设进程可以通过高频关键词的演变，以文献计量方法来进行视觉上的直观展示。

本书以《反不正当竞争法》从 1993 年立法之初到 2018 年新法施行之后 1 年为数据来源期间（检索时间为 2019 年 1 月 20 日）进行分析，以期能够得到关于中国在互联网竞争法学学术研究中的发展过程与未来的发展趋势。

（一）数字竞争法学研究学术影响力分析

1. 文献计量分析方法构建规律

任何时期对社会进程的研究都具有重要的理论意义，也会产生相应的社会效应。21 世纪初，中国的竞争法学者流派逐渐鲜明，对法治进程的推进作用也不胜枚举，各类型的文献可谓数以万计，但问题在于，哪些文献起了关键性的作用，哪些时期又有哪些热点发生，从而引起学术讨论的热度并推进了法治进程的发展，需要以统计提供客观数据的支撑。因此，有必要引入一种能够客观评价作者、期刊、论文这 3 个重要的学术要素对国家的法治进程是如何推进的，并在此基础上能够科学判断中国对互联网不正当竞争行为的研究进程，而最好的选择正是文献计量分析方法。在我国学术界，基本是将引证作为一项重要的科学文献指标，一方面反映了该科学文献的发展基础，另一方面又通过标准量化的科学文献规范为后来研究者的研究提供了创新扩散的传播便利。[2]但是从整体上使用文献计量分析方法与引证分析方法对中

（接上页）Journal of the Association for Information Science and Technology 57（3），359 - 377. https：//doi. org/10. 1002/asi. 20317.

〔4〕 刘则渊、王贤文、陈超美："科学知识图谱方法及其在科技情报中的应用"，载《数字图书馆论坛》2009 年第 10 期。

〔1〕 自 1993 年以来中国《反不正当竞争法》经过 25 年的历程，于 2017 年完成首次修订并于 2018 年施行，而在 CNKI（中国知识基础设施工程建设的中文期刊全文数据库）公开发表的文献数据也前后跨越 25 年，基于数据的完整性，此研究于 2019 年 1 月 20 日截取 1993 年 1 月 1 日至 2018 年 12 月 31 日连续性完整数据，采集后的 CNKI 数据库另有增删数据忽略不计，仅以采集样本为基础数据源进行分析。

〔2〕 Garfied E. ，"Citation Index for Science"，Science，1955，（122）. pp. 108 - 111；Garfied E. ，"Citation Analysis as a Tool in Journal Evaluation"，Science，1972，（178）. pp. 471 - 479. 转引自徐剑、何渊："中国法学研究的历史回顾与反思——基于 CSSCI、CNKI（1978~2007）的高被引论文分析"，载《上海交通大学学报（哲学社会科学版）》2009 年第 2 期。

国互联网竞争法律学科进行研究分析的几乎没有，只有法学学科总体的分析。苏力基于 CSSCI 数据，通过文献引证分析研究，考察了法学学者的被引情况。[1]凌斌通过对 CSSCI（1998—2001 年）引文数据的统计，对中国主流法学引证情况进行统计分析，得出中国主流法学界的引证特点，并给出了完善引证评价机制所需努力的方向。[2]杨华以 CSSCI（2004—2006 年）收录法学期刊为研究对象，从篇均引用文献数、期刊基金论文占有比例、期刊作者地区分布以及作者机构论文比例等方面对法学期刊进行了分析比较，客观、综合、全面地评估了法学期刊的学术范围。[3]胡玥以中南财经政法大学期刊信息检索中心二次文献转载数据和 CSSCI 法学期刊 Web 即年下载率数据对我国法学期刊进行了比较客观的分析，并对法学期刊的学术水平与学术质量进行了客观评价。[4]何渊、徐剑以基于 CSSCI、CNKI、文摘数据库《新华文摘》和《中国人民大学复印报刊资料》为依据，采用引用率和转载率两项指标，通过数据分析，提炼中国经济法学 30 年的研究热点和焦点。[5]张燕基于 CNKI 39 年文献大数据，借助文献计量学与对比分析等方法以发文量、下载频次、被引频次 3 个核心指标对我国经济法学研究影响力与经济法实践发展的正相关性作了引证分析调查。[6]

　　本书通过文献计量分析方法、引证分析方法以及共现分析方法对中国关于互联网竞争法学学术研究有一个更加直观和有效的认识。中国于 1990 年注册了国际顶级域名 CN，于 1994 年连入 Internet 正式宣告加入了国际互联网。至今，中国互联网经历了几次变革，由图 2-1、表 2-1 可知，中国虽然自 1993 年起就已制定《反不正当竞争法》，但因所处时代背景限制，互联网经

　　〔1〕 苏力："从法学著述引证看中国法学——中国法学研究现状考察之二"，载《中国法学》2003 年第 2 期。

　　〔2〕 凌斌："中国主流法学引证的统计分析——以 CSSCI 为数据基础的一个探索性研究"，载《中国社会科学》2004 年第 3 期。

　　〔3〕 杨华："我国法学期刊学术规范化分析"，载《西南民族大学学报（人文社科版）》2009 年第 2 期。

　　〔4〕 胡玥："我国法学期刊二次文献转载及 Web 即年下载率分析"，载《西南民族大学学报（人文社科版）》2009 年第 2 期。

　　〔5〕 何渊、徐剑："中国经济法学 30 年高影响论文之回顾与反思——基于主流数据库（1978—2008）的引证分析"，载《现代法学》2010 年第 1 期。

　　〔6〕 张燕："中国经济法学研究影响力与经济法实践发展——基于 CNKI 39 年文献大数据"，载《法学评论》2019 年第 3 期。

济还未兴起。所以直至 1997 年才开始出现关于互联网竞争法学的相关文章。结合图 2-2，直到 2000 年 6 年间也仅有 3 篇文章是讨论互联网竞争法学的。而从 2000 年开始，经过 2006 年、2008 年、2010 年，发文量持续上升，发文期刊数也处于平缓阶段，而到 2011 年、2015 年直到 2018 年，发文量与期刊数突然快速增长，甚至出现几个峰值。这是因为我国在改革开放以后，社会主义市场经济已经基本趋稳。而互联网的发展促进了网络经济的产生，一定的经济基础又总是要求一个相适应的上层建筑为其服务。因此，互联网经济在发展的过程中，与其相应的传统法制也在不断变革着。中国的互联网竞争法学的研究是基于当时所处的时代背景进行发展的，所以依据中国互联网经济发展阶段进行研究是有依据基础的。另外，从 2000 年开始《知识产权》《法学》等在中国法学界有影响力的南大核心期刊（CSSCI），对互联网竞争法学相关文章的收入也对载文量的增长产生了重要影响。

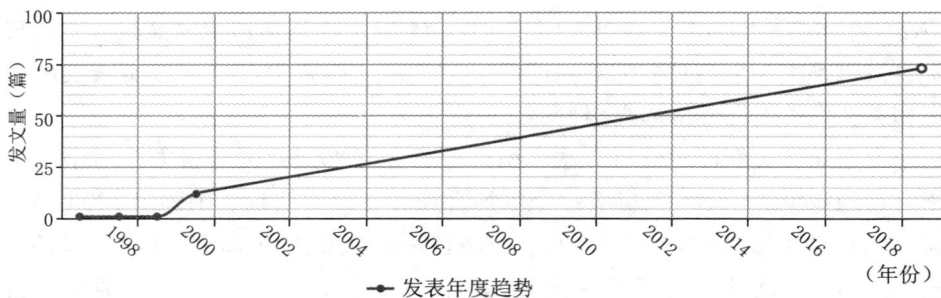

图 2-1　1993—2018 年互联网竞争法学文献发表年度趋势[1]

表 2-1　1993—2018 年以不正当竞争、互联网为主题词进行文献检索数据概况[2]

年份	期刊数	发文量（篇）	年份	期刊数	发文量（篇）
1997	1	1	2008	10	17
1998	1	1	2009	9	16
1999	1	1	2010	10	16

---

〔1〕　注：数据来自 CNKI（中国知网）的检索结果分析。
〔2〕　注：数据来自 CNKI（中国知网）的检索结果分析。

续表

年份	期刊数	发文量（篇）	年份	期刊数	发文量（篇）
2000	8	12	2011	21	27
2001	9	12	2012	22	27
2002	10	10	2013	20	23
2003	8	9	2014	32	45
2004	9	10	2015	36	60
2005	10	11	2016	42	54
2006	10	15	2017	40	51
2007	10	14	2018	48	71

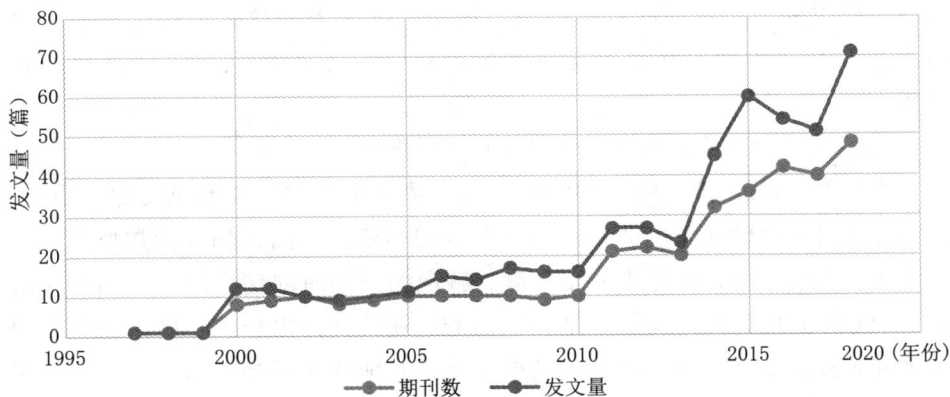

图 2-2 1993—2018 年以不正当竞争、互联网为主题词进行文献检索数据概况[1]

2. 分析框架与数据来源

本研究使用 CiteSpaceversion V（5.3.R8）and Java VIII 作为可视化分析工具，以"不正当竞争"和"互联网"为主题词进行样本数据搜索。

首先，使用 CNKI 而不是所有的数据库，使样本数据源在这一领域具有高质量和影响力；其次，时间跨度设定在 1993 年至 2018 年，此时间段为《反不正当竞争法》颁发施行至首次修订并施行；再次，将所有的中文期刊

---

[1] 注：数据来自 CNKI（中国知网）的检索结果分析。

作为引文索引，使样本更加全面；最后，对相关发文及引用数据进行了清洗，主要包括去除公告、通信、网络引用等，并根据软件数据格式要求对CNKI数据进行了转化。从数据库中选取502篇文章，在结果中继续细化找出83篇CSSCI论文。虽然CNKI并没有收录所有关于"互联网不公平竞争行为"的论文，但从收集到的记录中，关键词几乎涵盖了该领域的每一篇重要文章。因此，样本数据源可以体现出研究数据在定量分析基础上的定性分析。

（二）互联网竞争法学研究数据分析结果与探讨

依据分析框架，从整体与分阶段分别对中国互联网竞争法学研究热点的历史发展及其未来的发展趋势进行分析。首先，对以"不正当竞争""互联网"为主题词进行文献检索（查找出502篇），作为分析中国互联网竞争法学研究热点的历史发展的基础数据，从学术影响力的整体上进行分析。其后，基于中国特色的互联网经济发展时段，以时间切片为单位进行细致分析。

1. 互联网竞争法学影响力数据源整体分析

通过CiteSpace梳理出了1993—2018年高频的关键词，形成关键词图谱，进而分析讨论中国互联网竞争法学热点发展与变化。图谱相关参数如下：关键词指标主要包括频次与中介中心度，频次为当前时间切片内关键词出现次数，中介中心度为共词网络中某关键词的连通情况，中介中心度大于0.1的关键词被视为关键节点，这些关键词连接了其他频次较高的术语，是共词网络的中心。通过图2-3《反不正当竞争法》公布施行后25年间的主题词分布，以不正当竞争行为为主题的文献高达221篇，经营者为69篇，法律规制为67篇，以及其他高频主题词的接连出现，对2018年新法条款的设计起到司法实践指导作用，同时也反映出互联网竞争法学学术的研究方向是随着经济环境的变化展开的。以下通过图2-4、图2-5可视化知识图谱，反映这一领域的整体研究趋势。

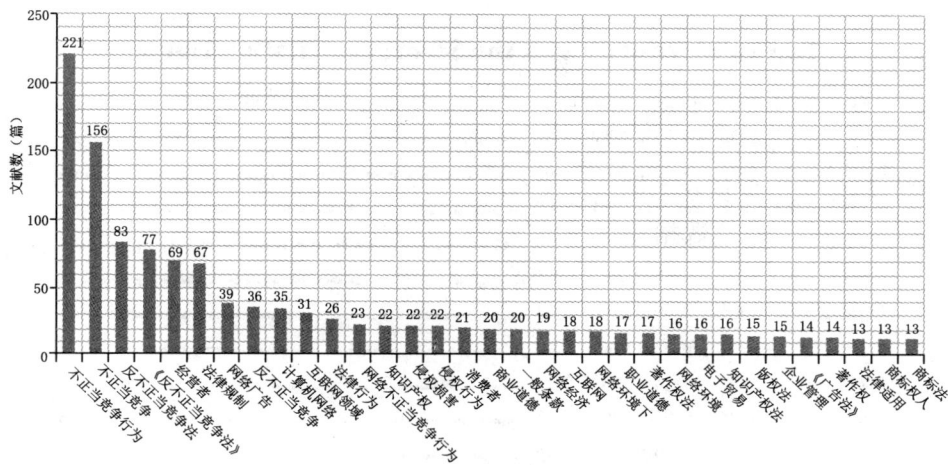

图 2-3 1993—2018 年 CNKI 互联网竞争法学期刊主题分布〔1〕

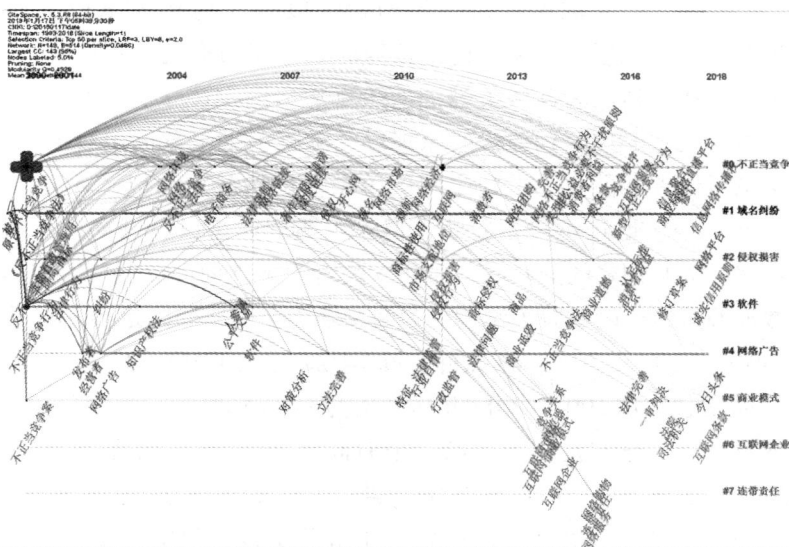

图 2-4 1993—2018 年 CNKI 互联网竞争法学期刊关键词时间线推进图谱〔2〕

〔1〕 注：数据来自 CNKI（中国知网）的检索结果分析。

〔2〕 注：数据来自 CNKI（中国知网）的检索结果分析。

Top 10 Keywords with the Strongest Citation Bursts

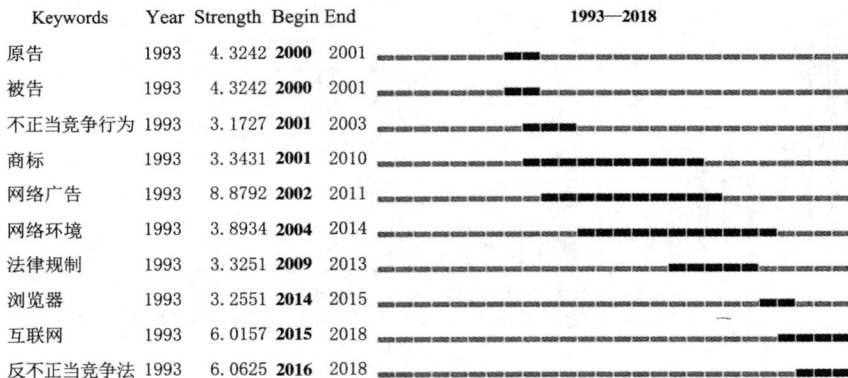

Keywords	Year	Strength	Begin	End	1993—2018
原告	1993	4.3242	**2000**	2001	
被告	1993	4.3242	**2000**	2001	
不正当竞争行为	1993	3.1727	**2001**	2003	
商标	1993	3.3431	**2001**	2010	
网络广告	1993	8.8792	**2002**	2011	
网络环境	1993	3.8934	**2004**	2014	
法律规制	1993	3.3251	**2009**	2013	
浏览器	1993	3.2551	**2014**	2015	
互联网	1993	6.0157	**2015**	2018	
反不正当竞争法	1993	6.0625	**2016**	2018	

图 2-5　1993—2018 年互联网竞争法学期刊高频关键词 [1]

通过图 2-4 可以看出高频关键词按照时间顺序演变的过程。分为两个部分进行解读，从上到下为高频关键词的热点从多到少递减。也就是说，按照 CiteSapce 的算法，利用共词分析的原理以文献集中词汇共同出现的情况，来确定该文献所代表学科中各主题之间的关系。虽然数据源以"不正当竞争"与"互联网"为主题进行检索收集，但是主题词亦是以关键词进行表示的，其本质依然是关联词之间的联系，而联系紧密的关键词汇形成相对聚类团体，即根据数据源将每年的高频关键词分为 8 个聚类类别，分别是#0 不正当竞争、#1 域名纠纷、#2 侵权损害、#3 软件、#4 网络广告、#5 商业模式、#6 平台企业、#7 连带责任。以 1993—2018 年每 3 年为一个时间切片从中可以看出，对互联网竞争法学的研究是从图中第一个时间点 2000 年之前开始出现研究文献。根据第一部分的聚类内容可以看出 2000 年开始关于互联网竞争法学诉讼的讨论已经开始出现，也就是说在哪些年份关于该聚类的关键词开始增多，在哪些年份该聚类的关键词开始趋少，通过关键词的变化就能看出研究热点的变化。

---

〔1〕　注：数据来自 CNKI（中国知网）的检索结果分析。

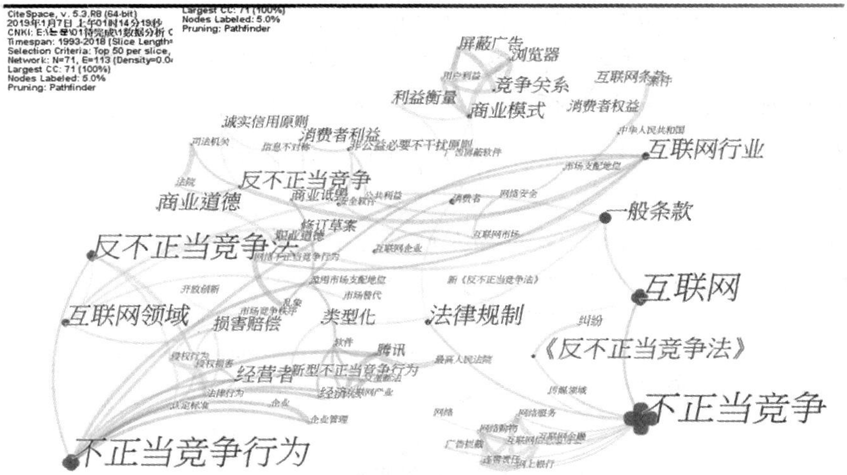

图 2-6　1993—2018 年互联网竞争法学研究关键词共现图谱[1]

通过图 2-5 可以看出，1993—2018 年主要的研究热点为互联网不正当竞争诉讼、不正当竞争行为、网络广告、法律规制、反不正当竞争法等，尤其是越接近 2018 年，新法的关键词频次越高。这说明中国对于此项热点的研究是随着时间进行演进的，呈现出较好的学术研究生命周期脉络，知识流动和结构都呈现出时间规律的代际更迭，更迭模式不是单向度的议题转移，而是不同议题随着社会发展和技术进步而进行勾连和更新（见图 2-6），关键词频次越大字符越大，其中不正当竞争为图谱中最大节点，不正当竞争行为、互联网、反不正当竞争法、互联网行业、法律规制、商业模式、消费者利益等节点也相对较大，在每个时间切片中均有出现，反映出互联网竞争法学研究的时间推进性。从上述图表和分析可以看出，对互联网竞争法学研究的关键时期位于 25 年间后期。所以，根据中国互联网经济的发展对互联网竞争法学研究进行文献计量分析是有其合理性与实践意义的。

2. 互联网竞争法学影响力时间切片分析

基于中国互联网经济发展时间切片，对中国互联网反不正当竞争行为研究的文献进行分析。以下将以 1993—2000 年、2001—2008 年、2009—2015 年、2016—2018 年，每一阶段为一个时间切片。

---

〔1〕　注：数据来自 CNKI（中国知网）的检索结果分析。

（1）1993—2000 年互联网竞争法学研究热点。

经过多次调节阈值实验，构建了 1993—2000 年 CNKI 来源期刊关键词共现图谱，如图 2-7 所示，图中共有 6 个中介中心度大于 0.1 的关键点，其中《反不正当竞争法》、不正当竞争行为、原告、互联网络等在该图谱中具有较高的中介中心度，是链接高频关键词的重要术语，同时这些关键词也具有较高频次。为了进一步分析这一时段互联网竞争法学的研究热点，本节列举了出现频次排名前 20 位的热点关键词，如表 2-2 所示。

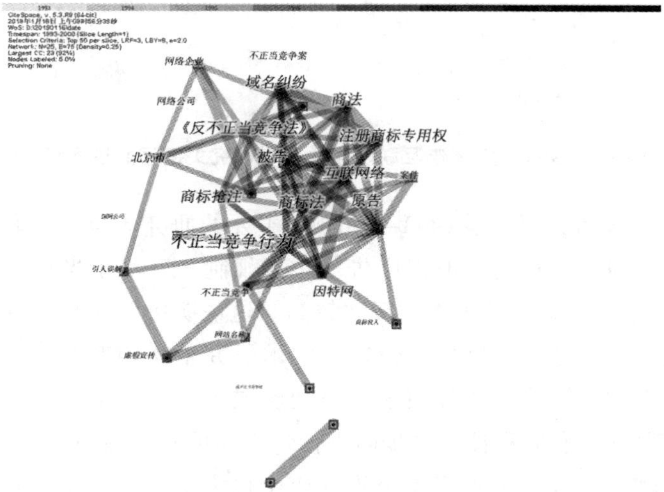

图 2-7　1993—2000 年 CNKI 互联网竞争法学期刊关键词共现图谱〔1〕

表 2-2　1993—2000 年互联网竞争法学高频关键词前 20 位〔2〕

序号	检索频次	中介中心度	年份	关键词	序号	检索频次	中介中心度	年份	关键词
1	7	0.37	2000	不正当竞争行为	11	2	0.03	2000	注册商标专用权
2	6	0.02	2000	被告	12	2	0	2000	不正当竞争案

〔1〕　注：数据来自 CNKI（中国知网）的检索结果分析。
〔2〕　注：数据来自 CNKI（中国知网）的检索结果分析。

续表

序号	检索频次	中介中心度	年份	关键词	序号	检索频次	中介中心度	年份	关键词
3	5	0.19	2000	原告	13	2	0	2000	网络公司
4	3	0.15	2000	不正当竞争	14	2	0.17	2000	商标法
5	3	0	2000	反不正当竞争法	15	2	0.06	2000	北京市
6	3	0	2000	商标权人	16	2	0.03	2000	商法
7	3	0.01	2000	虚假宣传	17	2	0.1	2000	互联网络
8	2	0	2000	侵犯商业秘密	18	2	0	2000	国网公司
9	2	0.06	2000	引人误解	19	2	0	2000	网络企业
10	2	0	2000	案件	20	2	0	2000	网络环境

分析图 2-7 和表 2-2 可知，频次前 20 的关键词除不正当竞争行为、原告、不正当竞争、商标法外中介中心度都不高，且频次较高关键词之间的联系随着时间推移逐渐紧密。这主要是因为中国此时处于互联网经济的初期，对于不正当竞争行为的研究还处于探索阶段。互联网成为一种新兴的传播媒介，越来越受到重视，其发展反过来又促进了互联网经济的发展。此时，以域名抢注行为、利用互联网侵犯商誉以及商业秘密的案件不断涌现，司法机关在面对互联网中的新类型不正当竞争行为时，仅能以《反不正当竞争法》第 2 条的原则性条款进行回应。[1] 所以，以《反不正当竞争法》对互联网竞争法学进行适用的争议从 2000 年就已开始进行学术讨论。这一时期共有 15 篇文献，有 8 篇文献被引用，表 2-3 为本时期的高被引论文。此时从数据对比可以看出，多数情况下高被引论文与高下载论文基本一致，虽然从后期的时间切片来看，偶尔会出现下载频次最高的并非被引频次最高的文献，但从我国互联网竞争法学的发展阶段不同可以导致研究层次的定位不同，所以会出现核心指标影响力的不同，此时应从实践影响力与理论影响力两个角度来对该时间切片内的学术影响力进行分析。

---

〔1〕　杨琴："数字经济时代数据流通利用的数权激励"，载《政治与法律》2021 年第 12 期。

表 2-3 1993—2000 年互联网竞争法学高被引论文[1]

序号	题目	作者	被引频次	下载频次	刊名	发表年份
1	网络环境下的知识产权纠纷及相关法律问题	张广良	62	528	《知识产权》	2000
2	关于域名纠纷案件中几个问题的思考	王范武等	46	217	《知识产权》	2000
3	国际互联网络的发展对工业产权保护的影响	张平	21	98	《知识产权》	1997
4	利用网络进行不正当竞争的几个法律问题	杨柏勇	14	248	《法律适用》	2000
5	网络环境下的知识产权纠纷及相关法律问题	张广良	8	178	《科技与法律》	1999
6	中国知识产权保护的新发展	郑成思	7	340	《河南大学学报（社会科学版）》	1998
7	网络环境中的不正当竞争行为	陈志武	3	327	《法律适用》	2000
8	面对电子商务的工商行政管理	吴志勇	2	101	《中国工商管理研究》	2000

（2）2001—2008 年互联网竞争法学研究热点。

经过多次调节阈值实验，构建了 2001—2008 年 CNKI 来源期刊关键词共现图谱，如图 2-8 所示，图中共有 3 个中介中心度大于 0.1 的关键点，其中除不正当竞争与不正当竞争行为依然占据关键词榜首之位，许多新兴关键词已经逐渐显示出来。为了进一步分析这一时段中国互联网竞争法学的研究热点，本节列举了出现频次排名前 20 位的热点关键词，如表 2-4 所示。

---

[1] 注：数据来自 CNKI（中国知网）的检索结果分析。

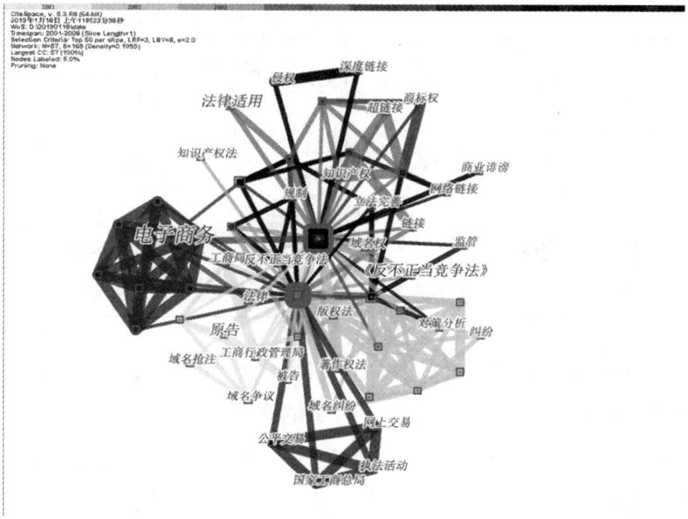

图 2-8　2001—2008 年 CNKI 互联网竞争法学期刊关键词共现图谱[1]

表 2-4　2001—2008 年互联网竞争法学高频关键词前 20 位[2]

序号	检索频次	中介中心度	年份	关键词	序号	检索频次	中介中心度	年份	关键词
1	52	0.78	2001	不正当竞争	11	5	0.02	2001	商标
2	34	1.02	2001	不正当竞争行为	12	4	0.04	2002	广告法
3	19	0.17	2002	网络广告	13	3	0.01	2001	原告
4	11	0.03	2006	法律规制	14	3	0.01	2003	《反不正当竞争法》
5	9	0.06	2004	网络环境	15	3	0	2004	法律适用
6	8	0.02	2004	著作权	16	3	0.01	2002	经济法
7	7	0.03	2004	网络	17	2	0.01	2001	工商行政管理局

---

〔1〕　注：数据来自 CNKI（中国知网）的检索结果分析。

〔2〕　注：数据来自 CNKI（中国知网）的检索结果分析。

序号	检索频次	中介中心度	年份	关键词	序号	检索频次	中介中心度	年份	关键词
8	6	0.01	2004	反不正当竞争	18	2	0	2008	立法完善
9	6	0.07	2003	域名	19	2	0	2004	超链接
10	5	0	2005	电子商务	20	2	0	2002	版权法

2003 年国家工商行政管理总局发起《反不正当竞争法》修订，根据图 2-8 中的关键词共现图谱可以看出，这一时期的关键词频次最多的是"反不正当竞争法""电子商务""法律""工商局"，并且各线条相连密切，这代表各关键词之间联系频次高，且根据对应的年份，可以看出这一时期对新型不正当竞争行为进行法律规制，已经成为学术界进行讨论的主流热潮。分析表 2-4 可知，频次前 20 位的关键词除不正当竞争、不正当竞争行为、网络广告以外中介中心度都不高，这主要是因为中国此时的互联网消费市场基本已经形成，此期间的发文文献主要以对网络链接、互联网广告、电子商务中的不正当竞争行为为讨论要点，主要热点为网络链接作为一种新技术，所引发的法律争议应以反不正当竞争等知识产权问题进行讨论；网络广告作为新兴广告媒介，产生如隐性广告、虚假广告、不正当竞争广告等问题，应对其进行监管，并尽快进行网络广告法的修订；对网络环境中存在的由网络技术引发的不正当竞争行为提出立法建议等。

这一时期共有 114 篇文献，有 98 篇文献被引用，表 2-5 为本时期的高被引论文的前 10 位。经过数据对比，可以看出刘大洪等的《网络环境中我国〈反不正当竞争法〉的修改与完善》[1]的下载频次超过 2000 次，虽然被引频次没有温兴琦等的《网络不正当竞争：表现、特征及对策》[2]高，但其在文中已将互联网中的不正当竞争行为表现形态进行了比较完整的梳理，对《反

---

〔1〕 刘大洪、王永强："网络环境中我国《反不正当竞争法》的修改与完善"，载《经济法论坛》2008 年第 0 期。

〔2〕 温兴琦、陈曦："网络不正当竞争：表现、特征及对策"，载《重庆邮电学院学报（社会科学版）》2004 年第 4 期。

不正当竞争法》的修订起到了初始阶段的推动作用，奠定了互联网竞争法学的理论基础，具有较强的参阅性。

表 2-5　2001—2008 年互联网竞争法学高被引论文前 10 位[1]

序号	题目	作者	被引频次	下载频次	刊名	发表年份
1	网络不正当竞争：表现、特征及对策	温兴琦等	49	1133	《重庆邮电学院学报（社会科学版）》	2004
2	网络链接中的知识产权问题研究	马骁	44	474	《河北法学》	2001
3	网络环境中我国《反不正当竞争法》的修改与完善	刘大洪等	35	2595	《经济法论坛》	2008
4	网络环境下的不正当竞争问题研究	温兴琦等	35	698	《中国工商管理研究》	2004
5	从德国司法判决比较超链接的著作权侵权界定	江清云	32	833	《德国研究》	2008
6	网络上不正当竞争行为的法律适用与立法完善	余景美	32	829	《经济师》	2004
7	网络信息服务中链接的侵权分析	颜晓玉	26	297	《情报杂志》	2004
8	网络广告法若干问题研究	柯永祥	25	658	《前沿》	2003
9	论网络不正当竞争行为法律规制之特殊性及其完善	曹刚	23	1029	《商场现代化》	2006
10	搜索引擎的知识产权问题探讨	赵莉等	23	458	《情报杂志》	2004

---

[1]　注：数据来自 CNKI（中国知网）的检索结果分析。

（3）2009—2015 年间互联网竞争法学研究热点。

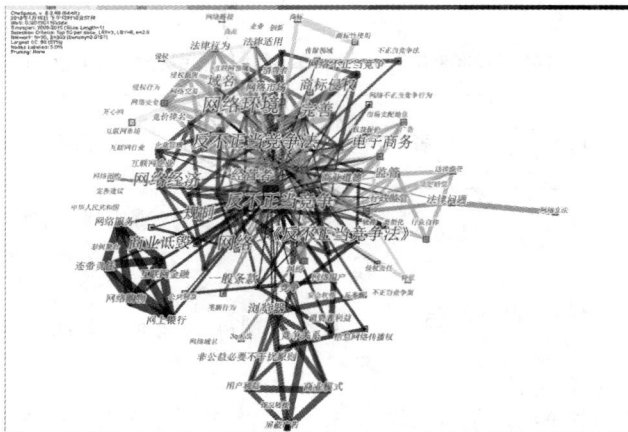

图 2-9　2009—2015 年 CNKI 互联网竞争法学期刊关键词共现图谱[1]

经过多次调节阈值实验，构建了 2009—2015 年 CNKI 来源期刊关键词共现图谱，如图 2-9 所示，图中只有 2 个中介中心度大于 0.1 的关键点，其中不正当竞争被检索频次高达 188 次，法律规制被检索频次 77 次。许多新兴关键词较前两个阶段，已经越来越向法律学科方向转变。通过关键词之间相连线条以及颜色加深，可以发现高频次关键词之间随着时间推移联系加深，为了进一步分析这一时段中国互联网竞争法学的研究热点，本节列举了出现频次排名前 20 位的热点关键词，如表 2-6 所示。

表 2-6　2009—2015 年互联网竞争法学高频关键词前 20 位[2]

序号	检索频次	中介中心度	年份	关键词	序号	检索频次	中介中心度	年份	关键词
1	188	1.1	2009	不正当竞争	11	12	0.02	2010	规制
2	77	0.09	2009	法律规制	12	11	0.01	2011	电子商务

---

〔1〕 注：数据来自 CNKI（中国知网）的检索结果分析。
〔2〕 注：数据来自 CNKI（中国知网）的检索结果分析。

序号	检索频次	中介中心度	年份	关键词	序号	检索频次	中介中心度	年份	关键词
3	62	0.44	2009	不正当竞争行为	13	11	0.01	2012	商业诋毁
4	31	0.04	2009	网络广告	14	9	0.05	2011	经营者
5	31	0.1	2011	互联网	15	8	0.01	2009	域名
6	21	0.01	2010	网络环境	16	8	0	2011	商标侵权
7	17	0.01	2011	网络	17	7	0.08	2014	浏览器
8	17	0.11	2011	反不正当竞争法	18	7	0.01	2013	一般条款
9	15	0.02	2011	网络经济	19	6	0	2010	监管
10	13	0.02	2012	完善	20	5	0	2014	网络不正当竞争

分析图2-9和表2-6可知，频次前20位的关键词虽然中介中心度都不高，但是基本都是围绕着不正当竞争行为而产生的与互联网相关的不正当竞争行为，并且需要进行法律规制。中国于2010年出现了奇虎（360）与腾讯（QQ）争斗事件，简称"3Q大战"，这起被称为"互联网反不正当竞争第一案"的案件，是《反不正当竞争法》公布多年以来，最高人民法院审理的首例互联网反不正当竞争案，迄今为止是互联网行业诉讼标的额最大、在全国有重大影响的不正当竞争纠纷案件，案件本身引发了行业、用户和法律界各方的关注。有行业人士认为，诉讼本身就促进了中国平台企业创新生态的营造，也推动了中国市场经济的开放与竞争。但是随着"3Q大战"的打响，各类新型不正当竞争案件涌现，中国于2014年分别在北京、上海、广州设立知识产权法院，这加速了对2018年新法修订的推进。纵观这一时期的文献主要是接替前一阶段对于网络广告的规制，并且开始引入对搜索引擎行业存在的法律问题的探讨与规制；而关于新型的互联网竞争法学，已经逐渐开始有类型化趋势，一方面是基于传统不正当竞争行为在网络领域的延伸，如商业诋毁、商标侵权等；另一方面是网络领域特有的、利用技术手段实施的行为，

如域名抢注、广告屏蔽等，这个时期的学术讨论，为下一时段法律进程的推进奠定了学术基础。最后，通过电子商务、商业模式、网上银行等关键词的出现频次，可以看出关于中国互联网竞争法学的讨论，已经开始由原本具有学术色彩的理论性的讨论逐渐过渡到实务界的适用范围中。并且，结合该阶段市场经济发展的特征，出现对于互联网竞争法学进行司法规制时"非公益必要不干扰"原则的讨论，这也反映出，中国学术界对于在科技发展与规制两者之间进行权衡之时，希冀能够实现互联网领域竞争的良性和可持续发展。

这一时期共有 198 篇文献，有 170 篇文献被引用，表 2-7 为本时期的高被引论文的前 10 位。通过数据比对可以看出，高被引论文的下载频次对比前两个时间切片，有了跳跃式增长的趋势，其中被引频次最高为 124 次，下载频次最高为 8190 次的论文为吴汉东的《论反不正当竞争中的知识产权问题》，[1]其对我国的互联网竞争立法在制裁不正当竞争行为方面，增加对侵权行为认定的概括式条款进行了系统性的阐述，不仅具有理论和视角上的创新性，也具有较强的实践价值。其他的高被引频次文献均涉及互联网竞争法学基本理论问题和法学体系构建研究，成为推动互联网竞争立法的核心理论基础。

表 2-7　2009—2015 年互联网竞争法学高被引论文前 10 位[2]

序号	题目	作者	被引频次	下载频次	刊名	发表年份
1	论反不正当竞争中的知识产权问题	吴汉东	124	8190	《现代法学》	2013
2	竞争法视野中互联网不当干扰行为的判断标准——兼评"非公益必要不干扰原则"	周樨平	65	2541	《法学》	2015
3	网络商业环境中竞争关系的司法界定——基于网络不正当竞争案件的考察	王永强	63	2677	《法学》	2013

〔1〕 吴汉东："论反不正当竞争中的知识产权问题"，载《现代法学》2013 年第 1 期。
〔2〕 注：数据来自 CNKI（中国知网）的检索结果分析。

续表

序号	题目	作者	被引频次	下载频次	刊名	发表年份
4	互联网竞争的非公益必要不干扰原则　兼评百度诉 360 插标和修改搜索提示词不正当竞争纠纷案	石必胜	63	1580	《电子知识产权》	2015
5	网络不正当竞争行为的类型化分析	方晓霞	62	2760	《知识产权》	2011
6	中国互联网不正当竞争案件发展实证分析	张钦坤	59	2672	《电子知识产权》	2014
7	网络环境中新型不正当竞争行为的法律规制	侯霞	59	1240	《安徽工业大学学报（社会科学版）》	2010
8	搜索引擎商标侵权及不正当竞争的认定与责任承担——网络环境商标间接侵权"第一案"评析	袁秀挺	55	2717	《法学》	2009
9	加强我国网络广告监管的立法思考——以美国网络广告法律规制为借鉴	雷琼芳	55	2181	《湖北社会科学》	2010
10	《反不正当竞争法》在互联网不正当竞争案件中的适用	王艳芳	54	3184	《法律适用》	2014

（4）2016—2018 年互联网竞争法学研究热点。

经过多次调节阈值实验，构建了 2016—2018 年 CNKI 来源期刊关键词共现图谱，如图 2-10 所示，图中只有 2 个中介中心度大于 0.1 的关键点，其中不正当竞争、法律规制被检索频次分别为 150 次与 56 次，互联网被检索频次为 66 次。可以看出频次最高的不正当竞争与法律规制、互联网、反不正当竞争法、一般条款、竞争秩序、消费者权益等联系频次逐渐升高，这也是其之间的知识结构相关度的映射。此时，基于第四次技术工业革命的时代背景，关于互联网反不正当行为的讨论主要集中于对互联网竞争法学的认定、网约车的管制、"大数据杀熟"行为以及反不正当竞争法的修订。正是基于前期的互联网竞争立法的学术讨论,推进新法在 2016 年形成修订草案送审稿,最终于 2017 年第十二届全国人民代表大会常务委员会第三十次会议通过,于 2018 年 1 月 1 日起施行。继而,此时间段互联网竞争法学的研究热点集中于新法的司法适用问题。

为了进一步分析这一时段中国互联网竞争法学的研究热点,本节列举了出现频次排名前 20 位的热点关键词,如表 2-8 所示。

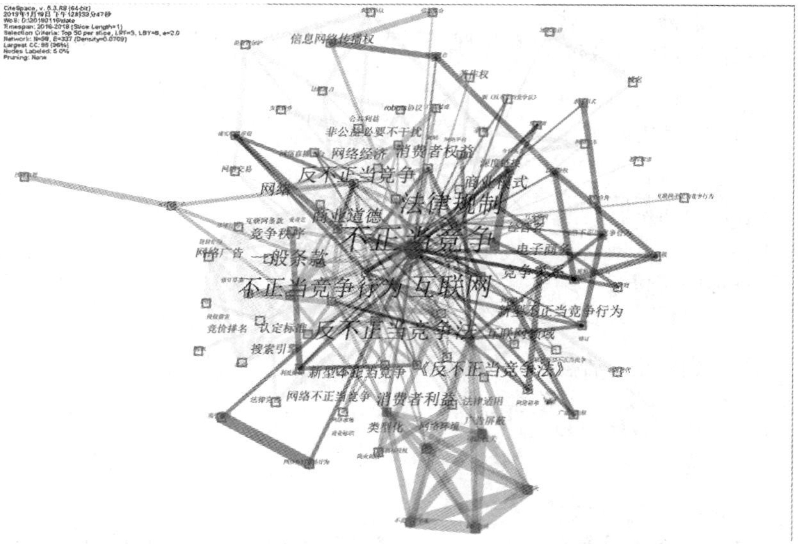

图 2-10　2016—2018 年 CNKI 互联网竞争法学期刊关键词共现图谱[1]

表 2-8　2016—2018 年互联网竞争法学高频关键词前 20 位[2]

序号	检索频次	中介中心度	年份	关键词	序号	检索频次	中介中心度	年份	关键词
1	150	0.86	2016	不正当竞争	11	11	0.01	2016	网络

---

〔1〕 注:数据来自 CNKI(中国知网)的检索结果分析。
〔2〕 注:数据来自 CNKI(中国知网)的检索结果分析。

续表

序号	检索频次	中介中心度	年份	关键词	序号	检索频次	中介中心度	年份	关键词
2	66	0.14	2016	互联网	12	9	0.02	2016	竞争关系
3	56	0.24	2016	法律规制	13	9	0	2016	消费者利益
4	45	0.25	2016	反不正当竞争法	14	9	0.02	2016	消费者权益
5	42	0.19	2016	不正当竞争行为	15	8	0	2016	电子商务
6	19	0.11	2016	反不正当竞争	16	8	0.05	2016	互联网领域
7	18	0.04	2016	一般条款	17	8	0	2016	新型不正当竞争
8	15	0.12	2016	《反不正当竞争法》	18	7	0	2016	竞争秩序
9	14	0.08	2016	商业道德	19	7	0	2016	网络经济
10	12	0.01	2016	商业模式	20	7	0.01	2016	新型不正当竞争行为

分析图2-10和表2-8可知，与前一阶段相比较，本阶段出现的关键词更加具体，如一般条款、商业道德、竞争秩序、新型不正当竞争行为以及消费者权益等专有词汇的频次有所提高。也出现了新型技术性名词如网络刷单、robots协议、网络直播、爬虫协议等。并且基于互联网新型不正当竞争纠纷案件的诉讼增多，以及关于《反不正当竞争法》修订以及修订后新法司法适用问题的文献增多，此阶段的学术研究对《反不正当竞争法》的首次修订起到了关键性及确定性的推动作用。

这一时期共有175篇文献，有80篇文献被引用，表2-9为本时期的高被引论文的前10位。通过数据比对可知，本时期的高被引频次与高下载频次基本不一致，截至2019年1月20日，肖顺武的《网络游戏直播中不正当竞争行为的竞争法规制》[1]下载频次高达 3355 次，文中对于《反不正当竞争法》修订前出现的一般条款与违反具体条款两种不正当竞争行为出现的冲突与矛盾进行了系统的阐述，并且对《反不正当竞争法》相关条款的修订进行了较为理想的模式推测。体现出 2017 年以后的学术热点问题，虽然其被引频次不是最高，但其被关注度较高，进一步说明互联网竞争法学研究与立法实践发展的密切相关度。杨立新等的《网络交易信用欺诈行为及法律规制方法》中（下载频次 1258 次，被引频次 36 次），对网络交易发展中的新型民事欺诈行为从公法与私法两个方向进行结合论述，体现了互联网竞争法学研究的多元性发展趋势。[2]而 2016 年郑友德等的《对〈反不正当竞争法（修订草案送审稿）〉的修改建议》一文中（下载频次 1980 次，被引频次 33 次），对《反不正当竞争法》的修订草案送审稿与现行法进行比较，就理论指导、立法依据、逻辑结构和文字表述等，从修改理由和修改依据等方面进行了系统性的论述，[3]成为互联网竞争法学研究的关键理论之一，并且在其 2018 年发表的《新修订反不正当竞争法的顶层设计与实施中的疑难问题探讨》[4]（下载频次 2469 次）一文中，其不仅对以往的观点进行了基础性理论的补充，也对《反不正当竞争法》修订后的顶层设计从决定性、前瞻性、协同性等方面的指导作用上进行了深入的探讨。本时期的文章一致体现了这一时期互联网竞争法学研究演进的过程，以及未来研究的持续性。

表 2-9 2016—2018 年互联网竞争法学高被引论文前 10 位[5]

序号	题目	作者	被引频次	下载频次	刊名	发表年份
1	网络交易信用欺诈行为及法律规制方法	杨立新等	36	1258	《河南财经政法大学学报》	2016

[1] 肖顺武："网络游戏直播中不正当竞争行为的竞争法规制"，载《法商研究》2017 年第 5 期。

[2] 杨立新、吴烨、杜泽夏："网络交易信用欺诈行为及法律规制方法"，载《河南财经政法大学学报》2016 年第 1 期。

[3] 郑友德、张钦坤、李薇薇、伍春艳："对《反不正当竞争法（修订草案送审稿）》的修改建议"，载《知识产权》2016 年第 6 期。

[4] 郑友德、王活涛："新修订反不正当竞争法的顶层设计与实施中的疑难问题探讨"，载《知识产权》2018 年第 1 期。

[5] 注：数据来自 CNKI（中国知网）的检索结果分析。

续表

序号	题目	作者	被引频次	下载频次	刊名	发表年份
2	网络游戏要素的知识产权保护	郝敏	35	2933	《知识产权》	2016
3	对《反不正当竞争法（修订草案送审稿）》的修改建议	郑友德等	33	1980	《知识产权》	2016
4	互联网新型不正当竞争案件审理中商业道德的认定规则研究	吴太轩等	26	1622	《现代财经（天津财经大学学报）》	2015
5	互联网领域不正当竞争行为的判定	李雨峰	24	1238	《重庆邮电大学学报（社会科学版）》	2016
6	论网络经济下反不正当竞争法对消费者利益的独立保护	杨华权等	20	1289	《知识产权》	2016
7	网络游戏直播中不正当竞争行为的竞争法规制	肖顺武	16	3355	《法商研究》	2017
8	新修订反不正当竞争法的顶层设计与实施中的疑难问题探讨	郑友德等	14	2469	《知识产权》	2018
9	互联网不正当竞争行为的软法规制——兼论软法规制与硬法规制的耦合	陈耿华	13	902	《现代财经（天津财经大学学报）》	2016
10	论反不正当竞争法中的公共利益——以网络竞争纠纷为例	杨华权等	13	579	《北京理工大学学报（社会科学版）》	2016

（三）研究结论

1. 互联网竞争法学研究与反不正当竞争法实践发展具有正相关性

法学科的发展需要科学的理论体系进行指导，而与社会主义市场经济发展高度相关的竞争法学更是如此。本书以 CNKI（1993—2018 年）收录的以

"不正当竞争"与"互联网"为主题词的期刊为样本数据源，通过基于中国社会特有的互联网经济发展时期进行时间切片，构建各时期关键词共现图谱，分析了中国互联网竞争法学研究的学科热点及变化。通过比对 25 年间互联网竞争法学学术研究与《反不正当竞争法》的修订实施历史轨迹，发现二者的发展曲线极其相似，甚至完全重合。二者随着我国互联网经济的发展而发展，又反过来促进互联网经济的发展。更加证明，互联网竞争法学理论源于社会主义市场经济的发展，从其发展实践中提炼出的抽象性学术热点成为法学科的理论基础，有助于完成该学科的体系构建，促进竞争法学研究的进一步深化发展。

2. 互联网竞争法学学术研究影响力将进一步扩大和提升

正值营商环境优化的大背景下，我国互联网竞争法学研究取得了多项关键性的研究成果。如学者队伍扩大、优质文章发行量增加、各级资金支持增多，以及在学术热点研究方面取得多项研究成果，但在挖掘竞争法学的理论深度构筑方面尚存广阔提升空间。在互联网学术交叉研究方面，打破文理学科、社会学科与自然学科、法学科之间的研究局限，跨学科、跨专业的研究势在必行。且从多学科角度以及国际化视野中对学术进行研究，有助于提升整体的理论水平。各项数据显示，互联网竞争法学的形成、完善和发展需要优质学术文献、核心期刊资源、高影响力学者、权威研究机构、充足资金支持等方面的共同支持，这些支持对提高该学科的理论指导力与体系构建至关重要。

法治是最好的营商环境。[1]互联网竞争法学的学术研究离不开市场的发展，但是目前的研究多数局限于理论层面。在营商环境优化的大背景下，需要以拓展数字经济营商环境优化的具体规制视角的研究维度来进行互联网竞争法学的学术研究。一方面，既要有多法律视角的相互补充相互协调，也要符合数字经济发展态势，如隐私权是否可以使用竞争法保护；对价支付经济利益换取数据识别使用的权利（合同法）；以及有效使用竞争法工具对于平台企业进行市场监管；另如，是否需要与其他法学科进行交叉研究，引入数据侵权的民事、行政、刑事责任等，使法律更具有威慑力。另一方面，在立法

---

[1] "习近平主持召开中央全面依法治国委员会第二次会议强调　完善法治建设规划提高立法工作质量效率　为推进改革发展稳定工作营造良好法治环境　李克强栗战书王沪宁出席"，载《人民日报》2019 年 2 月 26 日，第 1 版。

过程中，在具体制度的设计和安排上对各方权利进行立法解释的细化，从而为法律的建构提供理论基础和参考方案。以此提高竞争法学在互联网技术促进的数字市场中监管的理论指导力，增强其现实回应性，实现理论与实践的有序结合。

法学学术研究是推进法律文本构建与细化的重要途径，尤其适合有大陆法系传统的中国。法学基本理论之基础为构建法律体系之理论，包括法律体系的内涵、外延。通过对中国互联网竞争法学研究的整体分析，可以为中国竞争法的继续完善和发展提供一个可视化与定量研究的框架，也为与世界数字经济的接轨作出了充足的准备。

二、数字经济与数字交易的形成

（一）数字经济的形成

随着全球互联网向社会经济生活的全面渗透，数字经济快速发展，正在迈入一个全新时代，以平台经济为主要代表的数字经济已经成为创新数字市场发展和数字产业升级的新形式。数字经济作为经济学概念是指人类通过大数据（数字化的知识与信息）的识别—选择—过滤—存储—使用，引导、实现资源的快速优化配置与再生，实现经济高质量发展的经济形态。[1] 数字经济作为一个内涵比较宽泛的概念，凡是直接或间接利用数据来引导资源发挥作用，推动生产力发展的经济形态都可以纳入其范畴。

数字经济在技术层面，包括大数据、云计算、物联网、区块链、人工智能、5G 通信等新兴技术。在应用层面，"新零售""新制造"等都是其典型代表。[2] 由此形成的数据市场已经呈现平台、数据、算法的三维竞争结构，其中数字平台改变了市场竞争的外在形式和内在逻辑，其作为海量、多元、实时的数据集合体，通过数字技术和算法设计获得了一定的市场影响和优势地位。[3] 并且数字平台作为数据流量入口，既需要依赖科技将数据要素最大限

---

〔1〕 陈世清："对称经济学术语表"，载雪球，https://xueqiu.com/9680417822/131899102，最后访问时间：2019 年 8 月 28 日。

〔2〕 杜睿云、王宝义："新零售：研究述评及展望"，载《企业经济》2020 年第 8 期。

〔3〕 杨东、臧俊恒："数字平台的反垄断规制"，载《武汉大学学报（哲学社会科学版）》2021年第 2 期。

度地聚合、转化和利用，同时也要防止大型数字平台限制市场竞争。党的十九届五中全会提出建设数字中国的目标，提出坚持创新驱动数字化发展，打造具有国际竞争力的数字产业集群。数据化的生产要素成为数据资本，对经济增长产生直接影响和溢出效应，[1]从而衍生出的平台经济（Platform Economics）是一种基于数字技术，由数据驱动、平台支撑、网络协同的经济活动单元所构成的新经济系统，是由互联网协调组织资源配置的一种经济形态，是基于数字平台的各种经济关系的总称。[2]数字平台是一种虚拟或真实的交易场所，在本质上就是市场的具化，其本身不生产产品，但可以促成双方或多方供求之间的交易，通过收取恰当的费用或赚取差价而获得收益，市场从看不见的手，变成了有利益诉求的手。[3]平台的发展大致可分为三个阶段：从电商平台到行业平台再到平台经济。随着平台进入的产业领域变得越来越丰富，其对产业和产业组织变革的影响力越来越大，平台逐步由一种商业现象发展为一种经济形态。因此，现在所说的平台经济是指互联网平台发展到比较高级的阶段而形成的一种新型经济形态。[4]数字平台企业体借助独特的数据优势，发展成为我国经济发展的新动能，但随着超大型互联网平台频现和市场集中度持续提升，出现了"二选一"、大数据杀熟等现象，妨碍了有序竞争，损害了消费者权益。中央政治局会议和中央经济工作会议均明确要求强化反垄断和防止资本无序扩张，该规定得到社会各界的热烈反响和广泛支持，在平台经济领域数据垄断的问题成为亟待解决的议题。

（二）大数据交易的产生

1. 数据生成大数据的过程

数据生成大数据的过程，就是大数据逐渐具有价值的过程，也是大数据发生交易行为的前提。自从离散的符号通信发明以来，人类设计的数字信息系统已存在数千年。电子信号系统可以在电压水平上连续变化，但在数字计算机中，这种模拟变化被人为地简化为仅仅区分 0 和 1 的两个离散电压步骤。

---

〔1〕 徐翔、赵墨非："数据资本与经济增长路径"，载《经济研究》2020 年第 10 期。

〔2〕 赵昌文："高度重视平台经济健康发展"，载中华人民共和国国家互联网信息办公室，https://www.cac.gov.cn/2019-08/16/c_1124875447.htm，最后访问时间：2019 年 8 月 14 日。

〔3〕 徐晋：《平台经济学——平台竞争的理论与实践》，上海交通大学出版社 2013 年版，第 5～6 页。

〔4〕 王先林："平台经济领域垄断和反垄断问题的法律思考"，载《浙江工商大学学报》2021 年第 4 期。

从二进制代码到更多聚合解释是由编译程序执行的。从这个意义上讲，所有数字数据都是机器生成的（machine-generated）[1]。机器生成的数据作为一个概念有时被用来区分个人数据和非个人数据。然而，对于这个目的来说它并不是非常有用，因为它仍然让人们直接和间接地介入人类干预的界限。因为只有各方协作才能实现数据的价值。为一方或另一方分配数据所有权并不能解决问题。即中间人拥有机器设备（大数据平台）（见图2-11）[2]，预先设定感知传感器通过来自世界的各种行为刺激，输入转换为数据，再传导到预先设定的传感器转为数据分类信息。中间人将此设为"物质"储备（类似于货物存储），然后生成价值。例如广告定向投放等，可以进行循环增值。

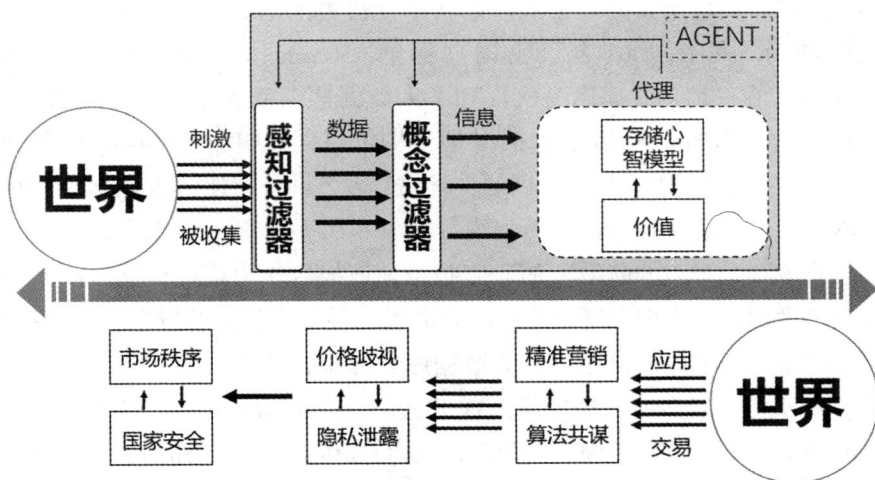

图 2-11　世界、数据信号、信息和知识之间的相互作用

---

[1] "Machine-generated data（MGD）" is information that is produced by mechanical or digital devices. The term is often used to describe the data that is generated by an organization's industrial control systems as well as mechanical devices that are designed to carry out a single function. https://internetofthingsagenda.techtarget.com/definition/machine-generated-data

[2] Boisot, Canals, "Data, information and knowledge: have we got it right?", *Journal of Evolutionary Economics*, Vol.1, 2004, p.4.

2. 数据、大数据与大数据交易

（1）概念厘清。

数据（data）就是数值，也就是我们通过观察、实验或计算得出的结果。[1]在信息社会，通过云计算、物联网等快速发展的科学技术手段，已经形成万物互联的状态。各种层级的业务系统，如医疗、交通、文化、生产、交易等各方面时刻都在产生数据，数据与我们的生活息息相关。随着移动互联网时代的展开，大量的数据呈现出"巨与大"时，我们必须要开始讨论大数据了。

大数据（big data），或者称为巨量资料，是指海量、高增长率和多样化的信息资产，要应用新处理模式才能从中获得更强的决策力、洞察力和流程优化的能力。早在 2001 年，美国高德纳（Gartner）公司的分析师莱尼（D. Laney）在一篇论文里第一次提到了大数据这个概念，并最先提出 3V 模型，将大数据的特征概括为包括海量（Volume）、速度（Velocity）和种类（Variety）。[2]2011 年 5 月，美国的麦肯锡管理咨询公司让"大数据"一词成为互联网时代信息科技界的流行概念，其发布了一份名为"大数据：下一个创新、竞争和生产力的前沿"的研究报告，该报告作为第一份从经济和商业等多个维度阐述大数据发展潜力的研究成果，对于大数据的概念进行了描述，将大数据定义为那些规模超出常规数据库软件工具获取、管理和分析的数据集。[3]但是，随着时代的发展，3V 已经不足以形容新时代的大数据。因此在 2012 年时，科技大厂 IBM、国际调查机构 Gartner、IDC 等纷纷对大数据提出新的论述，将 3V 增加成为 4V，即在原本的特性上，再增加真实性（Veracity）的特色，之后甚至还有人提出 5V、6V 的看法，即在原本的 4V 上又增加可视

---

[1] Further interpretation of data refers to the values on which various statistics, calculations, scientific studies, or technical designs are based. There are many kinds of data, the simplest is the number. Data can also make text, images, sounds, and so on. Data can be used for scientific research, design, verification, etc.https://baike. baidu. com/item/.

[2] Special online collection: Dealing with data, Science. http://www. sciencemag. org/site/special/data/.

[3] McKinsey, "Big data: The next frontier for innovation, competition, and productivity", 2011.05, p. 1. http://www. mckinsey. com/business-functions/digital-mckinsey/our-insights/big-data-the-next-frontier-for-innovation.

性（Visualization）与合法性（Validity）等。[1]在这之中，对大数据的描述增加的价值维度（Value），即认为海量数据虽然价值密度低，但是通过大数据技术的挖掘，可以实现巨大的商业价值。[2]

与此同时，大数据间依托物联网、云计算构筑起大数据交易市场，实现以"数据"为标的的商业模式。其中，"物联网"一词有多种定义，但共通点均为"关注电脑、传感器和物体如何互动及处理数据"；"云计算"的核心资产是大型、超级计算机，核心竞争力是4V标准项下的"大量、多样、快速、准确"地运算。国内外提供云服务的企业主要包括Google、IBM、阿里巴巴、腾讯以及华为等互联网寡头，这些企业本身大部分都拥有10亿级别的大数据运算需求，所以本身都拥有自己的云服务软硬件。云服务是在满足自身大数据运算的过程中发现的对主营产品的替代商品，将"剩余运算能力"出售给其他公司实现企业资产配置效率的最大化。2016年法国与德国竞争执法部门联合发布的报告（以下简称法德报告）中的定义是，"大量不同类型的数据，从多个来源高速生成，其处理和分析需要新的和更强大的处理器和算法"。[3]在韩国，人们普遍知道"它通常具有几个TB至数千TB的巨大尺寸，它包含各种非结构化数据，并且每隔几秒到几个小时就会产生，分配和消耗。提到非常难以分析的数据集很常见。然而，也有人认为"这不仅仅是大量的数据，还是可以创造新价值的数据流"。[4]

大数据是依确定目的而挖掘、处理的大量不特定主体的数字信息。目前学界将"大数据""数据"与"个人信息"混为一谈，将注意力集中于人身权、隐私权研究，既忽视了财产性才是大数据的根本属性，又忽视了大数据在挖掘、云存储、云计算和应用等方面与一般数据的诸多客观区别。大数据是信息时代的新产物，在法律性质、权利内容、权利归属方面存在着诸多制

---

〔1〕 "从3V到6V大数据概念演变"，载数据观，http://www.cbdio.com/BigData/2015-05/15/content_3086214.htm，最后访问时间：2015年5月3日。

〔2〕 曾雄："数据垄断相关问题的反垄断法分析思路"，载《竞争政策研究》2017年第6期。

〔3〕 Autorité de la Concurrence, Bundeskartellamt, large amounts of different types of data, produced at high speed from multiple sources, whose handling and analysis require new and more powerful processors and algorithms, Competition Law and Data, https://www.bundeskartellamt.de/SharedDocs/Meldung/EN/Pressemitteilungen/2016/10_05_2016_Big%20Data%20Papier.html? nn=3591568.

〔4〕 함유근·채승병, '빅데이터 경영을 바꾸다' (초판), 삼성경제연구소, 2012, 36면.

度空白，进而导致了公地悲剧、市场垄断和逆向选择等负外部性的出现，阻碍社会福利最大化的实现。大数据发展的指向应该是开放而不是封闭，在个人权益与社会福利间谋求均衡。[1]国内由于"大数据"提法的兴起与贩卖个人信息活动日益猖獗的周期高度重合、同步，使得国内舆论与研究者也将除大数据应用之外的主题放到了隐私权保障上，《个人信息保护法》的呼声也日益高涨，最终在 2021 年 11 月 1 日正式施行。但这和大数据的关系似是而非，大数据要分析和处理的是海量数字化信息，在大数据存储、分析的整个流程中，"个人信息"都不再以初始形式存在，只是计算机语言表述的数字信息，是大数据的内容之一。反过来，以"大数据"为流通对象的平台经济是集成式经济，通过信息通信及数字技术将牵扯许多法律关系的各类数据集成到一起，进行流转（收集、传输、加工、存储等）。用户线上消费只需要按几个键下去，就会触发平台服务法律关系、商品买卖或者服务法律关系、资金流转法律关系、物流服务法律关系等诸多法律关系的产生、变更或者终止，以上涉数据行为均发生在数据市场，固然需要竞争法进行规制。当平台企业数据储备增加到一定量时，就已具备了滥用市场支配地位的威胁，亟待反垄断法的规制介入。而反垄断执法需要准确解构以上法律关系，并且高度关注平台经济及其竞争行为的特殊性，维护市场秩序需要政府的有形之手，因此《反垄断法》的新修也是围绕平台经济领域竞争的核心要素进行立法，修正后的第 22 条增加 1 款作为第 2 款："具有市场支配地位的经营者不得利用数据和算法、技术以及平台规则等从事前款规定的滥用市场支配地位的行为。"该款规定不仅呼应总则第 9 条规定，与时俱进地明确了数字经济时代滥用市场支配地位的反垄断关切，而且与《关于平台经济领域的反垄断指南》等规定有机衔接，也为未来的制度完善预留了必要的接口。

比较中国和国外的定义，美国和韩国的定义更像是对数据本身的"科学和技术"（scientific and technical）方法。但是，在法律层面上，在使用大数据时应该比使用数据本身更重视价值。国外的法律定义是更有针对性地使用大数据的原因。但是，大数据的法律规制定义并不完美，从法律的角度来看，如果它是一个实际竞争法的问题，大数据交易并不必然会引起相关市场的竞争

---

[1] 周林彬、马恩斯："大数据应该确定成什么权利"，载《经济参考报》2018 年 11 月 28 日，第 7 版。

限制。需要从大数据的商业价值以及对于数字市场的影响来分析规制问题。[1]
最后，为了正确看待大数据，有必要根据"科学和技术"的观点来看待数据
如何在社会环境中流通。

（2）数据与大数据的关系。

一直以来，数据都是根据预先设定的特定模式进行收集的，但是没有被
收集的数据并没有被丢弃。[2]即大数据在被收集之前已经预先对其有效性进
行了判断并进行筛选。这种筛选技术是在以前技术有限的背景下进行的，
即以前的分析技术并不发达，所以对所有数据的有效性并不能进行有效的
判断。但是在大数据时代，随着存储费用的减少、分析技术的发展，网络
上存储的所有数据都有成为进行经济性分析的可能。在网络上，所有个人
所进行的活动都有被记录下来的可能，这种情况我们就可以称其为大数据。
虽然单独个人的信息并不能代表所有的消费者，但是收集了众多的个人信
息之后，会发现这些数据之中存在一定的消费趋势，这就是分析大数据的
意义之一。即大数据在分析之前，仅仅是作为数据进行存储，并没有价值意
义，只有对所有数据以算法技术进行分析，才能具有大数据交易中的标的
价值。

（3）大数据交易。

大数据交易是指以大数据作为交易标的交易方式，包括主体、客体及内
容。2020年《中共中央、国务院关于构建更加完善的要素市场化配置体制机
制的意见》发布，提出加快培育数据要素市场。数据作为新的生产要素，具
有其自身的特殊性。与传统的资源要素不同，数据不是孤立的资源，并且数
据要素能提高其他四个传统要素资源的配置效率，具有"乘数效应"，因此在
交易中应有特殊的考量。2022年中央全面深化改革委员会审议通过了《关于
构建数据基础制度更好发挥数据要素作用的意见》，习近平主席在主持会议时
指出，数据基础制度建设事关国家发展和安全大局，要维护国家数据安全，
保护个人信息和商业秘密，促进数据高效流通使用、赋能实体经济，统筹推
进数据产权、流通交易、收益分配、安全治理，加快构建数据基础制度体系。

---

〔1〕　강정희, "빅데이터 기반의 디지털 경제와 경쟁법의 과제", 「선진상사법률연구」 통권 제
74호, 법무부, 2016.4, 85면.

〔2〕　류한석, 「플랫폼, 시장의지배자」, 코리아닷컴, 2016, 264면.

根据国家政策要求，需要让数据流动起来，真正让数据发挥价值，所以大数据交易包括但不限于对数据的买卖行为，而是要让数据流动起来，这也就意味着需要有中间环节，[1]比如各地兴建的大数据交易所。

但是在大数据交易所可交易的数据可以认定为"只有可被计算机计算、具有一定通用性、可描述清楚、重复交易、符合国家法律规定的数据产品才能交易"。此时大数据交易的主体有交易所平台、买方与卖方；大数据交易的客体为数据、算法、算力等三类，即将大数据交易平台提供的数据产品和服务划分为纯数据产品、决策方案、技术服务。其中在交易所上市交易的数据主要为"不合规不挂牌、无场景不交易，个人隐私不碰，涉及国家安全、违背公共利益的都剔除在外"。（以上海数据交易所的交易原则进行总结）可是，流动的数据不仅包括具有合法、合规外观的数据，还包括在各平台企业间流动的数据，即个人数据，这也是本书主要讨论的竞争法规制的大数据交易内容。即本书讨论的大数据交易中的数据以"个人数据"为主。根据经济合作与发展组织（OECD）列举的个人数据[2]主要包括以下几点。

①互联网用户进行人机交互产生的数据，包括社交软件上的联系人、评论、照片和视频等。

②互联网用户活动或行为数据，包括用户在线搜索及浏览的内容，人们的在线购买行为，支付金额及支付方式等。

③位置数据，包括电子交易地址、GPS定位（例如来自移动电话的定位）、IP地址等。

④人口学数据，包括年龄、性别、种族、收入、性偏好、政治派别等。

⑤具有官方性质的身份识别数据，包括姓名、财务信息、账号、健康信息、医疗保障号码、警方记录等。

从大数据交易产业链条上的时间先后顺序来看，大体包含大数据挖掘阶段的权利、大数据存储阶段的权利、大数据分析阶段的权利、大数据应用阶段的权利四部分内容。当然，并非大数据的所有权利内容都适宜通过《民法

---

〔1〕 黄丽华："大数据交易渐热，挖掘数据'石油'我们准备好了吗?"，载新华社新媒体，https://baijiahao.baidu.com/s? id=1725000198266953012&wfr=spider&for=pc，最后访问时间：2022年7月3日。

〔2〕 OECD, "Exploring the Economics of Personal Data: A Survey of Methodologies for Measuring Monetary Value", *OECD Digital Economy Paper*, No. 220, 2013, p. 7.

典》《个人信息保护法》或其他法律予以规制。以下说明的是通过成文法尤其是《民法典》予以规制更具制度效率的大数据基本权利内容。概括地说，大数据挖掘阶段的权利内容主要包括 Cookies 辅助数据、网站爬行数据和旁路采集数据等。大数据存储阶段、大数据分析阶段的权利内容主要包括清洁数据、区块链数据、Hadoop 的 MapReduce 分散节点数据、用户行为模型数据等方面。大数据应用阶段的权利内容主要包括 LBS 数据、CRM 数据等。应用阶段的大数据从社会总体福利的角度来讲可以参考土地制度，界定为公共所有并交由政府管理。具体方式可以通过成立"中央大数据银行"对大数据市场实施"统而少治"。一方面限缩大数据的流动规模以保护国家信息安全和防治大数据的"新型国有资产流失"，另一方面限制大数据发展中的市场失灵，比如大型互联网企业大数据托拉斯的形成。[1]

如何分析大数据交易的价值呢？

首先，需要考虑大数据对数据拥有者自身产生何种直接的影响，即需要考虑大数据能否直接帮助企业在相关市场上拥有更强的竞争力，甚至帮助企业拥有控制商品或服务的价格、数量或者其他交易条件的能力。互联网服务市场中最重要的是新型技术服务的不断开发，而且以这项服务为主形成了一个独特的市场，就是互联网服务市场。并且，大数据分析最关键的是抓住消费者的潜在需求。因为，消费者的需求并没有一定局限在单一市场内的服务上，消费者要不断地消费新的服务。如果拥有大数据，只要有即时的分析技术，就可以在没有追加费用的情况下，建立新的服务市场，[2]这样就为消费者节省了开支，从另一个角度来说，是维护了消费者的既得利益。

其次，要分析大数据交易对市场秩序的影响。在大数据交易市场中，大数据拥有者考虑现有及潜在竞争对手对大数据的反应非常关键。如果数据拥有者获取的大数据能够轻易地被竞争对手获取，或者竞争对手通过获取相关大数据的替代品同样可以与大数据拥有者进行有效竞争，则大数据与交易实体标的区别就显现出来了。为了更加明确地分析大数据交易对市场竞争秩序

---

〔1〕　周林彬、马恩斯："大数据应该确定成什么权利"，载《经济参考报》2018 年 11 月 28 日，第 7 版。

〔2〕　이승규，"빅데이터, 후생증진 vs 경쟁제한.빅데이터가 경쟁정책에 미치는 영향"，「나라사랑」3월호，2017，53면.

的影响，进行适当的竞争法律规制，需要明确大数据交易的特征。

①非排他性。[1]中韩两国以及欧美国家有关排他性交易的定义形式各异。具体来说，排他性交易定义为：一个经营者在特定的市场范围内，要求与之存在上下游关系的（一个或几个）特定交易对象，只能与之进行购买或销售的交易方式。而大数据的非排他性是指，存在着的数据，任何人都有可能获取，大数据的拥有者所获取的数据有可能被竞争对手获取，或者竞争对手通过第三方获取，甚至有可能是通过获取该数据相似的替代品与拥有者进行竞争。此时，大数据就不像有形资产那样可以从实质上被剥离，大数据事实上处于一种游离状态。所以，要实质性地去界定大数据的排他性还是有些许困难的。实践操作中，企业会基于其交易内容、商业秘密等因素需要对所持有的数据进行排他性保护。电子商务平台基于保护数据的目的，通过申请知识产权来进行保护，以阻碍其他经营者进入市场。虽然没有有形资产那样实质地成为进入市场的障碍，但是由于行业不同，数据保护型障碍对数据驱动型产业进入市场的门槛必然会提高。在大数据催生的新型商业模式下，企业往往采取数据驱动型战略来获得并维持竞争优势。既然收集的数据是通过提供免费服务来获得的，企业有动机限制竞争对手获得、分享这些数据，比如限制数据的可迁移性以及平台之间的互操作性。

②可行性。[2]大数据拥有者的竞争对手有可能通过第三方数据中间商获得相关数据。比如美国的 Acxiom，Datalogix 以及 Experian 等公司，数据中间商可以从不同渠道收集数据，比如通过自己的数据收集技术收集数据，与网页主协调后实施跟踪技术（比如 Cookies 技术）收集数据，从公共信息（比如社交网络上可获得的信息等）获取数据，从公共机构和第三方公司（网页、银行、线上商店以及其他数据中间商）那里获取数据。[3]由于数据收集带来的固定成本可以被多家企业分担，通过中间商获取数据往往可以节省成本。此外，数据代理提供各种各样的服务，还包括数据分析，这也可能降低与数

〔1〕 Geoffrey A. Manne，R. Ben Sperry，"The Problems and Perils of Bootstrapping Privacy and Data into an Antitrust Framework"，CPI Antitrust Chronicle，No. 2，2015，p. 10.

〔2〕 韩伟、李正："大数据与企业市场力量"，载《中国物价》2016 年第 7 期。

〔3〕 French Competition Authority and German Federal Cartel Office：Competition Law and Data，https：//www. bundeskartellamt. de/SharedDocs/Meldung/EN/Pressemitteilungen/2016/10＿05＿2016＿Big% 20 Data%20Papier. htm.

据利用相关的成本。然而，法德报告也指出，通过第三方数据代理访问数据也有一些缺点，比如，通过数据中间商得到的数据规模与种类比较有限。此外，对于收集数据以与第三方共享有价值数据的企业而言，可能面临法律障碍或合同条款的限制，特别是在收集个人数据时，收集者一般向用户保证，其个人数据不会在未经用户同意的情况下泄露给第三方，[1]许多国家的隐私保护规则都严格限制商业目的的个人数据交换，如日本、韩国。

③ 可替代性。[2]正如生态系统中物种的多样性，使生态系统更健康一样，大数据的多样性，也是使数据产生的信息价值健康的原因。[3]即使竞争对手无法获得相关数据，如果存在大数据的替代性要素供竞争对手选择，则大数据对数据拥有者的市场力量便产生不了多大的促进作用。Anja Lambrecht和 Catherine E. Tucker 指出，大数据并非不可替代，企业可以通过创新或更好的价值定位满足潜在消费者未来的需求，分享经济模式的出现也使得大数据并非必要。[4]法德报告指出，要考虑不同类型之间的数据是否具有可替代性，在数据成为原材料的情况下，如果某一类型的数据可以被另一类能够经济、便捷地获得的数据所替代，那么某种封锁原材料（数据）的行为也就无法产生反竞争效果。

④ 优越性。大数据之父维克托·迈尔-舍恩伯格早就在其著作中指出大数据带来的信息风暴将会改变我们的生活、工作与思维，并提出了三大原则：不是随机抽样，而是全体数据；不是精确性，而是综合性；不是因果关系，而是相关关系。[5]通过分析大量的存储数据可以预测用户的未来行为，从而实现经济效益。其优越性主要体现在：更精准的决策，大数据分析可以为企

---

〔1〕　French Competition Authority and German Federal Cartel Office：Competition Law and Data，https：//www. bundeskartellamt. de/SharedDocs/Meldung/EN/Pressemitteilungen/2016/10_05_2016_Big%20 Data%20Papier. html.

〔2〕　Anja Lambrecht，Catherine E. Tucker，"Can Big Data Protect a Firm from Competition？"，Social Science Electronic Publishing，Dec.18，2015，p.5.

〔3〕　이규철, 원희선, 新기술(빅데이터) 등장에 따른 경제적 파급효과 및 법(규제) 연구, 한국전자통신연구원,2012.11,49면.

〔4〕　Allen P. Grunes，Maurice E. Stucke，"*No Mistake About It*：*The Important Role of Antitrust in the Era of Big Data*"，The Antitrust Source，No.1，2015，p.10.

〔5〕　［英］维克托·迈尔-舍恩伯格、肯尼思·库克耶：《大数据时代　生活、工作与思维的大变革》，盛杨燕、周涛译，浙江人民出版社 2013 年版，第 16 页。

业提供具有前瞻性的数据驱动的洞察力，以帮助企业开展竞争和业务发展；提高生产力，分析大数据可以提高个体的生产力，从而提高企业整体的生产力；降低成本，分析大数据可以提高运营效率，降低企业成本，从而为消费者提高福利；提高灵活性，分析大数据可以提高业务的敏捷性，应对市场的变化可以更快地更改其业务战略和策略。

（三）大数据交易理论

1. 大数据交易市场

互联网空间是一个可以自发表达的参与和共享空间，它是一个实时显示大量信息的媒介，从而大大改变现有的空间和时间概念以及互联网上表达的分布结构，[1]从而形成了新型的交易市场，即大数据交易市场。最近的经济学研究表明，许多重要行业都是建立在"双边平台"的基础上的，这使得不同的客户群体能够相互互动，并从他们之间的外部性中获得利益，[2]双边市场代表了数字经济的最新发展。互联网早期阶段数字技术应用的特点是将非数字脱机活动简单地转移到数字和在线环境中。平台可以使用他们的数据收集和分析来促进匹配市场不同侧的用户，例如买家和卖家。"纯"平台不生产商品或内容，他们只会促进内容供应商和消费者之间的匹配，如 eBay 和 Amazon Market Place 等在线市场，以及 Uber 和 Airbnb 等共享或协作经济平台都是很好的平台示例。与传统零售商不同，他们不购买转售产品，他们只能在卖方和买方之间进行调解。所有这些中介性质的平台都是由大数据驱动的。即双边市场通常是指一个平台，该平台由两组用户并基于彼此的需要而达成交易。[3]从经济学的意义来说，双边市场是指有两组参与者需要通过平台来进行交易，而且一组参与者加入平台的收益取决于加入该平台的另一组参与者的数量的市场。[4]以双边平台为特点的互联网产品之重要特征是其对用户的价值不再

〔1〕 박익환·장용근，"사이버공간에서의 프라이버시보호"，세계헌법연구(제11권 제2호)，2015. 12，87-88.

〔2〕 David S. Evans, Richard Schmalensee, "The Industrial Organization of Markets with Two-Sided Platforms", Social Science Electronic Publishing, in Issues in Competition Law And Policy, 2005, 9, pp. 2-3.

〔3〕 [韩]权五乘：《韩国竞争法中的相关市场界定》，金善明译；王晓晔主编：《反垄断法中的相关市场界定》，社会科学文献出版社 2014 年版，第 185 页。

〔4〕 Mark Armstrong, *Competition in Two-Sided Markets*, RAND Journal of Economics, Vol. 37, No. 3, 2006, p. 668.

固定，而是随着采用相同产品用户的增加而增加。两个不同用户群之间的外部性，即平台厂商一边用户数量的增加会带来另一边用户效用的提高。[1]这使得大的网络日益发达，小的网络日益衰微，从而表现出互联网行业的泛垄断形态，最终使得只有绝对优势地位的企业才能生存。[2]比如电商平台、社交软件，在平台上聚集的人越多，广告的曝光率越高，因此广告商越多，如此循环，各类数据形成聚合。因此，在进行大数据交易市场的分析时，把握双边市场（多边市场）的特征是关键。通过分析研究各国文献，本书将大数据交易双边市场的特征总结为以下几点。

第一，网络外部性。用户从消费某种网络产业中获得的效用水平取决于同一网络中其他用户的数量，可以看作网络经济扩张过程中的一种产生于需求的规模经济，即需求方规模经济，[3]也就是网络效应（network effect），这是新增用户对现有用户的影响，主要体现在产品价值的提升、互补品的种类增加和互补品的价格降低。[4]使用免费产品积累用户，然后通过增值服务进行盈利。如 Google 的搜索引擎平台及百度的搜索引擎平台都属于双边市场而非传统的单边市场。在 Google 与百度的搜索引擎平台中，尽管两者盈利模式存在差别，但是这两个平台运行的模式，都是一边向利用搜索引擎进行信息搜索的广大网民提供免费服务，一边对利用搜索引擎发布广告的企业收取相应费用；其盈利能力的大小往往取决于平台所能够吸引到的网民的数量多少。[5]又如微信和 QQ 具有直接网络效应，越多的用户聚集在同一个平台上，大家的联系越方便，就会有更多的用户聚集在这个平台上。这也就说明，网络效应是大数据企业能够形成市场支配地位的重要因素。

第二，锁定效应。网络效应导致互联网产品或服务具有正反馈、注意力

---

〔1〕　M. L. Katz，C. Shapiro，*Systems Competition and Network Effects*，Journal of Economics Perspectives，Vol. 8，No. 2，p. 94.

〔2〕　仲春："互联网行业反垄断执法中相关市场界定"，载《法律科学（西北政法大学学报）》2012 年第 4 期。

〔3〕　叶高芬、应琪："互联网领域相关市场界定的理性思考"，载《中国社会科学院研究生院学报》2014 年第 11 期。

〔4〕　黄坤："互联网产品和 SSNIP 测试的适用性——3Q 案的相关市场界定问题研究"，载《财经问题研究》2014 年第 6 期。

〔5〕　蒋岩波："互联网产业中相关市场界定的司法困境与出路——基于双边市场条件"，载《法学家》2012 年第 6 期。

经济、赢家通吃等特征，具有更为显著的黏着度和体系黏着性，消费者在选择产品或服务时，往往呈现出高度的路径依赖，即产生锁定效应。[1]交易市场有可能出现一个习惯性的标准，久而久之会演化为一个规范。如果该网络或标准在选择时并不是最优的，偶然的因素使之成为最后的事实标准，那么该网络或标准的用户就被锁定在次优网络或标准上，由于网络效应的存在和集体行动的困难，单个消费者很难"逃离"该网络或标准。[2]用户之所以被锁定是因为转换成本太高，如线上通讯软件。在韩国，消费者习惯使用 Kakaotalk；在中国，消费者习惯使用微信；在欧美国家，消费者习惯使用 WhatsApp 等。在既定市场主宰格局已经形成的条件下，其他竞争对手想改变消费者的习惯是很困难的，这样拥有大量客户的企业极易拥有市场支配地位。现实中，很多平台企业在经营活动中，通过提供低价甚至免费互联网产品或服务，吸引并锁定一边市场的消费者，待产生规模经济和范围经济时，再抬高该边市场产品或服务价格，或提高另一边市场产品或服务价格。[3]

第三，数据的要素化。大数据交易的商业模式主要是以平台运行为主的模式，其主要以数据的流通作为交易对象。但是数据的隐私性、敏感性和安全性并存，既关系到个人隐私，又可能在汇集过程中形成与国家安全相关的重要信息，因此，数据资源需要经过加工、处理达到脱敏的、无安全隐患的中间状态才能实现高效流通。根据不同领域、行业、群体属性的数据特点，按照其利用价值不同，未来的市场应建立差异化估值体系，并通过议价和竞价等市场化方式定价，从而实现可监管的抓手，推进公平竞争审查制度建立健全。

2. 大数据交易管理法律模型

2020 年《中共中央、国务院关于构建更加完善的要素市场化配置体制机制的意见》中将数据作为一种生产要素单独列出，更加推动了以"大数据"

---

[1] Roberto Roson, *Two-Sided Markets: A Tentative Survey*, Review of Network Economics, Vol. 4, No. 2, p. 144.

[2] 黄坤："互联网产品和 SSNIP 测试的适用性——3Q 案的相关市场界定问题研究"，载《财经问题研究》2014 年第 6 期。

[3] 赵静："双边市场条件下相关市场界定的挑战与探索——以互联网产业为视角"，载《牡丹江大学学报》2017 年第 8 期。

为交易中心[1]的商业模式的发展。同时，数字经济平台以数据生产要素为核心，成为数字经济时代的新型经济组织，其对技术的充分运用、资源的整合调配等在推动以"大数据"为交易对象的商业模式的形成上也起着显著的作用。[2]但从近年的情况来看，大数据交易的发展并没有预想中顺利。数据权属不明、隐私泄露、数字市场秩序混乱、流通机制设计与国际数字贸易对接不畅等问题掣肘了数据资源价值的实现，主要原因在于大数据交易的合法性面临着不确定性，只有融合各项法律手段才能使数据资源价值得到有效实现。2021年9月1日施行的《数据安全法》中，首次以法律形式明确了数据权益的保护，提出了"国家保护个人、组织与数据有关的权益，鼓励数据依法合理有效利用，保障数据依法有序自由流动，促进以数据为关键要素的数字经济发展"的原则，明确"国家实施大数据战略，推进数据基础设施建设"并鼓励创新。但是，"建立健全数据交易管理制度，规范数据交易行为，培育数据交易市场"，仅依靠静态的法律规范是不够的，既要打通多方数据的开放和融合，充分发挥数据价值，又要防止数据泄露和滥用，这也是平台企业参与数据流通时面临的挑战。在从工业经济向数字经济转型的过程中，数字经济平台利用其技术实现数据要素生产价值的同时，也对基于工业经济形成的法学规制理论体系提出了挑战。大数据交易过程存在复杂的交易环节和众多潜在的风险点，相关规范依旧面临新设或转型滞后的问题，且各部门法仅专注于本领域研究，致使相互之间关于数据的立法规范衔接不畅，单纯的法律赋权理论已无法解决数据安全流通问题。[3]只有从法律维度与技术维度双管齐下，才能确保大数据交易的安全。比如，2018年，国内首家大数据交易平台数据堂被查，其涉嫌侵犯数百亿条公民个人信息，在8个月时间内，日均传输公民个人信息1.3亿余条，累计传输数据压缩后约为4000GB，案件中涉及

---

[1] 大数据交易特指数据使用权的分享与交换，因根据我国法律规定，数据具有所有权的属性，涉及隐私和信息安全问题，其本身是不得交易的，即个人数据禁止出售和非法提供，能够进行交易的数据一定是"去识别化"的数据。也就是说，能够进入交易环节的数据，一定不能是准确识别到个人的数据（如姓名、身份证号码、家庭成员、性取向等），仅以"非个人数据"为交易对象，以避免本书所构建的大数据交易管理法律模型存在基础性理论瑕疵。

[2] 杨东："论反垄断法的重构：应对数字经济的挑战"，载《中国法学》2020年第3期。

[3] 程姝雯："缺少真正数据交易的大数据交易中心真正缺少什么?"，载《南方都市报》2020年9月9日，第GA13版。

的数据隐私性极高，涉及的上网 URL 数据包含了手机号、上网基站代码等 40 余项信息要素。最终，该案涉及的 21 名犯罪嫌疑人被起诉，数据堂有 6 人涉案，两家更上游的公司的相关人员被另案处理，加上另案起诉的犯罪嫌疑人，则共有 11 家公司牵涉其中，涉及 57 名犯罪嫌疑人。数据堂本身则未被检方起诉。[1] 从该案的审判结果来看，仅对刑事违法犯罪行为进行了处罚，对于涉案公民的民事权益如何救济却没有相关的规制进行遵循。而类似的大数据交易公司在我国还有很多，他们在数据交易（销售）过程中，为规避风险，将涉及公民隐私的数据拆分成不同部分，每段均无法识别到个人，到了需求端再将其整合起来，形成用户个人的完整数据。这也是隐私计算[2]的一种，这类技术对法律的规避行为，不仅涉嫌侵犯公民个人信息犯罪，还对公民的隐私权有所威胁。对于大数据交易需要把法律规划和大数据技术要求统一起来。尽管国家出台多项政策鼓励数据流通共享，合法大数据交易平台却一直发展艰难，一是因为以前许多游走在灰色地带的非法数据交易公司，纷纷转型成数据服务企业，无法直接从交易内容上对其进行查处；二是因为旺盛的数据黑市交易挤压了合法大数据交易平台的生存空间。此时，以完成数字经济规制体系的顶层设计为目的，通过直面数字经济中大数据交易管理过程存在的问题，有选择地设计和安排相应的制度，创设法律模型是最为符合数据要素市场要求的做法。这对于促进数字资源转化为有效的数据要素，推进我国数字经济科学化、规范化的发展具有重要意义。

（1）大数据交易管理法律模型的中国示例。

①大数据交易管理法律模型的定义。

法律模型的概念是北川善太郎在 1987 年依据契约法中对模型的构想而构建出来的，他认为，尽管世界各国的法律不同，法系也有所差别，但是依据各国不同法律而形成的契约是存在共性的，对这些共性辅之以系统整理，则会形成契约法之模型，这样会为法治体系的顶层设计提供参考，进而推动立

---

〔1〕 张瑶：“追踪数据堂：特大侵犯信息专案，震动大数据行业”，载搜狐网，https://www.sohu.com/a/243258396_305272，最后访问时间：2018 年 7 月 25 日。

〔2〕 隐私计算，隐私即为数据，所有者不愿意被披露的敏感信息，包括敏感数据以及数据所表征的特性。隐私计算是面向隐私信息全生命周期保护的计算理论和方法，含有隐私的信息在网络传播的过程中，隐私感知、隐私保护、隐私分析都依赖于对隐私信息的定量化描述、隐私信息处理过程中的形式化描述、隐私度量演化的公理化描述体系。

法的发展。[1]当时，法律模型的概念还较为模糊，只是以契约法为基础进行了一种理想的解释。在后期的研究中，随着社会的不断发展，出现了例如科技发展与人类伦理、社会转型与法律滞后等当代法制无法规制的现实问题。[2]由于制度条文存在滞后性而无法适用到社会问题的解决，这一现实所形成的迫切性，使得"以一个通用法学理论构建具有普适性的法律模型"成为现代法治问题的解决之道。至此，北川善太郎的法律模型的概念也已经基本明晰。[3]与此同时，另外一位日本的法学家来栖三郎在该普适性理论的基础上，提出了对法律模型赋予以法律解释理论进行构建的观点。他认为应依据法律渊源对社会现实进行分析与判断，以相同的规范为准绳，寻找个体事实间的差异，并在现行法律规范外有预期地设计一个符合具体问题，能够"适用可行"的规范，即将这种创造法的过程当成追求真理的过程，形成法律拟制论。[4]我国学者将法律模型的概念应用于电子商务[5]、数字著作权交易[6]以及商业银行参与证券投资基金等问题研究[7]当中，认为法律模型的意义是为了解决某一类新型社会现实所产生的法律问题，在进行法学理论与法律规范系统化研究的基础之上所构建的符合当时问题发展的一个理想型的法律要素体系。究其根源，还是在于传统的法律规范无法满足社会的快速变革，构建法律模型可以满足人类社会修正现代法无法应对的问题。[8]该问题本身很多都超出了法制的范围，所以需要跨出法的领域，与现实或其他学科对接，而法的领域在制度层面需要为这种对接提供接口。比如我国学者提出的司法治理中决策模型研究，将法律模型作为法官在司法决策中展现出的行为模式的一种，

---

〔1〕 ［日］北川善太郎："中国的合同法与模范合同法"，王晨译，载《国外法学》1987 年第 4 期。

〔2〕 ［日］北川善太郎："关于最近之未来的法律模型"，李薇译，载梁慧星主编：《民商法论丛》（第 6 卷），法律出版社 1997 年版，第 286~287 页。

〔3〕 杨代雄："电子商务法律模型论纲"，载《法制与社会发展》2002 年第 3 期。

〔4〕 段匡："日本的民法解释学"，载梁慧星主编：《民商法论丛》（第 15 卷），法律出版社 2000 年版，第 338~418 页。

〔5〕 杨代雄："电子商务法律模型论纲"，载《法制与社会发展》2002 年第 3 期。

〔6〕 史辉："数字著作权交易法律模型论纲"，载《行政与法》2016 年第 7 期。

〔7〕 陈岱松："商业银行参与证券投资基金的法律模型分析"，载《江西财经大学学报》2008 年第 4 期。

〔8〕 ［日］北川善太郎："不久未来的法律模型——由不久未来而思考现代"，华夏、吴晓燕译，载《比较法研究》2006 年第 1 期。

以类型化的界定作出区分，用以描述法院是如何介入社会治理之中，法官不会利用他们的个人意识形态偏好来裁决案件，而是只依据法律要素来裁决案件。[1]该法律模型着重于从法官的视角来呈现个体案件判决中对法律制度的权衡与取舍过程，即说明法官对法律规则的解释过程其实是一种法律的创制过程。虽然在该模型下最终形成的司法决策或多或少都有法官的意识形态参与其中，[2]但是司法的决策行为不能仅仅依靠一个静态的条文规则，而是需要用一种动态视角进行衡量，这种衡量需要跨越国界和法律制度，考察影响司法决策的一系列的现实变量因素，并评估其相互之间的影响比重。所以，针对司法决策的法律模型的理论回应与挑战在于，无论法官在决策过程掺杂了多少意识形态方面的考虑，也需要依据法律条文与个案情况进行预测和评估，最后作出一个着眼于未来的判决。[3]

从对于法律模型的描述和研究可以看出，日本学者与我国学者都是依据现行制度规范，从理论上构建一个体系化的框架，然后结合现实中的某一类问题，对其进行法律上的预设性判断，以达到既可以促进理论研究也可以服务司法裁判的目的，为立法、执法提供参考。法律模型之所以具有多元性的功能，是因为模型本身是对于某个实际问题或客观事物、规律进行抽象后的一种形式化表达方式。[4]模型具有多个种类，比如数学模型、程序模型、逻辑模型、数据模型、管理模型等，但任何模型都是由目标、变量和关系三个部分组成，当模型与事物发生联系时会产生一个具有一般性质的框架，此一般性质决定了该类模型怎样随事物变化。[5]从模型化制度的一般性质与模型化制度本身的关系来看，模型化制度在运作过程中应当重视一般性质的作用。因此，意图解决现代法制难以应对问题的法律制度模型，应当遵循同样的规律，即从问题的一般性质入手，进行框架性的解释，从法律理论的角度出发去解释法律规范中还未涉及的制度问题。综上所述，"大数据交易管理法律模

---

〔1〕 徐霄飞："司法治理中的决策模型研究"，载《浙江社会科学》2018 年第 1 期。

〔2〕 Dyevre Arthur, *Unifying the Field of Comparative Judicial Politics: towards a General Theory of Judicial Behaviour*, European Political Science Review, Vol. 2, No. 2, 2010, pp. 297-327.

〔3〕 Carlo Guarnieri, Patrizia Pederzoli, Cheryl A. Thomas, The power of judges: *A Comparative Study of Courts and Democracy*, Oxford University Press, 2002, p. 8.

〔4〕 孙水裕、王孝武编著：《环境信息系统》，化学工业出版社 2004 年版，第 1~2 页。

〔5〕 姜旭平、姚爱群编著：《信息系统开发方法》，清华大学出版社 2004 年版，第 1~2 页。

型"的提出，是为了解决大数据交易管理过程中所产生的法律问题，在进行系统化理论研究的基础上构筑的一个理想型的法律要素[1]体系。[2]

②提出大数据交易管理法律模型概念的必要性。

首先，提出大数据交易管理法律模型概念具有理论价值。一方面，数据的特殊属性决定了大数据交易最终会向全球性交易发展，中国法学学科体系需要同国外通用数据保护理论与实践进行对接，将西学内容进行本土化吸收。在这个过程中，大数据交易管理法律模型能够为一般民商交易领域、竞争规制领域等数据法治问题提供体系化、技术化的研究分析，从而弥合现有数据立法的分裂状态。另一方面，构筑法律模型的价值在于构建合法性标准的适用框架，设计法律要素，构建新型权利规范化体系。对新技术所带来的问题可以由其所要保护的法益与法律文本制定原意进行有效适用。比如，数据中包含着人格权或财产权，对其进行规制需要与现行法律规范进行有效融合，对民法等法学学科内容进行研究分析，寻找数据管理与现行立法理念融合的理论基础与法技术规制路径，从而实现新问题的新型解释。这也是为解决现代法难以应付的问题开辟道路，推进传统法律规范对新型行为规制的范式转化。

其次，提出大数据交易管理法律模型具有现实意义。数据管理可以从两个维度进行构建：技术维度（数据处理）与法律维度（法律要素）。从技术维度看，数据管理是指在充分有效地发挥数据作用，实现数据有效管理的基础上，对数据进行的收集、存储、处理和应用的过程；从法律维度看，在法律规定的范围内，数据权利人可以安全合规地使用数据，使数据流动风险得以有效防控。然而，实现大数据交易管理法律规制的难点在于如何通过有形化的法律规范规制无形化的数据流动风险。此时，通过主动建构"大数据交易管理法律模型"，人为地、有预期地干预数据流动的走向，实现风险监控，是较为理想的做法。大数据的交易模式具有一定的规律可循，本书以中国为例。

---

〔1〕　法律要素包括法律概念、法律原则、法律规则以及法的价值等。

〔2〕　郑成良主编：《现代法理学》，吉林大学出版社 1999 年版，第 30 页。

③大数据的交易类型：中国大数据的交易类型主要分为四种（见表 2-10）。

表 2-10　中国大数据的交易类型[1]

交易类型	企业特点	代表企业
大数据交易平台	通过会员加入的方式，由交易所（交易中心）出面进行数据供需双方交易的撮合，并且由该交易所（交易中心）对该笔交易进行监管，并且向数据供需双方提供技术团队，在交易过程中提供涉及的数据采集、清洗、分析、加工、平台搭建、出具数据报告等一个产业链式的服务，这也是当前的主要交易模式	贵阳大数据交易所、上海大数据交易所等
数据企业（国有企业）	基于行业数据起家的逐渐扩展到多个行业场景的大数据交易企业，该批企业的特点是硬件技术与软件技术均在业内占据一席之地的名牌企业，且部分具有国资背景，交通、金融、电商等行业分类的数据交易起步相对较早，由于领域范围小，自身范围内数据流动更方便	华为、中国电科、浪潮、中兴、曙光、用友等为代表的厂商
数据企业（私营企业）	以数据作为资产运营资源的企业，推动的大数据交易已渐具市场规模和影响力。区别于政府主导下的大数据交易模式，数据资源企业推动的大数据交易更多的是以营利为目的，数据变现意愿较其他类型交易平台更强烈	九次方、美林数据、爱数据、蚂蚁集群
互联网巨头	互联网中的巨头企业派生出的大数据交易，其凭借其拥有的数据规模优势和技术优势在大数据交易领域派生出数据交易平台进行数据交易	百度、腾讯、阿里巴巴等

④大数据交易管理法律模型的内容。

数字经济中的大数据交易是交易行为的一种，其开展和完成都是在市场

---

〔1〕　국한문,이동원,"중국의 빅데이터 거래에 관한 반독점 규제 동향",원광법학 제34관 제4호(2018.12), 302면.

中进行的，鉴于当今各类成熟的商事交易都已经有了各自的交易模型，那么大数据交易会随着市场的扩大和交易行为的增加，逐渐形成大数据交易模型。但由于其交易环节的复杂和风险点的众多，很难像传统商事交易那样自发形成交易模型，所以需要进行主动建构。大数据交易管理法律模型以大数据交易管理场景下的数据采集、存储、传输、应用过程为风险点，能够实现大数据交易的具体化、可视化的管理；以风险模块、交易模块、计算模块、评估模块作为子模块，能够对风险问题进行系统化整理，形成大数据交易管理法律模型的框架；针对现阶段数据立法的缺失问题与营商环境优化需要，以数据权属、市场秩序、法律责任为法律要素对模块内部进行具体构建，如图2-12所示。

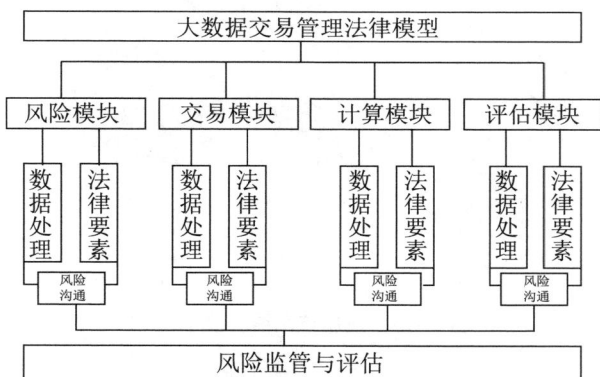

图2-12　大数据交易管理法律模型

大数据交易管理法律模型在运行中以各模块为聚点，模块内部的数据处理过程与相关法律要素（数据权属、数字市场秩序、法律责任）之间进行风险沟通，最后通过风险监管与评估体系让整个模型内部的迭代交流形成闭环。这样做将有利于实现静态法律规制与动态新型技术的有效结合，为我国正在进行的数据立法工作提供帮助，也是"法治是最好的营商环境"这一重要论断的理论实践。而如何使我国的数据立法在符合中国整体利益以及数字经济长远发展的方向上符合国际数据保护框架，即如何弥合我国的个性化特征和体系化建构的统一性要求，这是大数据交易管理法律模型构建的根本出发点。

实践操作中，企业会基于其交易内容、商业秘密等因素需要对所持有的数据进行排他性保护。以此可以做如下总结，大数据交易模型实践中为"数据技术服务交易模型"，是以数据为导向的增值服务模式，主要运用区块链技术、数据确权技术、数据安全技术等形成数据技术服务交易平台进行数据技术服务交易应用（见图 2-13）。[1]

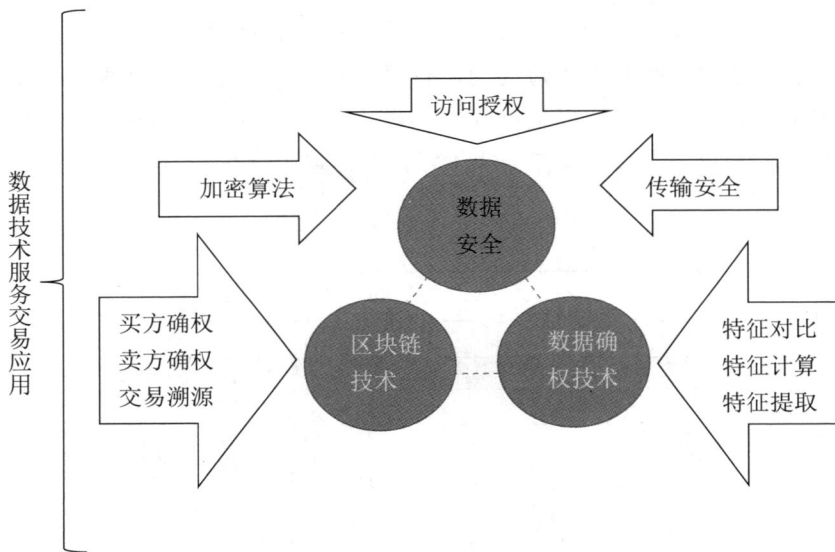

图 2-13 数据技术服务交易应用

实际操作模式主要通过区块链技术，根据数据存放区块位置、存放时间、系统密钥等信息自动生成商品确权编码，数据商品和确权编码绑定，交易信息存储在区块链上，通过确权编码进行追溯数据将要交易的数据信息，并且在数据上线时通过数据打码技术，把水印信息打到数据包文件中，当数据流通以后，可以通过抽取水印信息的方式，对数据进行特征对比、特征计算、特征提取以对数据所有权进行判定。而大数据技术服务交易模型在实践交易中分为线上交易与线下交易（见表 2-11）。

---

〔1〕 国瀚文："数据交易中大数据反垄断规制"，载《西北工业大学翱翔法学首届人工智能与大数据法治论坛论文集》，西北工业大学出版社 2018 年版。

表 2-11　大数据技术服务交易模型[1]

交易模型	交易特点	交易内容	实务应用
线上交易	由企业方将相关数据进行采集、清洗、分析以及加工成数据场景进行交易	主要交易的数据场景分为商品零售、生活服务、企业画像、宏观经济、农业、交通、气象、消费画像、政府数据、医疗健康、环境、旅游、金融、教育等	在企业数据平台中将数据以场景进行分门别类，由加入会员的用户根据自身需求选择数据项，在线获取自定义生成的数据报告，根据报告的种类又可分为宏观经济分析报告、行业分析报告、重点商品分析报告、个人定制分析报告等
线下交易	企业主要是承担中介角色	由数据需求方提出数据需求，企业根据自身数据库以及第三方的数据资源进行匹配，经过技术团队对需求数据采集、清洗、脱敏、分析加工后生成数据报告向需求方提供	在本次交易过程中，为了保护数据安全，大部分数据企业技术人员都会在供需双方驻守，提供相关的数据驱动技术，以避免侵犯他人隐私或商业秘密等违法事件的发生

对比美国和欧盟，中国的大数据交易模型既有向其学习之处，又有根据本国国情自行发展之处。但是，韩国的大数据交易系统却没有得到实质性的发展。2017 年洛桑国际管理发展学院（IMD）发布的全球数字竞争力报告中，韩国在大数据应用和使用能力方面在 63 个国家中处于第 56 位，属于最低水平段。洛桑国际管理发展学院（IMD）评价说，"韩国大数据的应用能力低于哥伦比亚、土耳其、巴西、秘鲁、墨西哥等新兴国家"，对技术的规制程度也处于 63 个国家中的第 44 位，相当低的水平。据 Google 的调查机构 Tech Pro Research 显示，以 2016 年为基准全球有 29% 的企业使用了大数据，但韩国企业利用率只有 5%。

对人工智能、大数据企业的核心虚拟存储装置（infra cloud）领域的投资也在大幅缩减。根据美国市场调查公司 Synergy Research Group 的报告显示，在 2017 年运营 10 万台以上的服务器的超大规模计算数据中心，全世界范围

---

〔1〕 국한문, 이동원, "중국의 빅데이터 거래에 관한 반독점 규제 동향", 원광법학 제34관 제4호(2018. 12), 303면.

内共有 390 家，但是韩国一家都没有。其原因在于企业对难以立即投入使用的数据投资方案没有太大兴趣。因此，韩国国内的使用者们在利用智能手机、社会化媒体等产生的数据将储存在海外企业的服务器上。韩国国内的云市场也是由 Amazon、Microsoft 等美国企业掌控。国内代表的 IT 服务器企业目前也还处于管理下属公司数据的水准。Amazon 等国外企业的水准不仅仅是单纯的提供远程存储装置，还可以通过人工智能分析韩国企业相关顾客的大数据，并提出最佳的市场营销策略和客户管理方案，并且有针对性地提供人工智能软件开发和服务器安全保护。所以，韩国企业对这些企业的依存度将会越来越高，甚至有关于"今后韩国只能从国外企业那里购买韩国数据"的说法。[1]

（2）大数据交易管理法律模型的运行。

大数据交易管理法律模型的有效构建需要明确其构建原则，这样才能在众多模型理论中形成具有特殊性的法律模型理论。构建大数据交易管理法律模型的原因，以对比中韩两国为例，两者同为亚洲地区的产业大国，但是对待大数据交易的态度却不同。中国是先使用后管制，韩国是先管制再使用。两者皆有双刃作用。在中国，立法跟不上科技发展的速度，大数据交易程度正在逐年递增，早已对大数据交易市场的正常竞争秩序产生负面影响。但是在中国政府的积极作为之下，已有一批法学学者与经济学家走在理论的前沿，积极促进现行法律的增订与修改，推动产业立法的进程。总的来说，中国在大数据交易方面一直在积极促进数据交易的流通和个人信息的保护。韩国《个人信息保护法》的立法目的更重视个人信息相关权利主体的权益保护，而不是个人信息的经济和社会利益，[2]对此，从数据管理水平、直接市场化利用的可能性、数据输出管制、遵守管理法规四个方面的强制性要素为基础进行评价的话，韩国比日本、新加坡在个人信息保护方面更加严格。在此比较的基础上，构建大数据交易管理法律模型，尤其内在的基本原则。首先论述法律模型的构建原则，需要明确法律模型的构建前提，即预设问题（予以规制之问题），然后确定模型需要解决的具体问题，最后确定该模型的法律模型化。大数据交易管理法律模型构建原则应遵循体系化原则、安全性原则、开

---

〔1〕 한국선 "개인정보보호법 위반" … 빅데이터 사업 올스톱 2018. 06. http://biz. chosun. com/ site/data/html_ dir/2018/06/02/2018060200202. html#csidxcd562cd94a d27929b42a39d2937e195. 2019. 05.

〔2〕 Hogan Lovells，A sia Pacifc Data Protection and CyberSecurity Guide，2018，p. 15.

放性原则和便捷性原则。明确构建原则对于法律模型的形成有着指导意义，有助于在尊重现行法理论的基础上，准确把握中国本土实践，确保从法律与技术两个方面实现法律模型的有效构建与实施。

①体系化原则。

体系化原则是指在研究大数据交易管理法律问题时，要以法学理论为基础，进行理论的体系化研究，并在此基础上寻找适合法律模型所需要的法律要素。目前研究中遇到的问题是，数据权利保护与自由流通平衡发展等体系化原则的缺失，掣肘了我国数字贸易的发展。体系化的法律原则作为规范性标准，能够体现出法律模型的系统性、开发性以及协调性。欧盟以《通用数据保护条例》（GDPR）实行"公民数据基本权利"的规制模式，美国以《加利福尼亚州消费者隐私法案》（CCPA）实行"强监管下的数据自由化"的规制模式。欧美寻求的是"数据权利保护和数据自由流通"的平衡模式，从为促进数字经济发展政策和国家安全观来看，对于个人信息，我国整体上是以保护的态度在进行规制。《个人信息保护法》中，确定了"保护个人信息""促进个人信息合理利用"，并没有对"保护信息自由流通"等加以规定；《民法典》对于个人信息保护的规定又过于宽泛，违法违规企业的行政处罚、法定责任界定还不清晰；刑事处罚（如侵犯公民个人信息罪）过于严厉，这些都会造成数据行业的收缩，阻塞我国数据流通的途径，使我国数字贸易对外形象存在信任缺陷。大数据交易管理法律模型遵循体系化原则，有利于通过法律框架实现"数据的自由流动和便捷交易"。[1]

②安全性原则。

数字经济的优化运行需要可交易的安全数据，但目前因数据权属不明而难以构建安全的交易模块，所以大数据交易管理法律模型的构建要遵循安全性原则。交易的数据不可避免地涵盖了个人信息或者隐私，存在信息泄露等风险隐患，影响数据的自由交易。明确数据权属，则对个人信息泄露、侵犯隐私权等风险可进行有效防范，且有利于促进数据贸易的持续发展。欧盟以"数据人格权"对个人信息进行保护；美国以"大隐私权"统合个人信息进行规定。我国《民法典》对"个人信息"（111条）和"数据"（127条）分

---

〔1〕　"G20部长会议关于贸易和数字经济的声明"，载搜狐网，https://www.sohu.com/a/320226329_ 825950，最后访问时间：2021年8月4日。

别规定，并以《个人信息保护法》与《数据安全法》进行立法保护，二者虽在内容上有所交叉，但应以不同的权利为基础。《民法典》将隐私权与个人信息保护写入人格权编，实现个人信息与隐私权的区分，这在世界范围的个人数据保护规范中，是一次有意义的尝试，表明在数字经济中我国的立法政策既要符合国情又要与国际接轨。这也是对《宪法》规定的"公民人身自由与人格尊严的基本权利"的贯彻落实。[1]

当前，数字经济环境下存在着大量的信息泄露事件。2020年国家计算机病毒应急处理中心在"净网2020"专项行动中通过监测发现，多款民宿、会议类移动应用存在不合规行为，违反网络安全法相关规定，涉嫌超范围采集个人隐私信息。这也意味着我国民众目前对个人隐私权保护的意识缺乏，权利被侵犯时起诉数据企业违规行为的情况较少。甚至，就算私人起诉数据企业滥用市场支配地位侵犯隐私权，最终也会因原告举证不能而败诉。[2]这从侧面证明我国当前监管的缺失和处罚力度的不足，隐私保护现状堪忧。2021年8月20日《个人信息保护法》通过，这是中国首部针对个人隐私保护的法律，立法的严格程度堪比欧盟《通用数据保护条例》（GDPR）。《个人信息保护法》第70条明确规定："个人信息处理者违反本法规定处理个人信息，侵害众多个人的权益的，人民检察院、法律规定的消费者组织和由国家网信部门确定的组织可以依法向人民法院提起诉讼。"至此，个人信息保护被明确纳入检察公益诉讼法定领域。另外，"个人信息可携带权"在最终版《个人信息保护法》中得到落实。该法第45条第3款规定："个人请求将个人信息转移至其指定的个人信息处理者，符合国家网信部门规定条件的，个人信息处理者应当提供转移的途径。"该规定可以保障个人对其信息的控制权以及在不同平台转移个人信息的权利，这一权利的认定延续了欧盟《通用数据保护条例》（GDPR）一贯主张的信息主体对个人信息的决定权。有法律研究人士指出，数据可携带为重新平衡数据主体和数据控制者之间的关系带来机会，可以打通从大型互联网企业到中小型企业的数据流通通道。《个人信息保护法》虽然还有具体细则需要完善，具体的执法机关需要明确，但是该法的出台体现了

---

〔1〕 程啸："民法典编纂视野下的个人信息保护"，载《中国法学》2019年第4期。

〔2〕 袁晓磊："论滥用市场支配地位私人诉讼之举证困境及对策"，载《中国政法大学学报》2019年第4期。

国家对顶层制度进行查漏补缺的决心，释放出了国家意图整治市场侵害个人隐私行为的信号，可以预见未来互联网行业将面临更大的监管挑战。但唯有如此，市场才能形成安全的大数据交易，才能让数据的价值得到有效兑现。[1]

③开放性原则。

我国在2019年二十国集团（G20）关于贸易和数字经济的部长声明中明确提出，尊重国内和国际的法律框架，建立信任和促进数据自由流动的规则。数字营商环境的优化需要实现与国际数据市场的有效对接和跨境数据的有序流动，因此大数据交易管理法律模型的构建需要坚持开放性原则，这是国内数据市场与国际数据市场有效对接的前提。但由于我国的数据交易市场欠缺大数据交易管理法律模型，造成了目前数据交易秩序混乱、缺少国际话语权，并难以与国际市场衔接等问题，这些问题都阻碍了数字经济的优化。数字贸易的飞速发展使个人数据成为数据驱动企业获取竞争优势的一项关键机制，拥有大量数据的企业具有明显的市场支配地位，同时个人数据权利被侵犯的事件比比皆是。[2]但过于强调保护个人数据而阻止数据应用的发展，会造成数字时代的"闭关锁国"，让本来意图促进数据行业发展的措施适得其反。另外，跨境因素使得个人数据保护问题变得更加错综复杂，更需要考虑个人数据保护与市场竞争秩序维护之平衡。基于现行法律规范，通过市场化手段，在法治框架内调整数据市场各方主体利益关系，必要时还需进行竞争法的范式转化以实现私权的保护。[3]

欧盟通过《通用数据保护条例》（GDPR）设立了全球几乎最严格的隐私保护制度，以构建其数据跨境流动框架。《美国澄清境外数据合法使用法案》从法律层面对跨境调取海外公民的信息和通信数据等方面内容进行了规定。[4]我国《网络安全法》第37条规定了关键信息基础设施运营者在数据出境时应履行安全评估义务，国家互联网信息办公室制定了《个人信息和重要数据出

---

〔1〕　张敏："交易安全视域下我国大数据交易的法律监管"，载《情报杂志》2017年第2期。

〔2〕　国瀚文："互联网企业数据识别反垄断法律监管规制"，载《重庆邮电大学学报（社会科学版）》2019年第2期。

〔3〕　国瀚文："中国新'反不正当竞争法'的司法适用——基于'互联网专条'的分析与实践"，载《商业研究》2019年第3期。

〔4〕　黄道丽、何治乐："欧美数据跨境流动监管立法的'大数据现象'及中国策略"，载《情报杂志》2017年第4期。

境安全评估办法（征求意见稿）》，全国信息安全标准化技术委员会制定了《信息安全技术　个人信息安全影响评估指南（草案）》。在如何与国际通用数据法律法规进行有效对接这一问题上，现行的以及即将出台的规范性文件并无详细规定，相关条文基于部分国际合作协议或联合声明而制定，这对于我国在国际数据规则制定上的主导地位会产生不利影响，从而影响数字经济营商环境的构建。数据是企业的竞争优势，因此亟须确定个人数据保护与市场竞争秩序之间的平衡，推进数据的应用，在必要时以法律明文规定数据流动的法定模式，搭建对外开放战略对接渠道。

④便捷性原则。

大数据交易管理法律模型的构建要坚持便捷性原则。数字经济的发展需要体现数据交易的便捷特性，但目前数字经济中的数据交易却难以发挥数据的优势，因此立法需要依据数据交易的技术特性构建便捷交易模型。大数据交易驱动技术与个人数据保护存在交叉情形，例如欧盟《通用数据保护条例》（GDPR）以"可被识别"定义"个人数据"，这是基于当时技术的发展程度进行的"弹性确认"。个人数据是通过人机交互等方式进行采集的，经过核心网存储或者 RFID 读写器进行感知采集后，使用 IMSI 等识别号码进行识别。所以，大数据交易管理法律模型的构建和实践必须反映技术管控。

数据价值的实现需要依托于科学的管理。数据交易风险中，既有传统安全风险在新行业新领域的蔓延，也有新技术新业态引发的新风险，这些风险源于技术漏洞、管理缺位和政策法规的不完善。但是促进技术发展与安全保护并不对立，以一个有效的运作大数据交易管理法律模型实现代码的法律化与法律的代码化，可以使数据价值最大化，并使这种安排符合中国法律要求。在法规制度、责任体系、安全保障、技术合规上，做好大数据交易管理安全的相关工作，践行各项原则，就能够保障大数据交易管理法律模型的方向性构建。

3. 大数据交易市场监管法理基础

对于任何学术研究来说，研究对象的特征都是最为基础性的问题。虽然从大数据的特征来看，存在着的数据，任何人都有可能获取，大数据的拥有者所获取的数据有可能被竞争对手获取，或者竞争对手可以通过第三方获取，甚至有可能是通过获取该数据相似的替代品与拥有者进行竞争。此时，大数据就不像有形资产那样可以从实质上被剥离。但是根据中国的大数据的交易模型，我们可以清楚地看到大数据的价值。该交易模型也从另一方面证明了，在没有数据专门立法的条件下，大数据交易市场靠自身的运行，总结出一套自律规则，进行自我监管。但这并不能改变市场本身固有的局限性，无法避免不正当竞争、过度竞争等影响经济发展的行为。尤其是中国的大数据交易正处在快速发展时期，受货币最大化的驱动，常常由于过度投机而引起经济泡沫、金融风暴等经济不稳定现象。这些行为和现象严重破坏了市场竞争秩序，损害了社会公共利益甚至国家利益。此时，政府必须通过有效的监管手段进行宏观调控，防止经济波动及经济危机。而从韩国的交易模式来看，主要是政府管控，在不得不使用大数据的情况下才通过国外的服务器进行迂回的使用。使得韩国一方面成为亚洲地区个人信息保护程度最高的国家，另一方面大数据的使用率却远远达不到先进国家的水平。这也说明根据各国国情要有选择地适用经验，找到适合本国国情的路径进行规划。

当传统的监管方式已经无法满足数字经济发展的需要，可以通过契约理论构建大数据交易管理法律模型，解决数字经济下传统法律适用障碍这一问题。契约理论，是研究在特定交易环境下分析不同人之间的经济行为与结果，通过假定条件（预设问题）在一定程度上简化交易属性，建立模型来分析交易过程并得出结果。大数据交易是依托平台算法技术实现的，算法活动也是一种法律行为，当引入法律模型时，算法行为将算法设计者的意志行为引发成为法律关系，对大数据交易行为作出预测和决策，这是大数据交易管理法律模型的建构过程；以预设问题（模块内部的风险沟通部分）、法律要素与监管与评估作为建构过程的内容。

（1）预设问题。

个人数据与非个人数据，数据使用与数据交易存在本质区别，如何将该种区别进行有效区分，解决新问题在适用传统法律中的障碍成为法律模型的预设问题。本书主张，以数据流动风险点来设置法律模型预设问题的具体内涵，进行数据流动安全风险实证调查研究。首先，需要对数据流动风险点进行精细化分析（见图2-14灰底部分）。以数据流动过程（技术维度）为基点，建构安全风险合规制度（法律维度），通过数据采集、传输、存储、应用等数据处理过程中的风险点与法律要素进行点对点的风险沟通过程，即处理数据合规匹配过程，以对数据市场违法行为进行梳理。

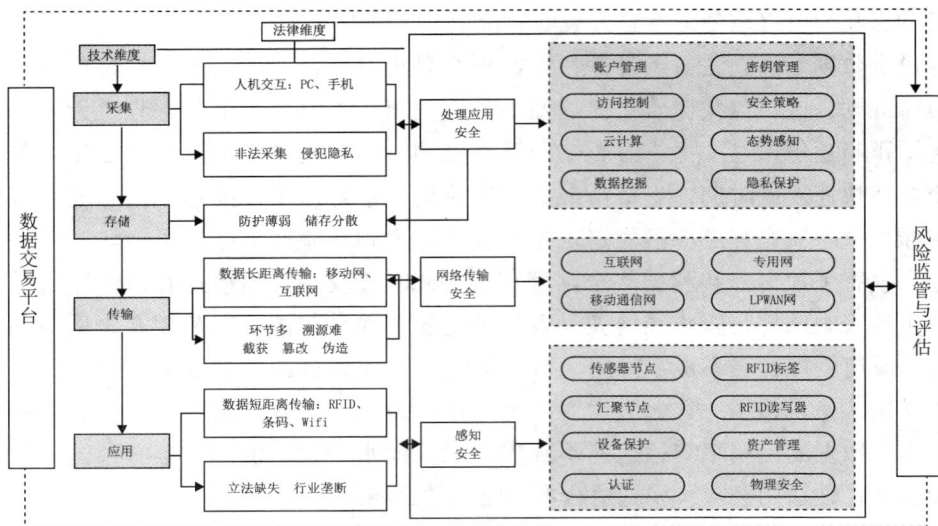

图 2-14 大数据流动风险沟通

实践中，大数据分析技术能够在用户不知情时收集和处理用户数据，数据驱动企业依据数据间的相关性，就可对消费者个人进行预测与推断。以人机交互活动中最频繁使用的微信、QQ 等为例，用户从注册阶段起，各软件公司就已采集到个人信息，同时通过用户默认同意的方式与其签订注册协议。此类协议中往往包含该软件平台从用户处获得的数据使用许可（包括采集、存储、分析等），从用户处获得数据（包括但不限于使用时间、地理位置、用户名称、头像、公开发布的图片文字等），并且会有与该企业相关的第三方企业获得相关数据，进行存储、分析或关联。按照用户同意协议的相关规定，这些数据不仅包含为用户提供更好体验服务所需的信息，还包括用户个人有关的浏览历史、地理位置等大量信息。随着生物识别等新技术的应用，用户面部、声音、指膜等生物信息也可能被采集。最终，该软件企业以及第三方企业可能已经采集到未来所需的各种数据，对该数据进行存储与分析，并上传到服务器（国内或国际）以备未来之需。[1]虽然这些浏览历史、步数计

---

〔1〕 Emilio Longoria, *Invisible, but Not Transparent: An Analysis of the Date Privacy Issue That Could Be Implicated by the Widespread Use of Connected Vehicles*, Albany Law Journal of Science and Technology, Vol. 28, No. 1, 2018.

算、所属位置等数据属于个人隐私相关的间接数据，但以算法分析技术可以将个人数据进行聚类分析，形成以实现商业目的的数据画像，识别用户的潜在需求（宗教信仰、性取向、购买模式、生活方式等），进行精准广告定向投放（在特定时间和场景到达目标客户，诱发冲动消费等），从而操控消费。[1]以上表明，若无适当的交易规则，个人数据将会被滥用，这不仅会危害个人权益与国家安全，也将影响数据要素市场的完善和数字经济的可持续发展。所以，大数据交易的风险点可以作为大数据交易管理法律模型构建的预设问题。

　　另外，考虑到国内、国际数据贸易惯例需要形成耦合关联，应对法律模型预设问题的设定增加国际标准。因为大数据交易具有全球化属性，需要多个国家及地区共同参与才能提供根本性的规制方案。美国从价值取向上鼓励数据跨境流动，因此《加利福尼亚州消费者隐私法案》（CCPA）未对数据跨境流动设置障碍。相反，欧盟《通用数据保护条例》（GDPR）却为数据跨境流动设置了层层障碍。中国企业在与欧盟开展贸易的过程中，应严格履行《通用数据保护条例》（GDPR）关于数据跨境传输协议[2]、跨境安全传输措施[3]、BCR认证[4]、必要性测试和利益平衡测试[5]等要求，避免因跨境传输不当遭受处罚。我们需要通过调查国际通用数据条例与交易习惯，完善

---

[1]　叶名怡："个人信息的侵权法保护"，载《法学研究》2018年第4期。

[2]　数据跨境传输协议，是指《通用数据保护条例》（GDPR）与欧盟外国家所签订的政府协议，即对数据跨境传输的限制，但是对内部的数据传输并未提出特别的限制。《通用数据保护条例》（GDPR）以特定国家、地区、国际组织是否对个人数据提供了"充分保护"为标准，通过对宏观法治现状、所参加的数据保护相关的国际条约或所作出的国际承诺、相关独立监管机构设立情况等因素，对上述主体进行评估，并将满足条件的主体予以公示，设定可以进行不需要特别授权的数据传输的"白名单"，但是我国并未在其中。

[3]　跨境安全传输措施，是指数据所有国要探索数据服务采集、脱敏、应用、交易、监管等规则和标准等，其主要目的是对标国际高标准高水平，探索构建与我国数字经济创新发展相适应，与该国数字经济国际地位相匹配的数字营商环境。转引自商务部："关于印发全面深化服务贸易创新发展试点总体方案的通知"，载中央人民政府网，http://www.gov.cn/zhengce/zhengceku/2020-08/14/content_5534759.htm，最后访问时间：2021年8月2日。

[4]　BCR认证，是指数据管理者实施企业约束规则（Binding Corporate Rules），即有约束力公司规则，其目的是让跨国公司或者公司集团能够在公司内部进行跨境的数据转移，是欧盟委员会提出的标准化格式合同的一个替代选择。《通用数据保护条例》（GDPR）对该规则给予了正式的法律地位，并详细规定了该规则获得认可的程序和内容标准（第47条）。

[5]　必要性测试和利益平衡测试，是指世界贸易组织（WTO）规则协调国家管制主权与自由贸易冲突的规则，在数字经济中，是认定成员方的国内措施是否存在技术性贸易壁垒并影响贸易的一个重要问题。

与他国在国际协助与国际贸易上的接洽。

（2）法律要素。

法律模型不是仅解决一个法律问题，而是解决一系列法律问题，每个法律问题的解决需要一些法律要素作为依据。相关法律要素可以从以下方面进行讨论：数据权属、数字市场秩序、法律责任。

首先，数据权属需要在复杂营商环境下进行数据精细化确权。通过讨论大数据交易法律关系主体的权利和义务所指向的对象，能够确定数据是随着科技社会的发展而产生的一种新型客体，需通过算法规制从数据价值和数据权利构成层面反向实现数据确权。另外，以中国传统理论对新型权利进行确认，需要借鉴传统的劳动赋权理论和以意志论、利益论为代表的权利理论，通过民法学科对数据进行基础确权，从而形成数据的分类梳理，以达到保护个人数据和规范数据市场的目的。这对于协调自然人各项权益的保护与促进数据产业的发展至关重要，也是对党的十九届四中全会提出的明确数据是生产要素主张的实践性尝试。

其次，关于数字市场秩序，可以通过数据企业交易方式的类型化（见表2-10），[1]明确大数据交易类型的通用场景，构建交易模块的内容。实践操作中，企业会基于其交易内容、商业秘密等因素对所持有的数据进行排他性保护。因此，交易模块从技术维度与法律维度两方面入手，以数据为交易内容，向需求方提供增值服务，主要运用区块链技术、数据确权技术、数据安全技术等形成数据技术服务交易平台，进行数据技术服务交易应用。操作模式主要通过区块链技术，根据数据存放的区块位置、存放时间、系统密钥等信息自动生成商品确权编码，将数据商品和确权编码绑定，并将交易信息存储在区块链上，通过确权编码追溯将要交易的数据信息，并且在数据上线时通过数据打码技术，抽取水印信息（当前主要的方式），对大数据进行特征对比、特征计算、特征提取以对数据所有权进行判定，从而实现数据权属的确定。以此通过大数据计算框架形成大数据驱动交易智能计算模块，并利用模拟实验进行验证，从法律与技术双重方面构建法律模型。

---

〔1〕 表中四类企业涵盖了数据采集、分析、存储、应用以及安全等领域。这些企业基本都是利用了中国超大规模的市场优势，得到了迅猛发展，其产业应用规模在世界上具有举足轻重的地位，中国在全球 10 大互联网公司中占 4 家，在前 30 位企业中占 40% 以上。

最后，关于法律责任，需要建构数据法律规范体系。通过数据流动安全体系（见图 2-14 法律维度部分），梳理现行法律规范的缺失之处，并借助法教义学的方法，适当推进现有法律规范对数据规制的范式转化。一方面，对于新型权利的立法，要符合我国现有法律规范。比如国家互联网信息办公室发布的《个人信息出境安全评估办法（征求意见稿）》，将个人信息和重要数据出境安全评估义务主体定位为所有的网络运营者，虽然其援引上位法《网络安全法》第 37 条规定的关键信息基础设施运营者在数据出境时应履行安全评估义务，将义务主体进行扩大，但是《立法法》第 80 条第 2 款规定，"……没有法律或者国务院的行政法规、决定、命令的依据，部门规章不得设定减损公民、法人和其他组织权利或者增加其义务的规范，不得增加本部门的权力或者减少本部门的法定职责"。因此，此次征求意见稿在仅引用《网络安全法》的情况下将个人信息出境评估的义务主体扩大到所有网络运营者，其法理依据有待商榷。所以，在立法过程中，具体制度的设计和安排需要对各方权利进行立法解释的细化，从而为数据法律体系的建构提供理论基础和参考方案，以此提高数据政策的理论指导力，增强其现实回应性，实现理论与实践的有效结合。

另一方面，对一般民商交易领域、竞争规制领域、行政争议领域、刑事惩处领域等法律范畴内的数据流动问题进行体系化、系统化、科学化、技术化的研究分析，既要有多法律视角的相互补充、相互协调，也要符合数字经济发展态势。比如隐私权是否可以使用竞争法保护，从而对扰乱数据市场的行为就行公权与私权的双重规制；是否可以要求平台企业对价支付用户相应经济利益，以换取对其数据识别使用的权利；怎样有效地使用竞争法工具对于互联网企业进行市场监管；是否需要与其他法学科进行交叉研究，引入数据侵权的民事、行政、刑事责任等，使法律更具有威慑力等。同时，构建大数据驱动交易的法律规制智能计算模型，实现交叉研究机制，构建起中国法框架之下的数据立法理论体系。

（3）监管与评估。

大数据交易管理法律模型监管与评估部分是对计算模块与评估模块的构建，即以"数据—法律—人工智能"模块的运行过程进行构建。该部分采用"提出理论—实践验证—完善理论"这一互动的研究方法，从分析大数据交易类型，构建计算模型并对数据流动过程进行风险评估与认证入手，通过交易特征和违法行为分析确定风险问题及其解决途径。然后该部分会设计可行算法，并利用模拟实验进行验证，从法律与技术双重方面实现数据法律体系的建构与评估机制。这是对整体法律模型及其子模块之间有效衔接的重要回应，也是构建数字营商环境评价体系的重要内容，对于优化营商环境具体改革方案的设计和实施起着重要的支撑和改进作用。[1]具体流程为：首先基于交易模块构建场景，然后基于计算模块构建数据合规计算框架，通过评估模块进行风险识别（见图2-15），最后由评估模块主导完成整个法律模型的监管与评估工作。其中需要建立两个风险决策点，完成各模块内部的数据处理与法律要素之间的风险沟通过程，以此构建监管与评估系统。风险决策点1是对通用场景进行风险评估，如果风险评估为能够有效地确定将风险降至可接受水平，则结束该风险评估，之后进行风险处置；如果提供的信息不够充分，则

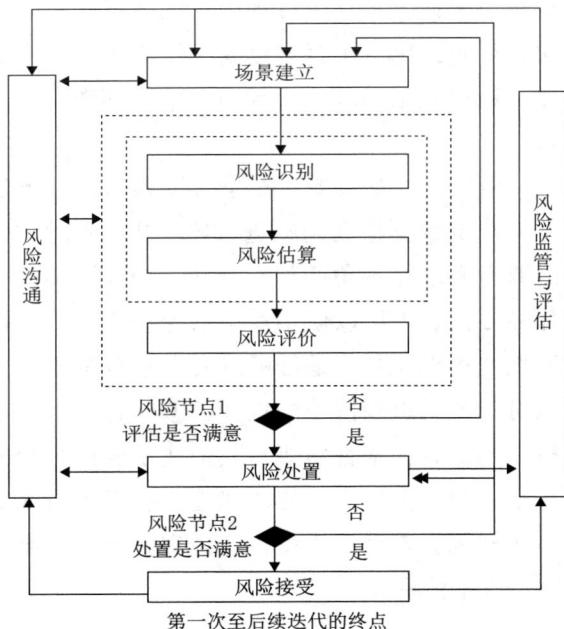

图2-15 大数据安全风险监管过程

---

〔1〕 谢红星："营商法治环境评价的中国思路与体系——基于法治化视角"，载《湖北社会科学》2019年第3期。

修改场景参数后对该风险点进行另一次迭代；风险决策点 2 为风险处置，主要取决于风险评估的有效性。风险处置后的残余风险可能不会立即达到一个可接受的水平，在这种情况下，可以改变场景参数后，对该风险评估进行再一次迭代，以及随后的风险处置。

（四）数字经济与竞争法关切

如果数据可以具体到个人，具有私权属性，大数据则更多地含有社会信息，具有社会性权属。一个类似的累积或下游创新论证可以将数据更新成为大数据（见图 2-16）。在数字时代，大数据在运营商之间转换，复制和传输数字内容的成本大幅降低，降低了其物质载体赋予信息的自然排除性障碍。[1] 大量有价值属性的大数据被交易，这种以大数据为交易对象的经济就被称为"数字经济"。[2]因此要明确对大数据交易的规制就要了解大数据交易的价值、特征以及交易模式。

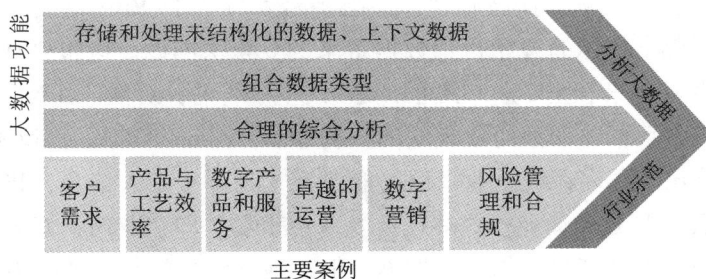

图 2-16 大数据价值模型[3]

---

〔1〕 Material goods are essentially competitors' goods. If one uses it, another person cannot use it at the same time. For example, a CD or DVD cannot be played on both players at the same time. Competition makes it easier to have exclusive property rights on physical goods: you own it or you don't. And data and information are non-competitors. Many people can use the same data at the same time without losing the information content of any of them. Even if I have it, it won't exclude you.

〔2〕 서울대법과경제연구센터,「데이터 이코노미」,한스미디어,2017.06,245~246면.EU 의 경우 데니터 경쟁의 가치는 이미 2014년 GDP의 1.85%에 이르렀고,연간5.6%의 성장률을 보니면서 2020년 경에는 GDP의3.17%에 이를 것으로 예측되고 있다, European Commission, Communication：Building a European Date Economy, 2017. 02.

〔3〕 Garther Research, Selecting Impactful Big Data Use Cases, 2015. 10, https：//www. gartner. com/en/documents/3159937.

数字经济中，大数据交易的最终目的就是企业价值的获得与消费者消费目的的实现。对于采用数据驱动型商业模式的企业而言，通过分析客户及最终消费者面对企业基于其拥有的大数据所提供的产品或服务时的反应，也可以间接观察大数据的价值。客户及最终消费者转向其他供应商的难度或转换成本的高低，对于判断数据拥有者的市场力量，以及大数据对企业市场竞争力的影响力度，具有一定的参考价值。拥有市场消费者的公司越来越多地垄断大数据导致其拥有了大数据的竞争优势。特别是，互联网服务市场具有一个特点，即基于现有服务输入新服务要容易得多。这就是为什么各大企业不停地在争夺数据资源。但是，在目前的国内外互联网服务市场中，服务提供商仅限于 Google、NAVER、百度等少数几家公司。这种现象意味着互联网服务的竞争结构越来越具有竞争力，而这些公司不想公布他们自己的数据。至此，拥有大数据的公司正逐渐具有垄断的趋势，亟待监管力量的干涉。

另外，大数据日渐成为很多平台企业提供的商品或服务的要素，帮助企业不断改进服务质量、提高收益。德国垄断委员会于 2015 年发布的报告指出，德国联邦卡特尔局开始讨论数据带来的竞争法问题。该报告认为，数据日渐成为企业的竞争性要素，其可以提高线上广告的针对性，并且不断优化线上服务，成为数据驱动型商业模式的一种原料。Allen P. Grunes 和 Maurice E. Stucke 也指出，很多在线企业采取的商业模式是基于个人信息，将其作为一种关键要素。[1]这类商业模式往往涉及双边市场，即企业向消费者提供免费的技术、服务以及产品，如线上搜索、电子地图。目的是从消费者那里获得有价值的数据，从而帮助广告商精确定位潜在客户。数据驱动型特点在互联网行业的表现日益明显，结合多边市场、网络效应等其他特点，大数据在互联网行业对特定企业市场力量的促进作用日渐突出。法德报告指出，数据驱动型互联网行业的诸多特点导致数据具有价值。在这些市场，数据的收集和使用可能加强领先企业的市场力量。由于不同企业在所能获取的数据方面存在差异，小型企业的边缘化情况可能会不断强化。大型企业可以获得更大规模的数据，这些数据能支持更好的服务，这转而又可以吸引更多消费者并能获得更多数据（滚雪球效应）。相反，小型企业可能只能吸引少量顾客，获得

---

〔1〕 Allen P. Grunes, Maurice E. Stucke, "No Mistake About It: The Important Role of Antitrust in the Era of Big Data", *The Antitrust Source*, No. 1, 2015, p. 3.

较少的数据。随着市场份额差距的增加，数据收集方面的差距也可能随之增加，这将导致不同企业间向客户提供的服务质量差距的增加。

虽然大数据难以被有形地垄断，对于数据的存储以及分析等是需要经营者具有一定的资金和数据驱动技术才能使技术壁垒实现。比如，在中国的大数据产业链中就存在着 BAT（百度公司、阿里巴巴、腾讯公司）三家公司，长期在中国互联网行业中占据领先的市场份额。而这也恰恰是拥有绝对数量的大数据存储以及先进的数据驱动技术所导致的大数据垄断的格局。海量的数据不断融合，造就的信息的连贯性，为某一领域的大数据控制者提供了更加强大的竞争价值。这些数据被控制的时间越长越容易产生不可替代性，在该领域中对大数据的垄断将会不断强化，在互联网行业中就会出现寡头竞争的格局。实现大数据垄断的公司，会采取措施限制用户转移适用通用格式或结构的个人数据的副本，到其他类似公司的信息处理系统，从而达到占有数据资源，规避竞争的目的。[1]综上所述，大数据的价值就在于它的预测性与及时性。以此形成的大数据垄断不仅会给数据市场的发展带来障碍，还会损害其自身的价值，甚至影响整个互联网产业链的良性循环。

三、大数据交易对竞争的威胁

2020 年《中共中央、国务院关于构建更加完善的要素市场化配置体制机制的意见》的发布，凸显了党中央和国务院对加快培育数据要素市场的高度重视。数据要素涉及数据生产、采集、存储、加工、分析、服务等多个环节，对价值创造和生产力发展有广泛影响，是驱动数字经济发展的"助燃剂"。而以上所有环节"燃料"的提供者，均为消费者。数据要素市场的发展将推动以消费者数据为中心的商业模式转变，但是随着企业间数据获取与使用需求与日俱增，面对掠夺性定价、拒绝交易、"二选一"、算法共谋、排他性并购等，"最大范围"地获取数据以满足经营所需的限制或排除竞争行为也呈蔓延之势，阻碍了数据要素市场的完善与发展。所以必须强调数据保护是推进数据要素市场构建相关法律体系保护的核心，也使得隐私保护与反垄断法的适用出现交叉。

---

〔1〕　黄道丽、张敏："大数据背景下我国个人数据法律保护模式分析"，载《中国信息安全》2015 年第 6 期。

（一）大数据交易中垄断的产生

垄断即为排他性的独占，独占即会带来对同一行业内其他竞争者的不公平，从而导致对消费者的不公平以及市场秩序的混乱，最终导致资源配置效率的下降。按照经济发展规律，在农业时代，土地是最重要的资源，反垄断的主要目的在于抑制土地兼并和集中，使"耕者有其田"。经过工业革命的洗礼，为了反对工业寡头的合谋操纵，反垄断体现在市场和技术领域，此时出现了具有现代意义的反垄断法。到数字经济时代，最重要的资源就是数据，当技术垄断和数据资源结合在一起，数据垄断也随之产生。[1]"数据垄断"是指平台经济中少数平台企业长期维持赢家通吃地位，常见的赢家通吃现象可能演化为对良性市场竞争和消费者福利造成损害。[2]在数字市场的垄断行为方式依然从工业时代延续至今，比如大数据杀熟、"二选一"、算法合谋等，此时反垄断的目的在于抑制"数字寡头"的产生。由此可见，从自然垄断、行政垄断到技术垄断，垄断的形式虽在不断变化，但反垄断的目的自始至终均是为了维护消费者的利益和市场的竞争秩序。

我国平台经济领域的数据竞争是很激烈的，不仅在同一平台内的不同主体（平台内经营者）之间存在内部竞争，而且在两个或者两个以上的平台（平台经营者）之间也存在外部竞争，一方面由于前述的网络效应、规模经济等固有特点使得平台经济领域容易存在一家独大和赢家通吃的现象，另一方面互联网领域的动态竞争等特点又使得这种市场领先者的地位处于不稳定的状态。所以平台经济领域的数据竞争是与数据垄断相伴而生的。[3]

1. 数据垄断依托的平台市场属于典型的（多）双边市场

数字经济最具代表性的商业模式是平台模式，而数字平台最主要的特征为双边市场，核心是让两个消费者群体（用户与广告商）均留在平台上，而两个市场的需求是正相关的，为了最大化其商业价值，平台需要将网络效应内部化即交叉补贴，向市场中网络效应低的一边收取更多费用，而按同等数

---

〔1〕 聂洪涛、韩欣悦："互联网平台数据垄断法律规制的困境与出路"，载《长白学刊》2021年第4期。

〔2〕 熊鸿儒："我国数字经济发展中的平台垄断及其治理策略"，载《改革》2019年第7期。

〔3〕 王先林："平台经济领域垄断和反垄断问题的法律思考"，载《浙江工商大学学报》2021年第4期。

量降低向网络效应高的一边收取的费用，甚至免除平台使用费来影响总交易数量。[1]这种不对称定价策略在实践中被线上广告模式和线上零售模式所采取。平台企业一侧面对消费者，一侧面对商家，这个平台上的众多参与者有着明确的分工，平台运营商负责聚集社会资源和合作伙伴，通过聚集交易，扩大用户规模，使参与各方受益，达到平台价值、客户价值和服务价值最大化。但是，平台企业也可能利用在双边市场中的优势地位，产生垄断定价、捆绑销售等行为。

2. 数据垄断依托的平台经济存在较强的规模经济性与网络效应性

如果某一平台企业率先进入一个领域，或者由于技术、营销优势占据这一领域较大市场份额时，由于交叉网络外部效应和锚定效应的存在，这家企业就会越来越大，出现强者越强的局面。同时，市场集中度高有利于降低商家和消费者交易成本，平台企业往往具有较强的规模经济性。数字经济具有明显的网络效应，更早进入市场或因为通过颠覆性创新而获得更多资金、技术优势的数字平台，会因为先发优势而在竞争中占据更有利的位置，[2]不断出现"强者恒强，弱者恒弱"的马太效应。而且数字经济条件下锁定效应普遍存在，导致数字产品或服务更换的转移成本较高，[3]即通过路径依赖让用户习惯于一个经营者的产品和服务，在不付出高昂的转换成本前提下无法使用另一个经营者的相类似产品，基于此，数字经济领域相比传统行业更容易成为一个寡头垄断的市场。[4]在网络效应视角下，在位企业和后发企业持续地通过产品创新进行竞争，此时呈现的是"为市场竞争"（competition for the market）而非"在市场竞争"（competition in the market），当占据市场主导的产品最终出现时，成功企业赢家通吃。[5]这正是数字经济呈现出的特有竞争格局。

---

〔1〕　Thomas Hoppner，"Defining Markets for Multi-sided Platforms：The Case of Search Engines"，World Competition Law and Economics Review，Vol. 38，No. 3，2015，pp. 349-366.

〔2〕　叶明：《互联网经济对反垄断法的挑战及对策》，法律出版社2019年版，第32页。

〔3〕　张江莉：《反垄断法在互联网领域的实施》，中国法制出版社2020年版，第10页。

〔4〕　Daniel Rubinfeld，"Antitrust Enforcement in Dynamic Network Industries"，The Antitrust Bulletin，Fall-Winter，1998，pp. 859-882.

〔5〕　Gregory Sidak and David Teece，"Dynamic Competition in Antitrust Law"，Journal of Competition Law and Economics，Vol. 5，No. 4，2009，pp. 581-631.

3. 数据垄断依托的平台经济模式是对数据以创新性技术进行资源配置的运行模式

平台企业之间的竞争越来越多地表现为数据资源与算力算法的竞争，各平台企业极为注重数据要素的积累与关联，以提升平台价值、赢得竞争优势。[1]平台竞争力主要表现为创新力，竞争强度主要由平台企业的创新能力决定。与传统的静态竞争理论着重于关注完全竞争市场模型下分配效率最优化不同，熊彼特的动态竞争理论最重要的就是破坏性创新或颠覆性创新在经济增长中的核心作用。熊彼特认为，对比价格竞争，"来自新商品、新技术、新供应来源、新型组织的竞争……具有决定性的成本或质量优势的竞争以及打击到现存企业的根基和生命而非边际利润和产量的竞争"更能代表竞争的本质。[2]平台扼杀式并购和寡头竞争并存，赢家通吃是平台发展的规律性现象。

数据的竞争推动了数字经济的发展，但有竞争的地方必然存在垄断，这对数字市场（平台）中竞争秩序的维护和未来的发展带来了诸多严峻挑战。

（二）大数据交易中垄断的威胁

1. 对于个人信息保护的威胁

（1）隐私与垄断的交集。

隐私保护与适用竞争法在传统上并不互相涉及。例如，酒店安装针孔摄像机，偷录房客行为，因侵犯其个体隐私而违反侵权法，酒店的行为并没有违反竞争法。[3]而竞争法中经营者的垄断行为同样也不会引起侵权法的规制。但是在数字经济时代，由数字识别算法兴起的商业模式，使得二者有了交集。数字要素市场中，企业是数据的重要持有者，而消费者成为数据的提供者。单个数据不能发挥出数据要素的价值，需要数据持有者对数据进行清洗、加工、整合之后才能具有使用价值。然而，数据包含着数据主体的人格尊严和自由价值、商业价值、公共管理价值，兼有人身和财产属性。消费者的数据

---

[1] 曾铮："平台经济发展如何严监管补短板"，载《经济日报》2021年8月26日，第10版。

[2] Joseph A. Schumpeter, "Capitalism, Socialism and Democracy", London: Taylor & Francis Group, 2010, p. 74.

[3] 在2019年《民法典》人格权编草案中，在隐私权部分的第812条第1款中，增加了禁止窥视宾馆房间等私密空间的规定，该条仅针对实施侵权行为的侵权人，也就是说，如果偷拍行为非酒店所为，酒店则可开脱责任。石佳友："民法典中的网络安全制度创新"，载中国社会科学网，http://www.cssn.cn/whjs/whjs_bwyc/201911/t20191112_5033533.shtml，最后访问时间：2019年11月12日。

一方面成为企业开发新产品的生产力，促进消费；[1]另一方面也成为企业训练算法[2]进行自动化决策的原料。[3]在以数据为要素的现代市场中，对于认知能力与决策能力等主观能力处于弱势的消费者而言，应当给予特殊的保护。数字社会中人格权受侵害者，常难以知悉或防范其隐私资料被窥探、搜集或利用，信息社会使个人成为所谓的"透明人"，甚至裸体化。[4]这种侵犯多是发生在数据驱动平台与消费者间，使得竞争执法机构很可能会考察数据驱动型经济中的隐私是什么。根据欧美地区近年来对数据企业侵犯隐私而引起的反垄断调查来看，Anita Allen 总结到，数据市场中的隐私并不是一个狭义的概念，而是包含一定的关联，反映出自然人依据自我意识感受到的被侵入知觉，需要受到不同程度的保护。其具有多个维度：[5]物理隐私（保护自己免受物理侵入，家中隐居及身体完整的权利）；信息隐私（限制对个人数据的接触，反对非自愿公开私密事实）；决策隐私（免受政府干预个人生活，例如堕胎权、死亡权、婚姻权）；身份隐私（名人及其他人控制个人身份、肖像、姓名、绰号、声音、商标、DNA 及社会保障号码等属性的权利）；结社隐私（寻求会员身份、归属或者加入原本封闭的团体；能够与自己选择的人单独相处）；智识隐私（内心平静，能够思考受禁思想）。从我国《民法典》人格权编的编纂体例中可以看出，我国立法者认为人格权具体化过程中最为重要的一项权利就是隐私权，它的保护强化与现代数据科技的快速发展有着紧密关系。在数字市场中，收集、存储和利用的主体数量众多，且数据规模巨大，消费者所处之弱势地位无法与占有支配地位的网络经营者形成有效抗

---

〔1〕　经济合作与发展组织（OECD），Big Data: Bringing Competition Policy to the Digital Era, https://one.oecd.org/document/DAF/COMP（2016）14/en/pdf。

〔2〕　算法（algorithm）是指解题方案的准确而完整的描述，是一系列解决问题的清晰指令，代表着用系统的方法描述解决问题的策略机制，是一种明确、精确的简单操作列表，它们机械地、系统地应用于一套令牌（tokens）或对象中（例如棋子、数字、蛋糕成分的配置等）。令牌最初的状态是输入，最终的状态是输出。

〔3〕　国瀚文："互联网企业数据识别反垄断法律监管规制"，载《重庆邮电大学学报（社会科学版）》2019 年第 2 期。

〔4〕　王泽鉴：《人格权法》，北京大学出版社 2013 年版，第 177 页。

〔5〕　［美］莫里斯·E.斯图克、艾伦·P.格鲁内斯：《大数据与竞争政策》，兰磊译，法律出版社 2019 年版，第 164~165 页。

衡，一旦个人数据被泄露，不仅涉及的受害人数量极为庞大，[1]且受害人往往无法证明泄露者是谁；或者明知其数据会被采集、使用，而不得不与之交易的行为，不符合合同效力制度规定。[2]另外，违约请求权要求受害方对违约行为进行举证。可是当消费者数据被算法识别之时，其识别理由并未确定，或许仅是被识别，然后被存储，日后会被应用于哪一项，消费者依然无法证明。

对于数据控制者而言，是否掌握足够能识别某个具体个人的数据已不再那么重要，大数据分析技术已使这些数据驱动的商业机构仅凭数据相关性而非因果关系即可进行预测与推断，[3]而用户很多时候对此却一无所知。况且，从经济效率上说，让处于竞争链末端的势单力薄的消费者对大量收集、存储和利用个人信息的公司或政府以提起民事侵权之诉来维护自身权益，实现保护隐私的目的，也很不现实。隐私的保护与利用是世界各国共同面对的难题，尽管当前数字市场涉及数据隐私的垄断争议不断，但国内监管机构尚未主动披露一起该类的反垄断执法案件，而近年来，欧盟和美国均在强化对互联网平台反垄断监管力度。世界范围内，欧盟是世界上最为强调人权和个人隐私保护的地区之一，"数据隐私被视为基本权利和法律文化的一部分"，[4]也是最早开始系统地、集中地保护个人数据的欧洲地区。[5]美国《加利福尼亚州消费者隐私法案》（CCPA）于 2020 年 1 月 1 日生效，成为美国州层面的最重要数据隐私立法之一。比较两大法系，均认为个人数据与隐私权在权利内容、权利边界等方面存在交叉，美国采用"信息隐私"之概念并演绎出市场主义的"隐私控制论"；欧盟则在传统隐私权之外，另定个人数据保护规范《通用数据保护条例》（GDPR），经由"个人数据保护权"化解数据隐私与数据利用之间的内在冲突。虽然各国对于数据驱动经济下的隐私权有不同的定义，

---

〔1〕 张瑶："追踪'数据堂'：特大侵犯个人信息专案，震动大数据行业"，载搜狐网，https://www.sohu.com/a/243258396_ 305272，最后访问时间：2018 年 7 月 25 日。

〔2〕 北京市第一中级人民法院民事判决书，（2017）京 01 民终 509 号。

〔3〕 解正山："数据驱动时代的数据隐私保护——从个人控制到数据控制者信义义务"，载《法商研究》2020 年第 2 期。

〔4〕 Schwartz. P, Peifer. K, "Transatlantic Data Privacy Law", Georgetown Law Journal, Vol. 106, No. 1, 2017, pp. 815-859.

〔5〕 王利明："论个人信息权的法律保护——以个人信息权与隐私权的界分为中心"，载《现代法学》2013 年第 4 期。

但在隐私保护方面有共同的认识，即数字经济中以私法对隐私提供的保护是有限的，企业对消费者数据的识别行为具有反竞争效果，需要引入市场竞争规制。

比如，在 Google 与 DoubleClick〔1〕企业合并案中，出现两个争议，一是美国消费者法和个人信息保护法以及竞争法执法都具有隐私保护的主张，应该适用哪一个？二是美国联邦贸易委员会（FTC）在减少隐私信息保护是不是竞争法应该进行规制的方面处于一个模糊的立场。对于此，有观点指出，保护个人信息如同环境保护或促进就业等事务，不属于竞争法规制的范畴。但是另有观点认为，消费者数据中含有的隐私信息，可能是影响竞争的非价格因素，需要受到竞争法规制。该案的结论是，如果有证据证明消费者隐私受到侵犯，则对竞争产生了负面影响；如果没有证据表明此案并购有可能对竞争的非定价因素产生不利影响，则该合并没有侵犯隐私权，可以适用竞争法。也就是说，数据驱动企业间的合并行为（合并目的是拥有更多数据），降低了在隐私保护方面的力度，而且在竞争中也存在着实质性限制，说明该企业是滥用市场支配地位侵犯隐私的表现形式。由此得出的结论成为世界各国支持隐私保护纳入反垄断分析框架的理论基础，即隐私保护成为一种影响竞争的非价格因素，〔2〕由一项企业行为导致的隐私保护程度的降低属于反垄断法的规制范围。〔3〕

欧美国家对涉及隐私保护的滥用市场支配地位案件进一步区分为剥削性滥用行为和排他性滥用行为。传统反垄断法中，两者均以排斥竞争者为目的：剥削性滥用，是指占有支配地位的企业通过某种行为获得了在正常、有效竞争情况下不会获得的收益，其表现为行为人滥用其市场支配地位直接从交易者处攫取垄断利润，以强加不公平价格和不公平商业条件、义务给相对交易者；排他性滥用，是指占有支配地位的企业针对同类竞争者所实施的妨碍性

---

〔1〕　FTC File No. 071-0170Google/DoubleClick 企业合并案。

〔2〕　FTC File No. 071－0170, Federal Trade Commission Closes Google/DoubleClick Investigation, Dec. 2007；2010 年《美国横向合并指南》，2013 年经济合作与发展组织（OECD）"竞争分析中质量的角色与测试"圆桌论坛（The Role and Measurement of Quality in Competition Analysis）中均指出，竞争包括价格和非价格两个维度的竞争，而质量竞争是非价格竞争的一个方面。

〔3〕　Newman, Nathan, Search, Antitrust, and the Economics of the Control of User Data, Yale Journal on Regulation, 2014（2）：259-263.

滥用行为直接产生排挤竞争对手、限制市场竞争后果的行为。[1]在数据要素市场中的这两种类型将被赋予新的解读，比如欧洲法院在 Post DenmarkI 案中，[2]认为排他性滥用是指"竞争产生的影响给消费者带来损害的行为"，结合域外理论学说与相关案例，梳理数据市场中的隐私保护滥用市场支配地位行为规制的问题，需要对数据企业使用消费者数据所形成的新型剥削性滥用行为与排他性滥用行为进行讨论。

（2）对市场主体损害的影响。

① 从市场竞争秩序角度分析。

在市场经济条件下，市场主体能够各尽其能、最大限度地实现自由竞争。但在大数据背景之下，拥有数据信息优势的经营者通过对海量数据信息的加工处理，能够基本掌握广大消费者和竞争对手的交易基本信息。通过类似"定向营销""动态定价""要害突破"等方式，大大提高其营销与竞争手段的准确性和有效性，由此可能产生的另一后果就是：该经营者可以不再致力于产品质量和服务水平的提高，而只是依靠数据信息的收集和分析，就足以成为市场上的王者。[3]借此，传统而经典的市场竞争法则将被打破，价格机制对市场竞争秩序的维护功能将丧失殆尽，市场竞争对科技发展与社会进步的推动作用也将日渐式微。

②从经营者角度分析。

在市场经济条件下，经营者为获取最大市场份额，往往通过产品创新和提高服务质量来谋求竞争优势，从而推动技术进步和生产发展。而在大数据背景下，一些经营者为了达到排除或限制其他经营者竞争的目的，往往凭借自身在技术上、成本上、市场规模上占据的优势地位，通过自己掌握的数据信息对交易相对人实施所谓"定向价格营销"，扰乱市场竞争秩序。在双方的交易过程中，由于经营者之间的信息不对称，使得掌握数据信息的经营者一方能够在竞争中处于优势地位。他们通过大数据分析技术，一方面能够了解

---

〔1〕 吴玉岭：《契约自由的滥用与规制：美国反托拉斯法中的垄断协议》，江苏人民出版社 2007 年版，第 184 页。

〔2〕 Ones A., Sufrin B., EU Competition Law-Text, Cases, and Materials, Oxford: Oxford University Press, 2016, p.351.

〔3〕 Allen P. Grunes, Maurice E. Stucke, "No Mistake About It: The Important Role of Antitrust in the Era of Big Data", The Antitrust Source, No.1, 2015, p.5.

潜在竞争对手的交易习惯,[1]在竞争对手交易最大容量的临界之上给相对人提供优惠,以此获取交易机会,从而不正当地攫取市场份额;另一方面大数据能够助力企业在市场竞争中击败竞争对手,主要表现为其利用掌握的数据信息,找出与之相竞争的经营者在管理或其他方面可能存在的危机,对外公布,进行恶意竞争,或者发布虚假数据信息,获取交易机会。例如,利用搜索网站的“竞价排名”技术,即使是质量一般甚至低下的商品或者服务,其经营者通过向搜索门户网站支付相应费用,也能够在搜索中获得比较靠前的排名。[2]而消费者在搜索了解相关商品或者服务时,往往会选择排名靠前的商品或者服务进行消费。因此,大数据背景下,经营者的价格歧视行为会间接侵害到其他竞争者的合法利益。[3]

③从消费者角度分析。

在各国反垄断法在有关规制目的的表述中,均将维护消费者利益作为其目的。大数据垄断提高了同行竞争者准入市场的难度,具有排除竞争效应,损害了行为人同竞争对手之间的一线竞争。[4]比如,大数据垄断会破坏线上广告市场竞争垄断企业向广告商收取较高费用,并最终转嫁到消费者身上,从而破坏消费者福利(二线竞争)。[5]并且,数据的垄断对于消费者利益的保护是有消极影响的。在网络快速应用的今天,消费者为实现网络使用的目的,在别无选择之时,只能放弃自己的隐私保护,失去了和企业“讨价还价”的筹码,垄断企业以极其低廉的成本获得了用户的个人数据消息,并且以不对称的高价售卖给需求企业以获得高额利润。[6]通过大数据分析技术,经营者能够在最大程度上实时掌握市场消费需求信息从而为客户匹配相应的服务,这本来是促进市场经济效率的有益之举。然而,在定向化营销模式之下,经

---

　　〔1〕　Allen P. Grunes, Maurice E. Stucke, Big Data and Competition Policy, *Oxford University Press*, 2016, p. 47.

　　〔2〕　牛喜堃:“数据垄断的反垄断法规制”,载《经济法论丛》2018年第2期。

　　〔3〕　邹开亮、刘佳明:“大数据背景下价格歧视行为的法律规制”,载《安阳工学院学报》2018年第1期。

　　〔4〕　王先林:《竞争法学》,中国人民大学出版社2015年版,第213页。

　　〔5〕　曾彩霞、尤建新:“大数据垄断对相关市场竞争的挑战与规制:基于文献的研究”,载《中国价格监管与反垄断》2017年第6期。

　　〔6〕　Maureen K. Ohlhausen, Alexander P. Okuliar, "Competition, Consumer Protection, and Right to Privacy", *Antitrust Law Journal*, Vol. 80, 2015, p. 134.

营者与消费者之间信息不对称，占据市场支配地位的搜索引擎公司在实务操作中会优先考虑付费厂商而不是优先为用户提供相关性程度高、质量好的搜索结果，而消费者始终处于信息获取的弱势地位。[1]例如，在百度输入的关键词是寻找某个地理位置或者信息（如某医院），搜索结果广告不会很多。但如果输入一个跟消费有关的信息（如某医院治疗鼻炎），实际上搜索结果基本都是广告，甚至实名输入某医院的名称，该医院都不一定会出现在首页。因此，从某种意义上来说，大数据垄断企业提供的"个性化"服务对象更多是针对广告商，而非消费者。[2]

2. 对于数据市场秩序的威胁

（1）市场秩序与垄断的交集。

数据垄断可能会对市场竞争秩序、创新创业、消费者福利等带来影响。数据大量地聚集和融合虽然可以提高规模经济效益，使消费者获得更个性化、更为便捷的服务等。但是，当大型平台经营者通过数据大量积累拥有对该产业进行控制的威胁，并且在其具备基础设施的属性后，其基础设施的公共性与企业利益最大化的私利性之间的矛盾，将可能导致其实施滥用市场支配地位的行为，进而威胁数字市场竞争秩序、损害消费者权益。数字经济领域的新型竞争给传统反垄断规则和分析工具带来了新型挑战，反垄断理论和实践需要及时作出回应和变革，以适应实际所需。

一是对数字平台相关市场界定的影响。相关市场界定是传统反垄断执法的关键步骤，直接影响甚至决定着反垄断案件的处理结果。在数字市场中，传统反垄断法遵循的以替代性分析为主的传统定性分析方法对以"非价格竞争"为主的数据的竞争无法适应。因为如搜索引擎、网络社交、电商平台等平台企业多是采取以向消费者提供"免费"服务的方式来换取消费者的个人数据，并且依托的算法技术发展很快，相关市场具有极高的动态性，难以从销售产品（服务）的功能、价格、质量等传统维度对其服务进行分析。并且，使用传统的假定垄断者测试（SSNIP）等测试方法难以对平台商品从价格、质量、功能等方面进行测定，这都加重了直接适用传统替代分析方法的困难

---

〔1〕 Maurice E. Stucke, Ariel Ezrachi, "When Competition Fails to Optimize Quality: A Look at Search Engines", *Yale Journal of Law &Technology*, 2016, p.100.

〔2〕 Allen P. Grunes, "Another Look at Privacy", *George Mason Law Review*, 2013, p.1110.

程度。

二是对数字平台市场支配地位认定的影响。拥有市场支配地位企业的商业模式与分散的传统线下交易不同，互联网平台天然地伴随着规模效应。规模效应带来的是效率的提升与垄断的靠近。消费者数据最核心的商业价值，是它的二次利用，即了解用户的行为习惯和爱好，从而有针对性地进行服务。当用户基于习惯性选择，成为某些软件的固定用户时，企业往往会过多地收集数据，例如，通过步数计算、睡眠质量测算和体重管理等涉及健康的数据可以预测该消费者的人寿保险费率，甚至可以揭示其个人偏好、家庭情况或者特定的经济状况等信息进行数据画像，或者对消费者进行广告定向投放等行为。法国与德国竞争执法部门认为，[1]数据的储备程度也可能是市场支配地位形成的重要来源，特别是数据被作为进入市场的门槛时，拥有大量的数据是具有市场支配力的表现，而算法（数据控制驱动因素）决定了市场支配地位。此时，该企业收集数据的行为明显违反了数据保护法，且该收集行为是以其具有市场支配地位为前提，则隐私保护度的削弱可能涉及市场支配地位的滥用。[2]另外，美国政府在对全世界最大的网络广告公司之一的 Google、Facebook 进行反垄断调查时，发现以上公司为了提高广告点击率和精准度，以最大限度（重复）采集消费者个人隐私，从而匹配广告主的营销信息行为，作出"如果 Google 和 Facebook 等公司未来再次因为市场竞争需要处理用户的个人数据，美国政府将对它们进行处罚"的决定，认为如果重复违反美国的个人信息保护法，则推定其具有滥用市场支配地位的主张。我国《电子商务法》第 35 条规定："电子商务平台经营者不得利用服务协议、交易规则以及技术等手段，对平台内经营者在平台内的交易、交易价格以及与其他经营者的交易等进行不合理限制或者附加不合理条件，或者向平台内经营者收取不合理费用。"其实质上规制了平台企业滥用市场支配地位行为。当平台经营者拥有规则制定权时，其实际上拥有相当的市场力量；当平台经营者的力量越来越强大时，就容易滥用此种地位，对平台内经营者科以不公平的义务。因

---

〔1〕　FTC File No. 071-0170Google/DoubleClick 企业合并案。转引自国瀚文："滥用市场支配地位隐私权保护研究——以完善数据要素市场为背景"，载《商业研究》2020 年第 10 期。

〔2〕　韩伟、李正、沈罗怡："法德《竞争法与数据》调研报告介评"，载韩伟主编：《数字市场竞争政策研究》，法律出版社 2017 年版，第 20 页。

此，根据法律规定，经营者具有市场支配地位并不违法，但是在其合并过程中（为获取或巩固市场支配地位为目的），如果有实施控制数据、阻止竞争对手获取数据等排他性行为或者阻止用户数据可移植权利的实现等行为的"企图"，属于滥用市场支配地位的排他性行为，应被认定违法。[1]而数据企业间的并购往往无法适用现行规范规定的横向、纵向和混合并购分类，竞争执法机构在界定数据企业合并所形成的排他性垄断行为是否对消费者数据构成侵犯时，对现行的反垄断规则提出了挑战，需要作出新型转化以适应数字市场需要。

三是对平台经营者集中审查的难题。[2]与市场支配力滥用和协议共谋的直接分析静态垄断行为和事后规制不同，事前的经营者集中审查，要求执法机构具备较强的经济预测能力。因为在事前审查时集中对市场竞争的影响尚未体现，而根据量化后的竞争格局得出的对未来市场状态和企业行为的预测若不够准确，将直接导致假阳性错误或假阴性错误。预测的难度由于数字经济的动态性而大大增加。具体来说包括以下两点。

首先，由于企业合并而导致合并后的企业具有大数据集中和算法技术领先的可能，将会形成市场进入壁垒。在传统市场，市场进入壁垒与竞争限制因素是成正比的。而在数据市场，市场进入壁垒的高低与竞争限制的难易是无法判断的。为此，相关部门形成两种理论：怀疑论认为，不可能形成市场进入壁垒。由于数据具有非竞争性和非排他性，且来源多种多样以及收集的成本通常较低的三个特征，导致即使是特定的运营商使用数据也不妨碍竞争对手（有可能）不间断地获取信息，所以限制有效的市场竞争的可能性薄弱。肯定论认为，有可能形成市场进入壁垒。虽然数据经常是非竞合性的，但是企业会以高成本进行技术维护，甚至会阻止竞争对手进行访问。根据产业组织学派的观点，市场进入壁垒通常来源于绝对的成本优势、规模经济性、资本成本等。[3]并且因行业而异，进入壁垒基于网络效应可能会增加，最终形成的集中数据可能会导致胜者独食的局面出现。

---

〔1〕 Ewing K, Competition Rules for the 21th Century: Principles from America's Experience, Netherlands: Kluwer Law International, 2003, p. 46.

〔2〕 孙晋："数字平台的反垄断监管"，载《中国社会科学》2021 年第 5 期。

〔3〕 李世英："市场进入壁垒问题研究综述"，载《开发研究》2005 年第 4 期。

例如，欧盟委员会在考察在线广告市场合并案时，将各个案件进行比对时发现：如果发起并购之广告企业在实现并购之前，[1]并不是具有市场支配地位的企业，[2]但是与移动通信领域相关的3家运营商合并后，原数据与并购数据聚合后会成为大型数据载体，具有限制竞争可能性；如果发起并购之广告企业原本就是大型数据载体，[3]进行并购之后，则会成为更加庞大的数据载体，存在限制竞争必然性；如果发起并购之广告企业，与被联合企业在相关市场的份额原本就极小，联合以后市场份额也未形成规模，则不具有限制竞争的可能性。欧盟委员会基于以上案例的结论在其他案件中的判断可能会有所不同，具体取决于案例事实。但是其基本立场是即使基于企业合并导致数据形成聚合，也不一定会形成市场进入壁垒，但也不会排除创造市场进入壁垒的可能性。

其次，竞争执法机构经常需要预测企业合并后的竞争效果，以此来判断合并后的企业是否会具有市场支配地位以及行使垄断性行为的能力。按照竞争规制，将会形成垄断的合并是非法的，即便公司承诺不行使市场势力（以合并后企业的服务质量保持在消费者期待的水平以下的方式行使市场势力）。比如，Facebook & WhatsApp合并后，能够赋予新实体大规模的数据。该公司向竞争执法机构、消费者承诺不发布这些数据，或者承诺不将这些数据用于广告行为等，但如果合并提升了其市场势力，该企业就能够背弃自己的隐私承诺，而无需担心会受到竞争约束，因为合并之后的数据集中提升了市场势力，可能引发排他性的垄断行为，同时该行为有潜力损害个人拥有的与隐私期待相关的内心平静和舒适。美国联邦最高法院认为，在决定是否构成垄断时，必要的考虑不在于是否已经提高了价格或者实际排除了竞争，而在于其如果想要提高价格或排除竞争就能这么做的能力，即合并后的企业是否取得了市场支配地位并不是认定垄断的必要条件，而是存在这样的势力就足够了。[4]因此，如果并购赋予企业可以使用的数据范围或者程度扩大，即认为该企业具有提高价格或降低消费者福利质量的能力，该企业就是非法的，即便该企

---

〔1〕 Telefónica UK & Vodafone UK & Everything Everywhere JV（2012）.

〔2〕 因拥有大量数据而具有市场支配地位的企业。

〔3〕 Google/DoubleClick（2008），Facebook/WhatsApp（2014），Microsoft & LinkedIn（2017）.

〔4〕 American Tobacco Co v United States，328 US 781，811，66 S Ct 1125.

业实际选择了进行合理定价。

总的来说，因为平台企业的滥用市场支配地位等数据垄断行为，将会妨碍竞争对手获取数据资源，或是通过经营者集中手段阻碍竞争对手进入市场等，破坏行业生态和市场竞争；并且基于数据垄断优势地位进行竞价排名、大数据杀熟、价格串通、数据服务搭售等行为方式谋取利益。由此引发的其他相关的各类垄断行为可能扼杀中小企业的发展，损害消费者合法权益。另外，数据垄断将会滋生数据产业中的灰色交易，如企业通过数据贩卖实现商业变现，侵害用户个人隐私，加大数据泄露风险等。

滥用市场支配地位行为又称单方行为（unilateral conduct），与垄断协议、经营者集中审查共同构成了现代反垄断法的三大基石。反垄断法中大企业利用其市场支配力量，排挤竞争对手或挤压上下游企业，谋求和维持其垄断利润的行为，我们称为滥用市场支配地位行为。可是由于市场支配地位经营者是能够对所属市场或服务的价格、供应量或交易条件等造成决定性影响的经营者，因此，若其滥用市场支配地位行使违法交易行为，必将影响市场经济的正常交易秩序，损害消费者的福利，导致其他经营者无法参与竞争以及资源分配不合理等各种弊端。

（2）对市场秩序损害的影响。

随着大数据交易市场的不断成熟，未来交易市场将会形成适应大数据发展的模型，而市场将会变得越来越透明。[1]下面根据各国现状以及总结的国内外经典案例，着重分析大数据交易中平台企业滥用市场支配地位对市场造成的影响。[2]

一是大数据垄断可能产生的封锁效果。大数据的生产要素属性越强，越可能涉及纵向垄断的问题。在纵向并购中，需要审查合并主体是否有能力和动机排除竞争对手获得参与竞争所必要的投入品，并评估这种封锁是否足以阻碍竞争。如果一个企业获得其他企业进入相关市场所需要的数据，而且该数据属于企业与合并主体开展有效竞争不可缺少的产品，则并购可能有阻碍

---

[1] 中国电子报："我国大数据产业规模不断壮大，应用市场不断成熟"，载中国产业经济信息网，http://www.cinic.org.cn/index.php? a=show&c=index&catid=16&id=399396&m=content，最后访问时间：2017 年 8 月 5 日。

[2] 韩伟、李正："大数据与企业市场力量"，载《中国物价》2016 年第 7 期。

竞争的效果。[1]如在 Microsoft 收购 LinkedIn 案中，欧盟考虑了并购后 Microsoft 是否有能力和动机阻碍竞争对手获得 LinkedIn 的数据从而阻止他们开发更先进的客户管理软件。通常一个现有企业与一个创新的进入者的并购对现有市场结构的影响有限，因为新进入者的市场份额较低或两者之间没有横向重叠。但在涉及数据的市场中，这种并购可能导致企业获得不同种类的数据，由此增加的数据集中度可能产生明显的范围经济。[2]由于不同种类的数据集中可能让合并方扩大竞争优势，而且如果这些数据的规模和范围是竞争对手无法复制的，则出现竞争问题的可能性较大，如两个分别在上游或下游市场中取得很强市场地位的企业进行并购，可能对新进入者进入上游市场或下游市场造成障碍。[3]欧盟委员会在 Facebook 收购 WhatsApp 案中曾表达此种担忧，欧盟委员会评估了 Facebook 的社交网络平台与通讯应用 WhatsApp 之间的合并是否会让 Facebook 获得额外的用户数据，并评估了这种结果是否会导致竞争的变化。

二是大数据垄断可能导致隐私保护水平降低。反垄断法保护竞争是手段，关注消费者福利是目的。大数据带来的损害涉及消费者福利的减损或经济效率降低时，反垄断法是一项重要的救济手段，特别是如今对消费者隐私的保护逐渐成为企业竞争的重要方面，[4]企业降低消费者隐私的保护实际上是竞争被弱化的结果。因为如果企业间的竞争激烈，企业为获得用户会重视对隐私的保护，从这个角度来看，消费者隐私保护可以成为企业之间非价格竞争的因素之一。如美国联邦贸易委员会（FTC）委员 Pamela Jones Harbour 在 Google 收购 Double Click 案中指出隐私应该作为该交易的反垄断审查的一部分。[5]美国著名隐私法专家 Peter Swire 也指出，如果网络效应导致搜索提供商的数量减少，将降低搜索提供商在隐私保护或相关非价格维度竞争的动力。

---

〔1〕　Lina M. Khan, "Amazon's antitrust paradox", *Yale Law Journal*, issue. 3, 2017, p. 783.

〔2〕　Nils-Peter Schepp, Achim Wambach, "On Big Data and its Relevance for Market Power Assessment", *Journal of European Competition Law & Practice*, Vol. 7, 2016, p. 123.

〔3〕　李旭颖："网络型产业竞争化与规制重构"，载《生产力研究》2009 年第 4 期。

〔4〕　Maureen K. Ohlhausen, Alexander P. Okuliar, "Competition, Consumer Protection, and Right to Privacy", *Antitrust Law Journal*, Vol. 80, 2015, p. 134.

〔5〕　Pamela Jones Harbour, Tara Isa Koslov, "Section 2 in a Web 2.0 World: An Expanded Vision of Relevant Product Markets", *Antitrust Law Journal*, 2010, p. 784, https://www. jstor. org/stable/40843729? seq = 1#page_ scan_ tab_ contents.

对此，也有人提出相反的观点，主张消费者保护法和数据保护法才是解决隐私的正确选择，反垄断法是用来保护竞争的。若将隐私视为非价格竞争的方式，在竞争评估中可能产生以下几方面的问题：首先，不确定如何测量隐私降低幅度。其次，执法机构不适合确定一个隐私保护最优的水平，也无法判断隐私降低到何种程度才是可接受的，因为隐私对于每一个个体而言都是不确定的，是因人而异的。最后，救济为了实现某种水平的隐私水平，可能对市场参与者产生不公平的限制从而损害竞争。实际上，美欧在审查数个数据驱动型并购中已经考虑了隐私的维度，如美国联邦贸易委员会（FTC）审查Google 收购 DoubleClick 案时，考虑了该交易对非价格竞争，如消费者隐私带来不利影响的可能性。欧盟审查 Microsoft 收购 LinkedIn 案时，也在竞争评估中考虑了隐私问题，并指出隐私是消费者在选择职业社交网络服务时的重要考虑。欧盟委员会认为，封锁效应达到一定程度后会导致那些用户隐私保护力度比 LinkedIn 更强的竞争对手被边缘化（或者让这类潜在竞争对手进入市场更为困难），交易也将限制消费者在选择平台时考虑隐私保护这一重要的竞争维度。[1]

虽然隐私保护可以成为非价格竞争的重要维度，但是纯粹的隐私保护有专门的数据保护法律规定进行应对。只有当隐私保护与竞争密切相关时，如降低隐私保护与实施市场支配地位密不可分，反垄断法才可以成为一项救济手段，否则，多主体的交叉执法不利于问题的解决。

三是大数据可能便利企业达成和实施共谋行为。数据的收集和使用将增加在线市场更大的透明度，从经济学角度看，这种透明度对于市场功能的发挥有两方面作用：[2]其一，消费者可能从更大的市场透明度中获益。因为可以比较不同商品之间的价格、功能和品质，如在淘宝网或京东电商平台上，不同商家通过平台向消费者出售产品，消费者可以对比不同商家的交易价格和交易条件。若新进入者掌握了较多消费者喜好方面的信息，则更大的透明度可以推动新竞争者更好地进入市场。其二，由大量数据带来的信息特别是关于竞争对手的定价信息，可能被企业利用来降低竞争，因为市场越透明可

---

〔1〕 韩伟、李正："反垄断法框架下的数据隐私保护"，载《中国物价》2017 年第 7 期。

〔2〕 竞争法与商业战略："荷兰《大数据与竞争》调研报告评介"，载搜狐网，http://www.sohu.com/a/279087793_742371，最后访问时间：2018 年 12 月 8 日。

能会越强化企业共谋的稳定性，有利于共谋的达成和实施。

企业可以通过算法监视、预测和分析竞争对手目前或未来的价格，实现对竞争对手定价的跟踪，这为协同定价创造了条件。[1]监督那些背离协议的企业以维护共谋的稳定性，这种高度隐秘性将使垄断协议更加固化。特别是随着深度学习和人工智能的发展，共谋可能变得越来越隐秘，证明更为困难。有观点提出，利用大数据从事共谋有以下四种策略：[2]其一，企业可能通过实时数据分析监视各个企业遵守共谋的执行情况可视为以数据来维持传统的卡特尔。其二，企业可能彼此分享定价算法，并依据市场数据实时调整价格，实现固定价格的效果。如 Uber 被起诉认为利用了算法实施固定价格的行为。如果竞争者通过一个具有纵向交易关系的企业执行算法，则可能出现轴辐射卡特尔（hub-and-spoke cartel）。其三，企业可能使用大数据实现默示共谋，即通过提高市场透明度或使彼此的行为变得更加相互依赖，如通过编程实时应对价格变动。其四，企业可能使用人工智能设置一种利润最大化的算法，[3]并通过机器学习执法算法来实现默示的共谋。[4]2015 年美国司法部（DOJ）调查了几个贴画销售商在 Amazon 电商平台上从事固定价格的行为，发现这几个销售商开发了一种价格算法，可以根据消费者的选择进行价格调整，并且这些销售商彼此分享价格信息，从事价格协调行为。美国司法部（DOJ）最后对这些从事违法共谋的销售商进行了处罚。正如美国司法部总检察长助理 Bill Baer 所说："我们不会容忍反竞争行为，不管它发生在烟雾缭绕的房间里或者是通过复杂的定价算法出现在互联网上。"[5]

---

〔1〕　Ministry of Economic Affairs：Big data and Competition, Ecorys, 2017, p. 5, file：///E：/%E8%B0%B7%E6%AD%8C%E4%B8%8B%E8%BD%BD/big-data-and-competition%20（1）. pdf.

〔2〕　Daniel Gutierrez, "Human‐in‐th‐loop is the future of machine learning", *Inside BigData*, 2016. 01, https://insidebigdata. com/2016/01/11/human-in-the-loop-is-the-future-of-machine-learning/.

〔3〕　Allen P. Grunes, Maurice E. Stucke, Big Data and Competition Policy, *Oxford University Press*, 2016, p. 47.

〔4〕　Ariel Ezrachi, Maurice E. Stucke, "Artificial Intelligence & Collusion：When Computers Inhibit Competition, Oxford Legal Studies Research Paper", *University of Tennessee Legal Studies Research Paper*, 2017, p. 1777.

〔5〕　DOJ, "Former E‐Commerce Executive Charged with Price Fixing in the Antitrust Division's First Online Marketplace Prosecution", *Press Release by the Department of Justice*, 2015. 04, https://www. justice. gov/opa/pr/former-e-commerce-executive-charged-price-fixing-antitrust-divisions-first-online-marketplace, 2019. 05.

数字化卡特尔的实际案例目前不多，多数数字化卡特尔是基于情景假设描述的。不过，要发现数字化卡特尔或处罚相关责任人对于执法机构而言是一个挑战：一方面，发现数字化卡特尔面临困难，需要行业知识和技术背景，如算法或机器学习规则，否则难以证明企业间有协调行为的意图；另一方面，如果共谋是由具备自我学习能力的机器人达成的，工程师设计的初衷并非为了共谋，这种法律责任应如何分配，执法机构也将面临挑战。

第三章
大数据交易竞争法规制模式

全球大数据市场规模持续扩大，正所谓"人在现实中的行为都在不自主地映射到互联网上"，电信和网络使用者留下越来越多的痕迹，从衣食住行到教育文化，个体差异性的数据与群体类型的数据均形成一定规模。随着信息技术产业持续地发展，各类宏观信息数据也逐渐积聚下来，进而形成了庞大的基础数据，这些数据可以反映出使用者的种种"习惯"和"轨迹"，也可以为一个群体做整体画像，倘若对其进行综合分析研判，则具有很强的商业和社会价值。这种价值通过各国对其进行法律规制的程度就可以显现出它的重要性。本章通过中国、韩国、美国与欧盟在对于大数据产业进行规制的背景、发展现状、主要法律规制与政府政策的介绍，来了解大数据产业的发展进程与未来动向，为本书第四章和第五章做好铺垫。

一、欧盟模式

（一）背景

在互联网发展初期，欧洲就在网络技术研发和推广上紧跟美国脚步，并与其开展合作，推动了欧洲互联网的发展。在互联网的前身阿帕网问世后，欧洲各国就着手研发自己的局域网，万维网（WWW）的雏形就是在欧洲核子研究中心诞生，世界上首个网页和第一次手机上网也是在欧洲完成的。通过与美国的合作，欧洲各国相继接入了国际互联网。如果说美国是国际互联网的大海，那欧洲则是互联网早期发展的摇篮，见证网络开启了日新月异的信息时代。欧盟及其成员方已制定大数据发展战略，主要包括数据价值链战略计划、资助大数据和开放数据领域的研究和创新活动、实施开放数据政策、促进公共资助科研实验成果和数据的使用及再利用等。

（二）发展现状

欧盟力推大数据价值链战略计划，用大数据改造传统治理模式，试图大幅降低公共部门成本，并促进经济和就业增长。[1]2012 年 9 月，欧盟委员会公布"释放欧洲云计算服务潜力"战略，旨在把欧盟打造成推广云计算服务的领先经济体。预计到 2020 年，大数据技术领域新增投资为欧盟创造 9570亿欧元产值，增加 380 万个就业岗位。[2]法国政府在 2013 年投入近 1150 万欧元，用于 7 个大数据市场研发项目。目的在于"通过发展创新性解决方案，并将其用于实践，来促进法国在大数据领域的发展"。法国政府在《数字化路线图》中列出了五项将大力支持的战略性高新技术，大数据就是其中一项。英国政府 2012 年时计划在未来两年内，在大数据和节能计算研究上投资 1.89亿英镑，以带动企业在该领域的投资。2013 年英国政府发布《英国数据能力发展战略规划》，并建立世界首个开放数据研究所。而德国政府在 2013 年 4月就提出了"工业 4.0"的概念。该项目由德国联邦教研部与联邦经济技术部联合资助，在德国工程院、Fraunhofer（弗劳恩霍夫）协会、西门子公司等德国学术界和产业界的建议和推动下形成，并已上升为国家级战略。德国联邦政府投入达 2 亿欧元。另外，在大数据交易反垄断规制方面，欧盟为世界各国提供了经典判例，如 2017 年德国联邦反垄断局（BKA）出具的审查报告书[3]中，对 Facebook 是否违反个人信息保护法滥用市场支配地位开始调查；德国联邦卡特尔办公室（Federal Cartel Office）于 2019 年 2 月作出裁决 Facebook滥用其市场主导地位，在用户不知情或不同意的情况下收集用户信息，从而下令打击 Facebook 的数据收集行为。[4]

---

〔1〕 王宏禹、严展宇："规范导向与市场需求：欧盟贸易政策的张力及其表现"，载《欧洲研究》2018 年第 2 期。

〔2〕 中国国际经济交流中心大数据战略课题组："发达国家如何布局大数据战略"，载《中国经济报告》2018 年第 1 期。

〔3〕 德国联邦卡特尔局："Preliminary Assessment in Facebook Proceeding"，载 *Bundeskartellamt*（BKA），https://www. bundeskartellamt. de/SharedDocs/Meldung/EN/Pressemitteilungen/2017/19_ 12_ 2017_ Face-book. html，最后访问时间：2022 年 7 月 2 日。

〔4〕 德国联邦卡特尔局："Bundeskartellamt Prohibits Facebook from Combining User Data from Different Sources"，载 *Bundeskartellamt*（BKA），https://www. bundeskartellamt. de/SharedDocs/Meldung/EN/Pressemitteilungen/2017/19_ 12_ 2017_ Facebook. html，最后访问时间：2022 年 7 月 2 日。

（三）政策与规制

欧盟对于大数据交易的规制主要集中在对用户信息和隐私的保护，而规制方式主要是以欧盟为主体发起的统一的法律规制为主导的保护模式，不同于美国各州、各行业自律主导模式。

表3-1　欧盟大数据规制立法进程（部分）

序号	名称	时间	简介
1	《关于在个人数据处理过程中保护当事人及此类数据自由流通的指令》Directive on the Protection of Litigants and the Free Flow of Such Data in the Process of Personal Data Processing	1995	加强对个人隐私数据的保护，这是欧盟在保护个人信息方面的最重要指令。这项指令要求在处理个人数据方面必须遵循五个原则：公平合法原则、目的限制原则、关联性原则、准确性原则以及适时性原则。Strengthening the protection of personal privacy data is the most important directive for the European Union to protect personal information. This directive requires five principles to be followed in the processing of personal data: the principle of fairness, the principle of purpose, the principle of relevance, the principle of accuracy, and the principle of justness.
2	《隐私与电子通讯指令》Privacy and Electronic Communications Directive	2002	将公共部门和民事部门的个人信息保护，统合为该法保护之下。The protection of personal information in the public and civil sectors is integrated under the protection of the law.
3	《欧洲信息缓存指令》European Information Cache Directive	2009	为了促进信息通信网的使用与保护个人信息。In order to promote the use of information communication networks and protect personal information.
4	《关于对网络中性、交通管制以及隐私权和个人数据保护意见》Opinions on Network Neutrality, Traffic Control, and Privacy and Personal Data Protection	2012	欧盟数据保护监督委员会通过此项意见，并从2012年5月起开始实施Cookie法案，规定所有网站使用Cookies必须征得用户同意。The European Union Data Protection Oversight Committee adopted this opinion and has implemented the Cookie Act since May 2012, requiring all websites to use Cookies for user consent.[1]

----

〔1〕　此后，欧盟成立了数据保护工作组，欧盟的"数据驱动的经济战略"框架已经开始出现。

序号	名称	时间	简介
5	《数据驱动经济战略》 Data Driven Economic Strategy	2014	有望近期内成为欧盟经济单列行业，为欧盟恢复经济增长和扩大就业作出巨大贡献。It is expected to become a separate industry in the EU in the near future and make a great contribution to the EU's economic growth and employment expansion.
6	《通用数据保护条例》 General Data Protection Ordinance	2016	由欧洲议会通过，确定了对个人数据的保护原则和监管方式。Adopted by the European Parliament to determine the protection principles and regulatory methods for personal data.[1]
7	"隐私盾"协议正式生效 The "Privacy Shield" agreement came into effect	2016	美国和欧盟签署的"隐私盾"协议正式生效，替代以前的"安全港"协议，提高了个人数据保护水平。The "Privacy Shield" agreement signed by the United States and the European Union came into effect, replacing the previous "safe harbor" agreement and improving the level of personal data protection.
8	德国《反限制竞争法》修订 Revision of the German Competition Law	2017	为适应数字市场而进行修改，其中条款专门列出，即使存在双边市场中的免费市场，也可能存在相关市场。Modifications to adapt to the digital market, where the terms are specifically listed, even if there are free markets in the bilateral market, there may be relevant markets.[2]
9	德国《反限制竞争法》修订 Revision of the German Competition Law	2021	本次修法使得德国《反限制竞争法》能够进一步适应数字经济带来的变化，强化联邦卡特尔局的权限，互联网平台企业将受到更加严格的监管。This amendment will enable German competition law to further adapt to the changes brought about by the digital economy, strengthen the authority of the Federal Cartel Office, and Internet platform companies will be subject to stricter supervision.[3]

〔1〕 以欧盟法规形式实施的个人数据保护和监管原则已于 2018 年 5 月实施，被称为世界历史上最严格的信息保护法规。

〔2〕 德国《反限制竞争法》（Gesetz gegen Wettbewerbsbeschränkungen），2017.03.

〔3〕 德国《反限制竞争法》（Gesetz gegen Wettbewerbsbeschränkungen），2021.01.

续表

序号	名称	时间	简介
10	《数字服务法案》Digital Services Act	2022	促进创新、发展和竞争，便于小型平台、中小企业和初创企业扩大规模。以公民为中心，根据欧洲价值观重新平衡用户、平台及公权力间的职责。Foster innovation, growth and competitiveness, and facilitate the scaling up of smaller platforms, SMEs and start-ups. The responsibilities of users, platforms, and public authorities are rebalanced according to European values, placing citizens at the centre.
11	《数字市场法案》Digital Markets Act	2022	为了使数字部门更加公平和具有竞争性，建立一套狭义客观的标准以将大型网络平台定性为所谓的"守门人"。"守门人"需遵循该法案列出的"应做"和"不应做"事项。In order to make the digital sector fairer and contestable, established a set of narrowly defined objective criteria for qualifying a large online platform as a so-called "gatekeeper". "Gatekeepers" will have to comply with the do's and don'ts listed under the DMA.
12	《数据治理法案》Data Governance Act	2022	确保数据交易中的信任，利用数据在经济与社会中的潜力。Ensure Trust in data transactions, leveraging the potential of data for the economy and society.
13	《数据法案（草案）》Draft Data Act	2022	确保数据经济参与者之间数据价值分配的公平性。Ensure Fairness in the allocation of data value among the actors of the data economy.

英国、法国、德国、爱尔兰、荷兰等国家也纷纷出台要求电信运营商和平台企业进行数据留存的法规。另外，2016 年 8 月 1 日，美国和欧盟签署的"隐私盾"协议正式生效，替代以前的"安全港"协议，提高了个人数据保护水平。

（四）竞争法规制制度回应

欧盟是历史上众多国际法的创设者，也是世界上最为强调人权和个人隐私保护的地区之一，"数据隐私被视为基本权利和法律文化的一部分"。[1]可以说，"整个欧洲是在公民基本权利层面上定位个人数据保护的，将对个人数据的保护视为对基本人权的保护"。[2]为此，《欧洲人权公约》第 8 条规定，个人享有"私人和家庭生活被尊重的权利"。除此项传统的隐私权之外，《欧盟基本权利宪章》第 8 条第 1 款还特别规定人人有权保护自己的个人数据。尽管该个人数据保护权在表现形态上突破了传统隐私权的特征，但它仍是隐私权在移动互联网环境中的表现形态，两者紧密关联，欧盟委员会在《通用数据保护条例》（GDPR）制定过程中也特别强调了这点。[3]成员方层面上，"个人数据保护权"也多被视为基本权利。例如，西班牙、波兰、捷克、希腊、波兰、匈牙利、斯洛伐克等也都在宪法上或通过司法解释将数据保护权视为一项基本权利。由于数据处理可能危及数据主体固有权利，因此《欧盟基本权利宪章》第 8 条不仅规定了个人数据处理应具备明确的法律依据或取得数据主体同意，而且还确立了公平的数据处理、基于特定目的处理数据等法定要求，并授予数据主体访问数据以及更正其个人数据等权利。《通用数据保护条例》（GDPR）第 5 条则从合法性、目的限制、准确性、限期储存、安全性等方面继受并进一步拓展了数据处理的一般原则。在《通用数据保护条例》（GDPR）被提出后，欧盟又于 2022 年先后通过了《数字服务法案》（DSA）与《数字市场法案》（DMA）。前者注重于违规内容审查及用户隐私保护，后者则聚焦于大型技术公司的监管工作。这些新的规定能保障公民在数据访问过程中享有更多的选择权利，同时限制平台对用户特征分析用途进行数据收集和定向投送，使得用户对其个人数据的处理与使用拥有更多的掌控权。并且，基于《数据市场法案》（DMA）欧盟成员方多数在讨论预防性反垄断监管问题。总体上，欧洲数据隐私立法遵循"个人数据是人的延伸，人应当独立自主，因而个人数据亦应当由数据主体掌控，体现个人的意志"这一基本逻辑，

---

[1] Paul M. Schwartzetal, "Transatlantic Data Privacy Law", *Georgetown Law Journal*, Vol. 106, No. 1, 2017, p. 126.

[2] 高富平："个人信息保护：从个人控制到社会控制"，载《法学研究》2018 年第 3 期。

[3] 刘泽刚："欧盟个人数据保护的'后隐私权'变革"，载《华东政法大学学报》2018 年第 4 期。

而"建立在人的尊严基础上的个人数据保护理论，则内含个人数据由个人自主控制的基本论调"。[1]

欧洲数据立法并未忽视信息的自由流动。立法者意识到，保护自然人对其个人数据的控制可能与信息的自由获取及传播存在冲突，因此他们的一贯立场是：数据隐私保护应充分考虑个人数据在社会中的功能，且应与其他人权及基本自由相协调。此外，为增强对个人数据的保护，欧盟立法者还要求数据控制者建立"隐私设计"和"隐私默认"机制，并在涉及个人数据自动化处理，个人敏感数据处理，或对公共场所进行大规模监控等可能危及个人权利与自由的情形下进行"数据保护影响评估"。不过，在"权利话语"下，"比信息自由流动更重要的还是维护欧洲权利制度中人的尊严与隐私"。[2]《通用数据保护条例》（GDPR）贯彻了这一价值取向，并强化了数据主体对其个人数据的控制利益以及其主体性地位，如要求数据控制者不得仅仅根据自动化处理而作出对数据主体具有法律或类似重大影响的决策，且不得要求数据主体放弃访问权、更正权等数据权利以换取服务。尤其是，作为一般原则，反映数据主体种族或民族背景、政治倾向、宗教信仰的个人数据、基因数据以及与数据主体健康、性活动有关的数据等均不得处理。总之，由于关乎民主自治且为避免数据主体在数据实践中被视为客体，欧盟隐私立法严格限制可能危及个人隐私权的自动决策，并对数据主体的交易能力或放弃自身权利行为施加限制，要求他们不得通过同意之方式"售卖"受《欧盟基本权利宪章》保护的基本权利。[3]欧盟就个人隐私问题坚持认为不应当允许数据不加限制地流动，应当将国家信息安全等作为例外，对数据进行有限制的自由流动。欧盟还主张将"保护与个人数据的处理及散布有关个人隐私及保护个人记录及账目之隐秘性"，作为一般安全例外，在允许数据跨境流动中予以限制。[4]根据欧洲议会于 2018 年表决通过的《非个人数据自由流动条例》

---

〔1〕　高富平："个人信息保护：从个人控制到社会控制"，载《法学研究》2018 年第 3 期。

〔2〕　Paul M. Schwartz et al., "Transatlantic Data Privacy Law", *Georgetown Law Journal*, Vol. 106, No. 1, 2017, p. 131.

〔3〕　Paul M. Schwartz et al., "Transatlantic Data Privacy Law", *Georgetown Law Journal*, Vol. 106, No. 1, 2017, p. 140.

〔4〕　高媛、王涛："TISA 框架下数字贸易谈判的焦点争议及发展趋向研判"，载《国际商务（对外经济贸易大学学报）》2018 年第 1 期。

（Regulation on the Free Flow of Non-personal Data），对于不属于个人数据的数据信息，欧盟持较为宽松的态度，允许欧盟内非个人数据的自由流动，且明确反对数据本地化要求。[1]根据条例序言和第 2 条的规定，非个人数据正好对应《通用数据保护条例》（GDPR）所称个人数据之外的其他数据，如果数据集中了个人数据和非个人数据且二者密不可分，仍然应当适用《通用数据保护条例》（GDPR）的相关规定。此外，欧盟委员会于 2022 年 2 月公布的《数据法案（草案）》进一步提出了非个人数据的使用框架和高效的数据共享整体框架，既能引入数据访问权利以保障数据的公平访问与获取，又能促进数据的价值创造，保证数据的有效共享。为了刺激社会数字经济的发展，欧盟还于 2022 年 5 月批准了《数据治理法案》（DGA），其致力于搭建数据中介模式，通过提供安全中立的环境来共享数据，从而避免对个人数据的滥用。在非个人数据方面，该法案为公共部门数据、数据利他主义组织与数据中介提供保障，防止非法国际传输或政府访问非个人数据，与《通用数据保护条例》（GDPR）中对个人数据的保护形成对应。

据此，可以认为，欧盟对维护个人数据隐私和促进数字贸易自由化的立场非常明确，强调在充分保护个人隐私的基础上促进数字贸易发展，但在不涉及个人隐私的非个人数据方面，欧盟仍然坚持数字贸易自由化。

《通用数据保护条例》（GDPR）在欧盟国家或地区生效，对任何滥用公民数据的数据持有者进行严厉处罚。在科以罚金时，会考虑数据企业对《通用数据保护条例》（GDPR）的违反程度。国际上，欧盟委员会特别强调了要加强欧盟与国外从事数据处理业务公司的责任与问责，同时《通用数据保护条例》（GDPR）不仅适用欧盟境内组织，也适用欧盟境外向欧盟国家提供商品或服务的组织。各大数字驱动型公司为确保在欧盟业务不受影响，纷纷展开合规评估，积极进行整改。《通用数据保护条例》（GDPR）刚实施不久，Google 和 Facebook 就被起诉，被指控强迫用户共享个人数据。[2]从中窥见数字贸易背景下《通用数据保护条例》（GDPR）对个人隐私权保护产生的巨大

---

〔1〕 欧盟委员会："Regulation on the Free Flow of Non-personal Data"，载搜狐网，https://www.sohu.com/a/258379296_488937，最后访问时间：2022 年 7 月 2 日。

〔2〕 Sean Keane，"GDPR：Google and Facebook face up to ＄9.3B in fines on first day of new privacy law"，https://www.cnet.com/news/gdpr-google-and-facebook-face-up-to-9-3-billion-in-fines-on-first-day-of-new-privacy-law/.

影响。并且，从此以后 Google、Facebook 等大型数字技术型公司侵犯个人用户隐私权的新闻仍时有发生。

由此已经看到欧盟数据保护立法对国际贸易产生的深远影响。由于个人数据信息的隐私保护在国际层面尚不存在统一的条约、协定，这种依据国内法律程序进行起诉和救济就成为当下个人维权的主要途径。从实践层面来看，显然这一国内法律层面的隐私保护条例已经对美欧之间的贸易产生了巨大的影响。

美国作为世界最大的数字贸易大国，欧盟的数据保护立法必然会对美国的数字技术型公司的跨国业务产生直接的影响。美欧之间签署的"安全港"协议和后续的"隐私盾"协议，都可以视为美国回应欧盟数据保护的高要求，为了维护自身贸易利益而与欧盟签署的双边协定。[1]欧盟在保护个人隐私方面进行的立法，给在欧盟或开展与欧盟相关的数字经济和贸易活动的美国大型数字技术型公司施加了更大的个人隐私保护义务和合规成本。《通用数据保护条例》（GDPR）公布实施以后，不仅美国，包括中国在内的部分大型平台企业也都纷纷对《通用数据保护条例》（GDPR）实施可能产生的风险进行了评估。中国企业在与欧盟开展贸易的过程中，应严格履行关于数据跨境传输协议、跨境安全传输措施、BCR 认证、必要性测试和利益平衡测试等要求，避免因跨境传输不当遭受严厉处罚。《通用数据保护条例》（GDPR）中针对数据主体的赋权以及关于数据控制者和处理者的义务规定，无形之中已经成为世界各国进行个人隐私和数据保护的一个范本，而美国除双边政府间协定之外，在欧美《跨大西洋伙伴关系协定》（TTIP）、《国际服务贸易协定》（TISA）等新型贸易协定的谈判中，都表现出强烈的促进数据自由流动和禁止数据中心本地化设置的意愿。数字经济的本质特征决定了其对跨越时空的数据流动要求，但是美欧对于数据流动和保护立法的不同倾向，显然会对开展数字经济和贸易往来的大型数字技术型公司的业务产生很大的影响。

（五）竞争法规制案例回应

欧盟竞争法认为，如果市场上还存在一定的竞争或潜在的竞争，就不

---

〔1〕　单文华、邓娜："欧美跨境数据流动规制：冲突、协调与借鉴——基于欧盟法院'隐私盾'无效案的考察"，载《西安交通大学学报（社会科学版）》2021 年第 5 期。

应当认为市场缺乏有效的竞争约束。[1]Google 是公认的数字经济中大数据的垄断者，其旗舰产品 Google 搜索在全球多个国家的搜索引擎服务市场占据支配地位，特别是近乎在欧洲经济区 31 个国家的市场份额长年超过90％。目前，欧盟指控 Google 在比较购物服务、在线搜索广告、Android 操作系统方面存在滥用市场支配地位行为，该案集中体现数字经济中垄断行为的特点。

1. 案例介绍[2]

自 2010 年起，欧盟对 Google 在比较购物服务市场和在线搜索广告市场的滥用市场支配地位行为展开正式调查，在 2017 年 6 月就其在比较购物服务市场的滥用市场支配地位的行为下发处罚决定书，2018 年 7 月就其 Android 系统相关垄断行为开出巨额罚单，2019 年 3 月 Google 又因搜索广告服务相关不正当竞争行为被科以罚款。2017 年 7 月，Google 宣称将在欧盟普通法院对欧盟的处罚决定进行起诉，目前欧洲法院已经驳回了 Google 的上诉请求，维持了原判。欧盟对 Google 提出了三项指控，即：（1）在搜索结果中优先显示自己的比较购物服务，排挤竞争对手；（2）通过 AdSense 广告中介平台，限制第三方网站显示竞争对手的搜索广告；（3）滥用其在 Android 操作系统的支配地位，要求移动设备制造商预装 Google 搜索、Chrome 浏览器等服务。[3]

根据欧盟针对第一项指控发布的处罚决定公告，Google 在欧洲普通互联网搜索市场（General Internet Research）具有支配地位。[4]一方面在搜索结果中优先显示自己的比较购物服务，另一方面通过操纵搜索算法降序排位竞争对手的比较购物服务，限制、排除了比较购物服务市场的竞争，违反《欧盟运行条约》第 102 条关于滥用市场支配地位行为的规定。第二项指控和第三项指控分别为 Google 在在线搜索广告市场和 Android 操作系统市场存在滥用市

---

[1]　该定义源于欧洲终审法院 1978 年的 United Brands v. Commission 案和 1979 年的 Hoffmann-La-Roche v. Commission 案，并在欧盟委员会 2009 年发布的《关于对市场支配企业的排挤性滥用行为适用欧共体跳跃第 82 条的执法优先性指引》中再次被重申。

[2]　European Commission, CASE AT. 39740 Google Search（Shopping），Antitrust Procedure Council Regulation（EC）1/2003, Article 7 Regulation（EC）1/2003, 2017. 06. 27.

[3]　邓志松、戴健民："数字经济的垄断与竞争：兼评欧盟谷歌反垄断案"，载《竞争政策研究》2017 年第 5 期。

[4]　普通互联网与付费搜索相对，是指自然搜索或免费搜索。

场支配地位行为。[1]

Google 是一个典型的面向多边市场的平台经营者,其在多个市场的垄断行为本质上是对数据的垄断。Google 通过搜索引擎完成对大数据的原始积累,然后通过深度分析和应用大数据,将其在普通搜索服务市场的支配地位传导至比较购物服务市场和在线搜索广告市场获得巨额盈利。再将资金投入数据积累、开发和应用环节,开发 Android 操作系统、Chrome 浏览器、Google 地图等应用进一步积累数据和提升数据分析能力,形成良性循环,以此增强和巩固 Google 在各个市场中的垄断地位。

2. 案例分析

从此案可以看出,在数字市场中,滥用市场支配地位行为对竞争造成的损害不仅体现在限制、排除市场竞争,还表现为对消费者利益的损害。网络效应可能放大滥用市场支配地位行为对市场竞争造成的负面影响。比如,根据统计结果显示 Google 操纵搜索结果排序后,其在英国和德国的比较购物服务的流量分别增加了 45 倍和 35 倍,而其竞争对手比较购物服务的流量分别减少了 85% 和 92%,Google 的行为很明显违反了反垄断的相关规定。并且,在互联网行业中滥用市场支配地位行为还涉及攫取高额垄断利润、侵犯消费者的选择权和隐私权等。

二、美国模式

(一)背景

美国作为大数据产业的发源地和全球大数据产业中心,于 20 世纪 80 年代率先提出了大数据的概念。在推进大数据应用上形成了从发展战略、法律框架到行动计划的完整布局,已实施四轮政策行动。[2]第一轮是 2011 年总统科技顾问委员会提出建议,认为大数据具有重要战略意义,但联邦政府在大数据相关技术方面的投入不足。作为回应,美国白宫科学和技术政策办公室(OSTP)建立了大数据高级监督组以协调和扩大政府对该领域的投资,并牵

---

〔1〕 王晓晔:"数字经济反垄断监管的几点思考",载《法律科学(西北政法大学学报)》2021年第 4 期。

〔2〕 中国国际经济交流中心大数据战略课题组:"发达国家如何布局大数据战略",载《中国经济报告》2018 年第 1 期。

头编制了《大数据研究与发展计划》（以下简称《计划》）。随着大数据技术研究和应用的迅速发展，2012年3月29日，《计划》正式对外发布，标志着美国政府将促进大数据产业发展上升为最高国策，将其视为"未来的新石油"，对数据的占有和控制已经成为美国国家安全战略、国家创新战略、国家信息网络安全战略的核心领域。[1]《计划》旨在大力提升美国从海量复杂的数据集合中获取知识和洞见的能力。具体实现三个目标[2]：①开发能对大量数据进行收集、存储、维护、管理、分析和共享的最先进的核心技术；②利用这些技术加快科学和工程学领域探索发现的步伐，加强国家安全，转变现有的教学方式；③扩大从事大数据技术开发和应用的人员数量。第二轮是2013年11月，白宫推出"数据—知识—行动"计划，进一步细化了大数据改造国家治理模式、促进前沿创新、提振经济增长的路径，这是美国向数字治国、数字经济、数字城市、数字国防转型的重要举措。第三轮是2014年5月，美国总统办公室提交《大数据：把握机遇，维护价值》政策报告，强调政府部门和私人部门紧密合作，利用大数据最大限度促进增长，减少风险。第四轮是2016年5月，白宫发布《联邦大数据研发战略计划》（Federal Big Data R&D Strategic Plan），在已有基础上提出美国下一步的大数据发展战略。

以上几轮大数据发展战略奠定了美国大数据的发展与应用，至今已经对美国社会的方方面面产生深远影响。今天的美国，从政府到企业，从医疗、教育等公共服务部门到商业、科技领域，大数据技术正在催生各个领域的变革力量，整个社会也在不遗余力地主动进行大数据技术的发展与应用。

（二）发展现状

美国国内市场对大数据及相关信息产品的旺盛需求是拉动美国大数据产业发展的一个重要动力。随着互联网时代大数据的爆发式增长，在美国大数据已进入大规模商用阶段。如搜索引擎企业Google、门户网站企业Yahoo、电子商务平台eBay、Amazon等在线购物企业，还有社交网络企业Facebook、Twitter等以及以华尔街的金融企业为代表的对数据管理与利用极为依赖的产

---

〔1〕 朱强："大数据时代下装备科技档案信息资源建设探析"，载中国档案学会编：《创新：档案与文化强国建设——2014年全国档案工作者年会优秀论文集》，中国文史出版社2014年版，第428~432页。

〔2〕 Mhyron Gutmann, "Big Data R&D Initiative", Library of Congress, http://www.digitalpreservation. gov/meetings/documents/ndiipp12/Day%202/BigData_ Gutmann_ DP12. pdf.

业；大型信息技术公司如 Microsoft、Google 等纷纷开展大数据的研究和应用。从凌乱纷繁的大数据中发掘出符合用户兴趣和习惯的产品和服务，并进行有针对性的调整和优化，成为大数据的重要应用价值之一，IBM、甲骨文、英特尔、惠普等世界知名企业先后推出了大数据业务，这些企业基本囊括了全球最顶尖的搜索服务、数据库、服务器、存储设备的主要提供商。教育行业不仅为大数据发展提供各类人才也进行技术支持，针对大数据技术的研究主要集中于大学、科研机构和企业，高校及科研机构主要专注于理论研究，对关键性核心技术进行前沿性探索，企业将技术市场化、产品化，旨在将产品和服务推向市场和公众并运用于社会。正是这种以政府引领技术创新为主导，多方共同参与技术创新，以及完全市场化的发展模式，使得美国的大数据领域走在世界的前端。同时，美国也是大数据竞争战争爆发的核心之地。

（三）政策与规制

作为互联网技术最发达的国家，美国在互联网及网络空间安全方面的立法起步较早、覆盖较广、内容较丰富。根据统计，从 1973 年至今，美国联邦和州的立法机关制定了 200 余部关涉网络安全保护的成文法律（见表 3-2），涵盖关键信息基础设施安全、数据泄密与保护、信息系统运维、网络暴力犯罪等广泛领域。另外，美国的联邦法院和州法院通过司法判例的形式，确立网络安全保护的一系列制度和原则。

表 3-2　美国大数据规制立法（政策）进程（部分）

序号	名称	时间	简介
1	《信息自由法》Freedom of Information Act	1966	政府数据开放。Open government data.
2	《联邦公平信用报告法》The Fair Credit Reporting Act，FCRA	1970	该法对金融行业中涉及个人数据安全方面的问题作出了规定，要求信用报告机构在披露数据主体的相关信息报告必须经过数据主体的同意，通过此规定来约束信用报告机构，防止数据主体的数据遭遇泄露风险。The law stipulates the issues related to the security of personal data in the financial industry. It requires the credit reporting agency to disclose the relevant information report of the data subject. It must be approved by the data subject. This reg-

序号	名称	时间	简介
			ulation is used to constrain the credit reporting organization and prevent the data subject. The data is exposed to a risk of disclosure.
3	政府报告《电脑、记录与公民的权利》Government Reports on Computers, Records and Citizens' Rights	1973	提出"正当信息原则",即对数据的收集以及处理都应当通过合法的手段进行。Put forward the "legitimate information principle", that is, the collection and processing of data should be carried out by legal means.
4	《联邦隐私权法》Federal Privacy Act	1974	延续1973年政府报告的精神,提出了个人数据收集处理所遵循的包括公开原则、个人参与原则、收集限制原则、数据质量原则、终极原则、安全原则和责任原则等。In the spirit of the 1973 government report, the principles of disclosure, personal participation, collection and restriction, data quality, ultimate, safety, and responsibility were followed. [1]
5	《美国法典》将《联邦隐私权法》纳入体系内 The United States Code incorporates the Federal Privacy Act into the system	1979	标志着美国正式将个人数据安全中对政府公共机构的监管提升到了基本法范畴。It marks that the United States officially promoted the supervision of government, public institutions in the security of personal data to the scope of the Basic Law.
6	《伪造接入设备与计算机欺诈和滥用法》Forgery of Access Devices and Computer Fraud and Abuse Act	1984	以刑事法律制裁侵入特定计算机系统盗窃金融信息、机密信息等严重违法犯罪行为。Criminal law sanctions against intrusion into certain computer systems, such as theft of financial information, confidential information, and other serious criminal acts.
7	《联邦电子通讯隐私法》Federal Electronic Communications Privacy Act	1986	严禁在没有法律授权的情形下进行电子窃听,严格限制政府进行电子监听的范围、程度和标准。It is strictly forbidden to conduct electronic eavesdropping without legal authorization, and strictly limit the scope, extent and standards of government electronic monitoring.

---

〔1〕 刘丽丽、刘错:"美国网络隐私权保护模式及其对我国的启示",载《征信》2015年第12期。

续表

序号	名称	时间	简介
8	《电子通信保密法令》 Electronic Communications Privacy Act，ECPA	1986	该法令规定了电子通信领域中个人数据的安全问题，保障个人的通讯自由不受侵犯，规定个人通讯信息除法院命令外任何人不得对其进行监察，无合法授权情况下任何人不得对通讯数据进行接收。It is strictly forbidden to conduct electronic eavesdropping without legal authorization, and strictly limit the scope, extent and standards of government electronic monitoring.
9	《计算机安全法》 Computer Security Law	1987	授权联邦政府保护计算机信息安全和个人隐私，并制定联邦计算机信息系统安全标准。Authorize the federal government to protect computer information security and personal privacy, and develop federal computer information system security standards.
10	《儿童网上隐私保护法》Children's Online Secrecy Protection Ac	1988	保护未成年人的个人数据安全。Protecting personal data security of minors.〔1〕
11	《消减公文法》Reduced Official Document Law	1995	授权白宫制定国家网络安全政策。Reduced Official Document Law.
12	《信息技术改革法》Information Technology Reform Act	1996	政府机构设立首席信息官，并制定本部门的信息安全政策和执法程序。Government agencies set up chief information officers and develop information security policies and enforcement procedures for the department.
13	《爱国者法》Patriot Act	2001	授予美国政府监控电信通话、互联网信息通讯并采取行政强制措施的权力。Delegation of authority to the United States Government to monitor telecommunications calls, Internet information and communications and to take administrative coercive measures.
14	《国土安全法》Homeland Security Act	2002	授予国土安全部关于网络安全的管理职责。Granting the Department of Homeland Security management responsibility for cybersecurity.

---

〔1〕 Children's Online Privacy Protection Act（COPPA）stipulates that "the website must obtain the consent of the parents before sets the personal information of a child under the age of 13, and that the parent reserves the right to prevent the use of the website in the future, and that the website must state the content to be collected and how the information will be handled in particular when collecting personal information about the use of the child".

序号	名称	时间	简介
15	《网络安全研究与开发法》Cyber Security Research and Development Act	2002	授权国家标准与技术研究院和国家科学基金会进行网络安全研究。Authorizes the National Institute of Standards and Technology and the National Science Foundation to conduct cybersecurity research.
16	《联邦信息安全管理法》Federal Information Security Management Act	2002	保障联邦政府机构的网络信息系统安全。Safeguarding the security of networked information systems of federal agencies.
17	《电子政府法案》E-Government Act [1]	2002	目标是通过使用信息技术来帮助政府提高效率及更好地为市民服务。The goal is to help the government improve efficiency and better serve the public through the use of information technology.
18	《数字政府策略》Digital Government Strategy	2012	将政府开放数据作为电子政府发展的重要支撑。Taking government open data as an important support for e-government development.
19	《消费者隐私权法案》Consumer Privacy Bill of Rights	2012	为保护网络用户的个人数据提供了有效的保障,该法案针对网络服务提供的企业规定了包括自主控制、透明公开、尊重数据背景、保障数据安全、允许数据访问和修正、数据收集限制以及数据安全问责等七项原则,以此约束企业,保护个人数据的安全。To protect the personal data of network users, the Act provides for companies that provide network services. Seven principles, including self-control, transparent disclosure, respect for data background, data security, data access and correction, data collection restrictions, and data security accountability. This will constrain the company and protect the security of personal data.
20	《网络安全法》Cyber Security Law	2015	赋予联邦政府直接调取企业收集的公司企业和个人数据的行政权力,加强网络安全防护。Empower the federal government to directly transfer administrative powers of corporate and personal data collected by companies, and strengthen network security protection.

---

〔1〕 张瑞:"美国历年互联网法案研究(1994—2006)",载《图书与情报》2008年第2期。

续表

序号	名称	时间	简介
21	《网络情报共享和保护法案》Cyber Intelligence Sharing and Protection Act	2015	促进政府机关与公司企业之间的信息网络共享，提前应对网络安全威胁。Promote the sharing of information networks between government agencies and companies, and respond to cybersecurity threats in advance.
22	《美国自由法案》American Freedom Act	2015	控制 NSA（美国国家安全局）非法监听。Control NSA (National Security Agency) illegal interception.
23	《联邦大数据研究与开发战略计划》Federal Big Data Research and Development Strategic Plan	2016	其目标是对联邦机构的大数据相关项目和投资进行指导。The goal is to guide federal agencies' big data-related projects and investments.
24	《消费者隐私保护规则》Consumer Privacy Protection Rules	2016	美国联邦通信委员会（FCC）批准此项，要求宽带服务提供商在使用消费者的网络搜索、软件使用、位置信息和其他与个人信息相关的数据之前必须征得用户同意。The Federal Communications Commission (FCC) has approved this requirement to require broadband service providers to obtain user consent before using consumer web searches, software usage, location information, and other personal information related data.
25	《澄清海外合法使用数据法案》Clarifying Lawful Overseas Use of Data Act, CLOUD Act	2018	CLOUD Act 在 2018 年 2 月由共和党和民主党的四名参议员联合提出，在 2018 年 3 月 23 日就迅速经美国总统特朗普签署生效。The cloud act was jointly proposed by four senators from the Republican Party and the Democratic Party in February 2018 and quickly signed by US President trump on March 23, 2018. [1]

---

〔1〕 之所以称之为《澄清海外合法使用数据法案》，是因为 CLOUD Act 是对美国 1986 年出台的《电子通信保密法令》（Electronic Communications Privacy Act）的修订，所要澄清的内容就是："美国法律要求受美国管辖的网络服务提供商披露相关数据，响应美国法律程序，无论公司将数据存储在何处"。根据美国司法部发布的 "The Purpose and Impact of the CLOUD Act"，CLOUD Act 的核心目的是应对日益严重恐怖主义、暴力犯罪、网络犯罪等进一步优化外国政府和美国政府通过网络服务提供商调取重要的数据信息的程序。

序号	名称	时间	简介
26	《AI 与国家安全》报告 2018 版 AI and National Security Report 2018	2018	由美国国会发布，最初由丹尼尔·S. 霍德利在美国国会研究局任美国空军研究员时编写，2019 版由凯利·塞勒更新。Published by the US Congress, originally by Daniel S. Hodley Written by the US Congressional Research Council as a researcher for the US Air Force, the 2019 version has Kelly Sele updated.
27	《AI 与国家安全》报告 2019 版 AI and National Security Report 2019	2019	
28	《国家安全与个人数据保护法提案》National Security and Personal Data Protection Act of 2019, NSPDPA	2019	NSPDPA 提案于 2019 年 11 月 18 日由参议员 Josh Hawley 提交至参议院商业、科学和运输委员会审议，该提案目前得到了国会共和党议员 Tom Cotton 和 Marco Rubio 的支持，尚在参议院审议阶段。NSPDPA 提案共分为六个部分，包含其拟管制对象及数据类型等的界定、对特别公司收集储存数据的特殊规定、处罚规则、特定交易的审批要求等。The nspdpa proposal was submitted by Senator Josh Hawley to the Senate Committee on commerce, science and transportation for consideration on November 18, 2019. The proposal is currently supported by Republican senators Tom cotton and Marco Rubio, and is still in the Senate consideration stage. Nspdpa proposal is divided into six parts, including the definition of the object to be controlled and data type, special provisions for special companies to collect and store data, punishment rules, approval requirements for specific transactions, etc.
29	《加利福尼亚州消费者隐私法案》California Consumer Privacy Act, CCPA	2020	2018 年 6 月 28 日颁布的《加利福尼亚州消费者隐私法案》（CCPA）在美国也持续引发了很多争论，并随后在 2018 年 9 月和 2019 年 9 月的州立法会议期间均做了修订，其中 2019 年 9 月的修订是最为重要的和有实质性变化的，最终于 2020 年 1 月 1 日生效，赋予加利福尼亚州消费者各项隐私权。The CcpA promulgated on June 28, 2018 also continued to cause a lot of controversy in the United States, and then was revised during the state legislative sessions in September 2018 and September 2019. Among them, the revision in September 2019 is the most important and substantial change, and finally came into effect on

续表

序号	名称	时间	简介
			January 1, 2020, giving consumers in California various privacy rights.[1]
30	《平台问责和透明度法案》Platform Accountability and Transparency Act，PATA	2021	通过为针对大型互联网公司持有数据的独立研究提供隐私保护和安全途径，支持数字通信平台对社会影响的研究。Support research into the social impact of digital communication platforms by providing privacy protection and security avenues for independent research into data held by large Internet companies.
31	《健康和位置数据保护法》Health and Location Data Protection Act	2022	禁止数据经纪人出售或传输位置数据和健康数据，填补了美国隐私法中最大的保护空白之一。Ban data brokers from selling or transferring location data and health data fill one of the largest protection gaps in U.S. privacy law.
32	《美国数据隐私和保护法案（草案）》Draft American Data Privacy and Protection Act，ADPPA	2022	为消费者提供基础数据隐私权，打造强力监督机制，建立有意义的执法机制。To provide consumers with foundational data privacy rights, create strong oversight mechanisms, and establish meaningful enforcement.
33	《加利福尼亚州隐私权法案》California Privacy Rights Act，CPRA	2022	这些法规扩大了对消费者的保护，提供了更多关于纠正模糊个人信息的权利的背景，并进一步说明了限制使用敏感个人信息的权利。The regulations expand consumer protection as they provide morecontext about the right to correct inaccurate personal information and further explain the right to limit the use of sensitive personal information.

〔1〕　不同于以往美国针对特定行业或者特定隐私权事项的法案，《加利福尼亚州消费者隐私法案》（CCPA）广泛适用于收集加利福尼亚州消费者个人信息的企业。法案赋予了消费者对公司收集和管理其个人信息更多的控制权，规范了企业收集处理数据的方式。一是规定消费者对企业收集和管理其个人信息拥有更多控制权；二是对企业收集处理数据的方式划定了红线。法案规定，对于那些拥有5万名以上消费者信息的企业，消费者有权要求该企业披露其收集的信息类别和具体内容，包括企业可收集哪些个人数据、收集目的、哪些第三方可以使用这些数据等。消费者还有权要求企业删除所收集的个人信息。法案为消费者创建了访问权、删除权、知情权等一系列消费者隐私权利。

序号	名称	时间	简介
34	《促进数字隐私技术法案》Promoting Digital Privacy Technologies Act	2022	支持隐私加强技术的研究，促进责任化的数据使用，以及其他目的。To support research on privacy enhancing technologies and promote responsible data use，and for other purposes.

总结和归纳美国法律政策可以发现，清晰界定网络法律的内涵和覆盖范围、明确网络立法要保护的对象。将特定类型的网络违法行为提升到刑事制裁的高度；加大授予政府的行政分支在网络空间治理中的执法权；以信息技术手段促进网络安全法律问题的解决；加强关键性基础设施的立法保护；加大信息共享和信息交流以消除信息壁垒是美国在网络安全法律规制方面的主要经验和做法。在个人信息财产价值规制方面，美国区分了政府使用和商业使用。另外，对于个人信息（私领域）商业化利用的规制体现为行业自律模式[1]，这也是由美国联邦贸易委员（FTC）来主导发起的。[2]美国的私领域不愿意将市场的规制权交给政府，不希望用严格的统一立法形式，给商业主体在个人信息商业化利用时施加过重义务，他们更希望实现私领域的自律以及自我约束。在 2020 年开始颁布施行的《加利福尼亚州消费者隐私法案》（CCPA），旨在加强消费者隐私权和数据安全保护。该部法律明确使用"数据隐私"保护条款，在愈演愈烈的大数据交易背景下，禁止 Google、Facebook、Microsoft 等超级平台企业滥用市场支配地位对个人信息的滥用，促使公众重新审视对个人数据的保护。2022 年 6 月，加利福尼亚州隐私保护局发布了《加利福尼亚州隐私权法案》（CPRA），相较之前，本次拟议的修正案条款进一步扩大了消费者保护范围，限制对敏感个人信息的使用，同时消费者可以轻松行使纠正其不准确个人信息的权利。加利福尼亚州对消费者信息的保护居于美国各州前列，对其他州的立法也有借鉴和引导作用。

（四）竞争法规制制度回应

美国《加利福尼亚州消费者隐私法案》（CCPA）已于 2020 年 1 月 1 日生

---

[1] 行业自律模式，是指行业中较为成熟的公司或行业实体，制定行业的行为规则或行为准则，并为行业组织的内部成员提供示范行为模式。

[2] 蒋坡：《国际信息政策法律比较》，法律出版社 2001 年版，第 433 页。

效，这是继欧盟《通用数据保护条例》（GDPR）之后最重要的数据法律。它将成为美国州层面的最重要数据隐私立法之一，虽然美国并没有联邦层面的统一立法，但加利福尼亚州的经济在美国居于举足轻重的地位，而除 Microsoft 和 Amazon 之外的美国互联网公司的总部都设置在加利福尼亚州，这也注定《加利福尼亚州消费者隐私法案》（CCPA）将对美国的联邦立法产生重要的影响。联邦法律更侧重行业部门的监管，各州的法律则侧重保护个人信息不被盗用。[1]然而因为信息保护的严格程度有出入，一些公司企业可能会受到的约束程度不一。由于《通用数据保护条例》（GDPR）的域外适用范围广，因此一些美国公司尽管符合当地要求，但与《通用数据保护条例》（GDPR）的规定有出入也会被追究责任。因为《通用数据保护条例》（GDPR）根据违规行为的严重程度来追究公司责任，而不给单个违规行为设定金额，而美国与《通用数据保护条例》（GDPR）不同，美国没有将数据隐私作为一项基本权利。

通说认为，美国的隐私权概念来源于《哈佛法律评论》1890 年刊登的一篇被认为是世纪佳作的题为"隐私权"的论文，作者 Warren 和 Brandeis 提出了基于"独处权"的隐私权。这篇文章一直影响美国至今。随着计算机技术的成熟，政府机构和私人机构收集、处理或传播个人信息的速度大大加快，范围大大扩展，成本却大大降低，从而使得个人隐私权遭到了前所未有的威胁。如美国联邦机构拥有 2000 个数据库，广泛涉及公民的社会保障号、地址与工资数额；州政府的公共记录涉及犯罪记录、出生信息、婚姻状况、财产状况、选民登记等，还包括律师及医生等要求登记从事特定职业人员的大量信息。而私人机构开始使用个人信息用于精准营销，甚至通过出售"个人信息"盈利。如美国在线（AOL）就与众多电话销售人员签订协议，向他们出售 850 万用户的电话号码。另外，传统的隐私权理论也面临着很多的现实法律困境。比如数据所有人要求法院责令数据控制者或处理者承担侵权责任，必须证明后者收集或公开的个人数据是"令人高度反感的信息"，而这几乎是不可能完成的任务。于是美国联邦最高法院开始通过司法判例来建立新型的隐私权体系。1965 年，最高法院在著名的 Griwold v. Connecticut 一案中确认了

---

〔1〕　倪蕴帷："隐私权在美国法中的理论演进与概念重构——基于情境脉络完整性理论的分析及其对中国法的启示"，载《政治与法律》2019 年第 10 期。

第一种新隐私权，即自治性隐私权（Right to decisional privacy）；1967 年，最高法院在著名的 Katz v. United States 一案中确立了第二种新型隐私权，即物理性隐私权（Rright to physical privacy），自然人对其住所或其他私人场所享有免受政府打扰或侵入的隐私权，并被《美国第二次侵权法重述》采纳，形成美国早期隐私保护的基本范式。至此，"不受侵扰的权利"或"隐私即秘密"理念开始深入人心。[1] 本质上，美国传统隐私保护着眼于将隐私权理解为一项消极的、不被侵害的权利，一定程度上忽视了隐私的社会价值。[2] 随着信息及网络科技的兴起，将隐私视为独处权利或秘密的传统隐私观念被认为无法适应社会经济现实的需要，更无法应对数据时代的挑战。于是，隐私侵权理论的影响渐而式微，"隐私控制论"开始崭露头角并逐渐占据主导地位。"隐私控制论"强调人们对隐私的支配，即"个人、团体或机构有权自主决定何时、以何种方式以及在多大程度上将其本人信息披露给他人"。[3] 所以，在1977 年，最高法院在著名的 Whalen v. Roe 一案中确立了第三种新型隐私权，即信息性隐私权（Right to informational privacy），Stevens 法官把信息性隐私权归纳为：其一，自然人所享有的控制其个人信息被披露的利益；其二，自然人所享有的独立作出某种免受政府影响的决定的利益。这些法律规则在随后的 Nixon v. Administrator of General Services 一案中得到进一步确认。到了 1989 年，克林顿总统信息基础设施特别小组对信息性隐私权作了明确界定，即指自然人所享有的对其个人信息以及能够被识别的个人信息的获取、披露和使用予以"控制"的权利。而同年最高法院在 United States Dep't of Justice v. Reporters Comm. for Freedom of the Press 一案中认为，信息性隐私权是指自然人所享有的对关乎其自身信息的控制权。

其关键在于自然人所享有的"控制权"，即只有本人能对其个人信息予以控制，任何人未经许可或无正当理由不能控制他人的个人信息，否则就构成了侵权。而法律之所以赋予自然人对其个人信息的控制权，主要是为了避免政府机构或私人机构肆无忌惮地收集、整理、加工、储存或者买卖他人的个人信息。这种自由主义的自治原则力图将本人作为个人数据使用的决策者，

---

〔1〕 William L. Prosser, "Privacy", *California Law Review*, 1960（38）.

〔2〕 Daniel J. Solove, *Understanding Privacy*, Harvard University Press, 2008, p. 24.

〔3〕 Alan F. Westin, "Privacy and Freedom", *Atheneum*, 1967.

借由本人对其个人数据的管理以及本人决定个人数据的使用从而实现"信息自决"。总之,美国理论界普遍认为,个人数据受到保护的根本原因在于它是一种财产。[1]"个人对他们的个人信息拥有所有权,并且如同财产的所有人那样,有权控制对其个人信息的任何使用。"[2]

正因如此,美国隐私立法以数据自由流动为原则,个人数据的采集、处理及使用以法律明确禁止为限。实践中,美国信息隐私监管主要依赖行业自律以及联邦贸易委员会(FTC)事后执法对"不公平或欺骗性"数据行为进行查处。相比之下,欧洲关于隐私保护秉持一贯的人权立场:因为隐私关涉人格且关乎每个人的个体完整性,所以隐私不可商品化。换言之,在"权利话语"下,数据隐私属欧盟公民的基本权利与自由范畴。因此,欧盟隐私及数据保护立法对于数据收集、使用以及公开更具限制性,包括严格的知情同意要求。较之于欧盟,美国法律并未明确要求数据处理应具有个人"同意"等法律依据,而是要求数据控制者就其数据处理的隐私政策进行"告知"并由隐私消费者自行决定"留下"还是"离开"。[3]这意味着数据控制者若就其隐私政策进行告知,那么消费者随后分享其个人数据的行为将被视为同意。此即美国式"知情—选择(同意)"隐私自治机制,经由知情、访问以及同意等与个人数据采集、使用以及公开相关的一系列权利,隐私消费者获得了对其个人数据的控制权。据此,他们可以自行衡量关于其个人数据的采集、使用或公开的成本与收益。[4]

所以,将美国隐私立法精神浓缩到《加利福尼亚州消费者隐私法案》(CCPA)中,关于个人信息定义部分,在其AB874将"公共信息"纳入统一的"个人信息"范畴。即《加利福尼亚州消费者隐私法案》(CCPA)生效后,公共信息将被定义为"联邦、州或地方政府合法提供的信息"。按照之前该法案的规定:一旦信息的使用目的与政府记录中的公开目的不符,则该信息将不公开。虽然该法案的最终版本删除了上述限制,但也体现了政府的管理过程。并且,该法案的最终版本还限缩了"个人信息"的定义,该法案草

---

〔1〕 程啸:"论大数据时代的个人数据权利",载《中国社会科学》2018年第3期。

〔2〕 谢远扬:《个人信息的私法保护》,中国法制出版社2016年版,第91~121页。

〔3〕 Paul M. Schwartz, "Internet Privacy and the State", *Connecticut Law Review*, Vol. 32, 2000.

〔4〕 Daniel J. Solove, "Introduction: Privacy Self-Management and the Consent Dilemma", *Harvard Law Review*, Vol. 126, 2013, pp. 1880-1903.

案将"个人信息"定义为可能与特定消费者或家庭有关的信息。但很多企业提出疑惑：按照上述定义，"去识别"或"匿名化"的数据也可能属于个人信息，该法案的最终版本将个人信息的定义改为：可以"合理地"与特定消费者或家庭相关联的信息。此外，AB1355 澄清了个人信息不包括已识别或汇总的消费者信息。在 AB1355 对"企业对企业"（B2B）的通信或交易中涉及的个人信息作了例外的规定。许多企业一直关注如何合法合规地处理业务联系人的个人信息。严格来说，这些个人信息，并不是一般意义上的"消费者数据"，而是与企业交易的关联者信息。对于这些信息，AB1355 将减轻《加利福尼亚州消费者隐私法案》（CCPA）的某些要求，如提供通知并授予访问和删除权利："以书面或口头形式存在并涉及企业与消费者之间交易的个人信息。这时，消费者是自然人，其身份可能是公司、合伙企业，独资企业，非营利组织或政府机构的雇员、雇主、董事、高管或承包商等，而上述信息是其与企业的沟通或交易，或向该公司，提供或接收产品或服务的情境下产生的。"

美国为了产业利益对数据的法律保护较为宽松，其以市场为主导，行业自律为手段辅以政府监管的模式近年来不断受到数据隐私泄露丑闻的冲击影响，对此，美国也提出了一系列针对数据隐私的保护监管法案。如 2022 年 6 月发布的《美国数据隐私和保护法案（草案）》（ADPPA）即提出要建立起强有力的国家框架，为公民提供广泛的保护。但《美国数据隐私和保护法案（草案）》（ADPPA）与欧盟《通用数据保护条例》（GDPR）在保护逻辑上截然不同，其更重视个人数据底线保护之上的价值释放，具有更高的自由度。同年 5 月通过的《促进数字隐私技术法案》则指示美国国家科学基金会支持对隐私加强技术进行审查和奖励的研究，以加速隐私保护技术的开发与应用。目前美国还拟出台"删除法"赋予个人广泛的删除权，以对抗数据经纪人滥用个人信息。这些法案的提出，也充分展示了美国利益集团间为尽快推出联邦层面的综合性隐私保护法所作出的努力与妥协。

总体而言，美国缺乏类似于欧洲数据保护法中的"个人数据保护权"，相反，借用侵权法或财产规则保护隐私才是典型的美国实用主义处理问题的方式，凸显了欧美在隐私保护上的理论分野：欧洲围绕"权利话语"创建隐私文化，数据隐私被视为人的基本权利范畴，关乎人的尊严；美国则着眼于

"市场话语",将隐私视作一种应受保护的市场利益,个人被视为应免受市场欺诈和不公平对待的隐私消费者。[1]这种价值上的分歧很大程度上源于欧美国家不同的社会、政治和法律传统:在美国的政治话语中,人们多是担心国家而非私人公司侵犯个人隐私,且市场被视为隐私保护的最佳工具;相反,在欧洲的政治话语中,自由资本主义被认为是隐私受到侵犯的罪魁祸首,因此人们更多担心私人公司尤其是那些大数据公司对个人隐私的侵犯,于是公众指望数据保护机构发布相应的指南或有约束力的法规以保护他们的隐私选择。[2]所有这些对欧美的数据隐私保护立法产生了深远影响。不过,值得注意的是:一方面,虽然欧美在隐私立法价值取向上截然不同,但在制度层面,两者又不约而同地强调本人对其个人数据隐私的控制,要求个人数据使用满足目的合法、数据最少化、用户知情等限制性要求,维护数据主体的尊严或自由不因个人数据滥用而遭受侵害;另一方面,为避免妨碍信息自由流动尤其是数据产业的发展,无论是欧洲国家还是美国,均未将本人对其个人数据的控制利益上升为排他性的个人法定权利或将个人隐私数据客体化为个人绝对支配的对象。

(五)竞争法规制案例回应

1. 案例介绍[3]

hiQ(hiQ Labs,是一家数据分析公司)诉 LinkedIn 案中,hiQ 称 LinkedIn 在职业网络市场中阻碍 hiQ 获得其公开的数据信息涉嫌违法。hiQ 的商业模式主要依赖于 LinkedIn 的公开数据,在过去其一直获取并使用 LinkedIn 网站上的公开数据,LinkedIn 并未反对。但在 2017 年 5 月,LinkedIn 却让其停止抓取数据,同时以技术手段阻止其继续获取数据。对此,hiQ 向加利福尼亚州北部地区法院提起诉讼,LinkedIn 将其在"职业社交网络服务市场"(professional networking market)的市场力量,不正当地"传导"到"数据分析市场"(data analytics market)。hiQ 对此诉求提出证据证明,LinkedIn 滥用其在职业社交网

---

[1] Paul M. Schwartz et al., "Transatlantic Data Privacy Law", *Georgetown Law Journal*, Vol. 106, No. 1, 2017.

[2] Pierluigi Perri et al., "Ancient Worries and Modern Fears: Different Roots and Common Effects of U. S. and E. U. Privacy Regulation", *Connecticut Law Review*, Vol. 49, No. 5, 2017.

[3] hiQ Labs, "Inc. v. LinkedIn Corporation", *Appellate-9th Circuit*, No. 17-16783.

络服务市场的支配地位，获得在其他市场上的竞争优势。[1]法院以此证据，向 LinkedIn 发出临时禁令，要求其在 24 小时内移除妨碍 hiQ 获取其公开数据的技术障碍。

2. 案例分析

大多数控制大数据的企业通常将数据用于自身的产品改进，而且由于数据种类的繁杂，数据之间的替代性难以评估。难以为数据界定出清晰的市场边界，很难说哪一家拥有海量数据的企业在所谓的数据相关市场中占据市场支配地位。正如前文所述，由于数据具有广泛性和非对抗性，数据被独家控制和被垄断的情况较少出现，尽管大数据的收集、存储以及分析等方面具有一定资金和技术壁垒，如在线平台需要花费高额投资建设数据中心，同时招聘大量专业数据人才等。[2]不过，数据的非对抗性本身不意味着数据就不会被独家占有或控制，数据垄断问题可能发生于数据市场中，也可能发生于产生数据的上游业务中。由此可见，分析涉及数据的滥用市场支配地位行为时，实施滥用行为的企业不一定在数据市场中具有市场支配地位，可能在其他市场拥有支配地位。此时，认定市场支配地位应结合案件涉及的具体市场进行认定，不一定就是数据的单独相关市场。[3]

三、韩国模式

(一) 背景

韩国重视推进信息技术的发展，因为韩国是一个传统资源匮乏的国家。30 多年来韩国历届政府均把 IT 业作为立国战略，在信息基础设备上每年投入近 30 亿美元的预算。在不断努力下，韩国拥有了全球顶尖的 IT 基础设施，网速、互联网覆盖率、网民比例等指标均居世界顶尖水平。但是，由于个人信息保护的严格执行，导致缺乏大数据交易市场，使得韩国的大数据交易产业有些停滞不前。基于此，韩国政府正在积极寻找对策进行突破。韩国信息技术部出于保护韩国大数据交易的绝对公平性角度考虑，将针对国内大数据交

---

〔1〕 ［韩］权五乘：《韩国竞争法中的相关市场界定》，金善明译，载王晓晔主编：《反垄断法中的相关市场界定》，社会科学文献出版社 2014 年版，第 186 页。

〔2〕 曾雄："数据垄断相关问题的反垄断法分析思路"，载《竞争政策研究》2017 年第 6 期。

〔3〕 曾雄："以 hiQ 诉 LinkedIn 案谈数据竞争法律问题"，载《互联网天地》2017 年第 8 期。

易市场制定专门法律。[1]届时，韩国将诞生新的大数据交易，实现一种以大数据为商品的全新商品体系。业内人士表示，此举不但可以有效保护数据，还将大大推动韩国智能信息社会的发展进程。

（二）发展现状

韩国政府与大型企业发展大数据产业的意志非常强烈。2016年，政府、公共部门的投资就达到了998.6亿韩元，同比增长43.1%。自2010年之后，年平均增长率为8.0%。按类别看，2016年，韩国数据解决方案的市场规模为1兆4876亿韩元、数据构建/咨询的市场规模为5兆5651亿韩元、数据服务的市场规模为6兆6305亿韩元。从市场份额来看，以2016年为准，数据服务市场占48.50%，比重最大；然后是数据构建咨询市场，比重为40.71%；市场份额最小的是数据解决方案，只占10.79%。根据韩国数据库机构发布的"2015年数据行业调查报告"中数据交易额的显示，表明与数据服务市场规模相比，大数据交易不是主动执行的，而是随着数据收集和利用趋势的增加，信息提供服务的比例在逐渐下降。从而推导出提供数据分析和数据交易的比例正在增加。

（三）政策与规制

作为高度活跃的行业，互联网新技术、新业务、新应用层出不穷。在这些新兴领域发展的前期，韩国就强调通过立法加以规范，促进其健康繁荣发展。

表3-3　韩国大数据规制法律（或政策、法规）进程（部分）

序号	名称	时间	简介
1	《国家信息化基本法》[2] Frame Act on National Informatization	1996	规定国家信息化的基本方向及其相关政策的建立、推进所必要的事项，为实现持续可能的知识信息社会提供助力，并且提高国民生活品质。It stipulates the basic direction of national informatization and the necessary matters for the establishment and promotion of relevant policies, and provides assistance for the realization of a sustainable knowledge and information society, and improves the quality of life of the people.

---

〔1〕　白云飞："韩国建设'数据大坝'"，载《经济日报》2021年9月21日，第4版。

〔2〕　The origianl name of the Act is「정보화촉진기본법」enacted in 1995, and revised as above in 2009.

序号	名称	时间	简介
2	《2002 年国家信息化白皮书》2002 National Informatization White Paper	2002	在部分领域，韩国的信息化程度甚至超过了部分西方国家以及地区，此时韩国已经开始推行网络实名制。In some areas, The Republic of Korea informatization has even surpassed that of some Western countries and regions. At this time, The Republic of Korea has begun to implement the real-name system on the Internet.
3	《信息通信网利用促进及信息保护等相关法律》Act on Promotion of Information and Communications Network Utilization and Information Protection, etc.	2008	《信息通信网利用促进及信息保护等相关法律》为了促进信息通信网的使用与保护个人信息。又名《崔真实法》《网络侮辱罪》。全世界没有任何国家有此条法律，韩国首次推进这条法律而引起世界各个国家注目。In order to promote the use of information communication networks and protect personal information. Also known as "Cui Law", "Internet Insults". No country in the world has this law, and Korea have promoted this law for the first time and attracted the attention of various countries in the world.
4	《个人信息保护法》Personal Information Protection Act	2011	将公共部门和民事部门的个人信息保护，统合在该法保护之下。The protection of personal information in the public and civil sectors is integrated under the protection of the law.
5	《大数据中心战略》Big data-centric strategy	2011	为将大数据视为未来促进经济增长的重要一项，韩国科学技术政策研究院提出"大数据中心战略"，并构建英特尔综合数据库。In order to regard big date as an important item to promte economic grouth in the future, the Korean Academy of Science and Technology Policy officially put forward the "big data center strategy" and building Intel integrated database.
6	《位置信息的保护及使用等相关法律》Act on the Protection, Use, Etc. of Location Information	2012	为防止泄露、误用及滥用位置信息、保护个人生活秘密，并且确保安全的位置信息使用环境而制定。To prevent the disclosure, misuse and misuse of location information, to protect the secrets of personal life, and to ensure a safe location for the use of information environment.

续表

序号	名称	时间	简介
7	《第五次国家信息化基本计划》The fifth national informationization basic plan	2012	韩国国家科学技术委员会对数据产业未来（2013—2017）发展环境发布重要战略规划。The Korea National Science and Technology Commission issued an important strategic plan for the future development of the data industry（2013—2017）.[1]
8	《公共数据供给与利用促进法》Act on Promotion of the Provision and Use of Public Data	2013	要求所有政府部门都要遵守该法律来制定年度计划，并在 2016 年以前要开始积极主动开放，达到60%政府数据的目标。All government departments are required to comply with the law to develop an annual plan, and to be proactively open before 2016 to achieve the goal of 60% government data.[2]
9	《韩国大数据中心》Korea Big Data Center	2013	韩国科学部与未来规划部联合建立，该机构旨在统一建立大规模数据分析基础设施建设，加强对私人部门、中小企业数据服务工作，并进一步促进政府牵头的数据分析工作。The Ministry of Science and the Ministry of Planning of the Republic of Korea have jointly established the organization to unify the establishment of large-scale data analysis infrastructure, strengthen data services for the private sector and SMEs, and further promote government-led data analysis.
10	《敏感信息及固有识别信息处理依据等有关法令的部分修正案》Partial amendments to relevant laws and regulations on the basis of sensitive information and inherent identification information	2014	为了遵循《个人信息保护法》对固有识别信息管理的限制规定，也为了公共部门处理固有信息提供明确法律依据。In order to comply with the estrictions on the management of inherently identified information in the Personal Information Protection Act. It also provides a clear legal basis for the public sector to process inherent information.[3]

---

〔1〕 미래창조과학부, 제5차 국가정보화 기본계획(2013—2017)-국민행복을 위한 디지털창조한국 실현전략-, 2013. 12.

〔2〕 이재운, 공공 빅데이터 33개분야 하반기 신규 개방, 디지털타임스, 2016.07. http://www. dt. co. kr/contents. html？ article_ no=2016071402109960813006. 2019. 05.

〔3〕 「공공기관의 운영에 관한 법률 시행령」, 「전기통신사업법 시행령」, 「인터넷 멀티미디어 방송사업법 시행령」, 「전자문서 및 전자거래 기본법 시행령」의 개정 등으로 주민등록증을 취급하는 공공 부문의 명확화 개인의 신원 정보는 개인정보 보호법 및 같은 법 시행령의 규정에 따라야 한다.

序号	名称	时间	简介
11	《2015年国家情报化实行计划》National Information Implementation Plan 2015	2015	在此计划中，朴槿惠政府对大数据相关预算又比上年增加54%，进一步为开发大数据尖端技术提供资金保障。In this plan, Park Geun-Hye's government increased the budget for big data by 54% over the previous year, further providing funding for the development of cutting-edge technology for big data.
12	《云计算发展与用户保护相关法》Act on the Development of Cloud Computing and Protection of its Users	2015	其中将云计算归类为电信服务，要求所有云计算服务提供者进行定期申报。但是该法的颁布遭到了质疑，认为此法非全球性标准、许可证阻碍云计算发展、阻碍外国云服务提供商进入韩国。Among them, cloud computing is classified as a telecommunication service, and all cloud computing service providers are required to make regular declarations. However, the promulgation of the law has raised doubts that this law is not a global standard, licenses hinder the development of cloud computing, and hinder foreign cloud service providers from entering Korea.
13	《信息保护产业振兴法》Revision of the Act on the Promotion of Information Security Industry	2015	由未来创造科学部制订和实施信息保护产业振兴相关政策、目标及方向在内的振兴计划。The Future Development Science Department will develop and implement a revitalization plan, including policies, goals, and directions for the promotion of information protection industry.
14	《大数据利用和产业振兴等相关法案》Bills related to Big Data Utilization and Industrial Revitalization	2015	对"公开信息""使用明细信息""大数据""非识别化"等概念进行了界定。The concepts of "public information", "use of detailed information", "big data", and "unidentified" are defined.

序号	名称	时间	简介
15	《网络威胁信息共享法案》Cyber Threat Information Sharing Act	2015	明确公共和民间领域之间共享的"网络威胁信息"的定义。Identify the definition of "cyber threat information" shared between the public and private sectors.
16	《保安业务规定》Security business regulations	2015	公共部门处理居民身份证等个人固有识别信息时应当依照《个人信息保护法》及其施行令的规定,并且应当是在执行业务不可避免的情况下才可处理。The public sector shall deal with personal identification information such as resident identity cards in accordance with the Personal Information Protection Act and its enforcement orders, and shall be dealt with in the unavoidable circumstances of the executive industry.
17	《个人信息保护法》修订 Revision of the Personal Information Protection Act	2015	对个人信息处理者存在故意或重大过失造成个人信息被盗、丢失、泄露、伪造、变造或损毁的情况。法院可处以不超过实际损失额 3 倍的惩罚性赔偿,并明确了个人信息处理的被委托人违法赔偿责任。Theft, loss, disclosure, forgery, alteration or destruction of personal information caused by intent or gross negligence of the personal information processor. The court may impose punitive damages not exceeding 3 times the actual loss, and clarify the liability of the client for the illegal treatment of personal information processing.[1]
18	《信息通信网利用促进及信息保护等相关法律》及其施行令 Revision of the Act on Promotion of Information and Communications Network Utilization and Information Protection, etc.	2015	
19	《国家防止网络恐怖主义等相关法案》National cyber terrorism and other related bills	2016	国家情报院下设的国家网络安全中心为预防及应对网络恐怖袭击的机构。The National Cyber Security Center under the National Intelligence Agency is an institution that prevents and responds to cyber terrorist attacks.

---

〔1〕 从 2015 年起经过大幅修订,具体案文见韩国法令信息中心网,http://www.law.go.kr/,最后访问时间:2019 年 5 月 6 日。

序号	名称	时间	简介
20	《为培育地区战略产业而指定和运营规制自由区的相关特别法案》Designate and operate regulatory freedom to nurture regional strategic industriesDistrict related special bill	2016	为在"规制自由区"（Regulation-free Zones）内，通过放宽监管限制振兴经济竞争。In the "Regulation-free Zones", economic competition is revitalized by relaxing regulatory restrictions.
21	《信息通信网利用促进及信息保护等相关法律》Promote the use of information communication networks and related laws such as information protection Promote the use of information communication networks and related laws such as information protection	2017	为了促进信息通信网的利用，保护使用信息通信网服务的使用者的个人信息，并营造健全与安全的信息通信网利用环境，以国民生活的向上和增进公共福利作出贡献为目的，制定本法。In order to promote the use of information communication networks, protect the personal information of users who use information communication network services, and create a sound and secure information, communication network utilization environment, to improve the national life and promote public welfare, this law is enacted for the purpose of making contributions.
22	《个人信息保护法》Revision of Personal Information Protection Act	2017	通过制定个人信息处理和保护相关的规范，保护个人自由和权利，实现个人尊严和价值。Protect personal freedoms and rights and achieve personal dignity and value by developing personal information processing and protection related regulations.
23	《国家情报基本法》Revision of the Framework Act on National Informatization	2019	该法的目的是通过规定国家信息化的基本方向以及制定和促进相关政策的必要事项，为实现可持续的知识化、信息化社会和提高人民的生活质量作出贡献。The purpose of this law is to contribute to the realization of a sustainable knowledge, information society and improve the quality of life of the people by stipulating the basic direction of national informatization and the necessary matters for the establishment and promotion of related policies.

续表

序号	名称	时间	简介
24	《个人情报保护法》Personal Information Protection Act	2020	2020 年 1 月起，韩国为推动大数据产业发展，扩大个人和企业可以收集、利用的个人信息数据的范围，陆续修订了被称为"数据三法"的《个人信息保护法》《信息通讯网法》《信用信息法》，于 2020 年 8 月 5 日正式施行。作为典型的 IT 国家，韩国的科技竞争力是举世瞩目的，但近年来，其数字经济的发展却稍显滞后。因此，在原有个人信息保护制度和数据高效使用之间的矛盾愈发突出的背景下，韩国逐渐加快在数字领域的立法和制度创新，其中"假名信息"概念的引入，引起各界的关注和讨论，这也势必对韩国个人信息保护产生深远影响。Since January 2020, in order to promote the development of the big data industry and expand the scope of personal information data that individuals and enterprises can collect and use, the Republic of Korea has successively revised the Personal Information Protection Law, the Information and Communication Network Law, and the Credit Information Law, known as the "Three Data Laws", which came into effect on August 5, 2020. As a typical IT country, the Republic of Korea scientific and technological competitiveness is eye-catching, but in recent years, the development of its digital economy has lagged behind slightly. Therefore, in the context of the increasingly prominent contradiction between the original personal information protection system and the efficient use of data, the Republic of Korea has gradually accelerated legislative and institutional innovation in the digital field, among which the introduction of the concept of "pseudonymous information" has aroused the attention and discussion of all walks of life, which is bound to have a profound impact on the protection of personal information in the Republic of Korea.
25	《信用情报利用和保护法》（信用信息法）Act on the Use and Protection of Credit Information	2020	
26	《情报通信网及情报保护法》（信息通讯网法）Information Communication Network and Information Protection Act	2020	

序号	名称	时间	简介
27	《数据产业振兴和利用促进基本法》Basic Act on promotion of the Promotion and Utilization of the Data Industry	2021	旨在为发展数据产业和振兴数据经济奠定基础，对数据的开发利用进行统筹安排。It aims to lay the foundation for the development of the data industry and the revitalization of the data economy, and make overall arrangements for the development and utilization of data.
28	《数据产业法》Data Industry Act	2022	包括促进数据生产、培育专业人才、构建数据交易平台等，推动数据交易，提高数据产业的竞争力。Including promoting data production, cultivating professional talents, building data trading platforms, to promote data transactions and improve the competitiveness of the data industry.

（四）竞争法规制制度回应

2020 年 1 月起，韩国为推动大数据产业发展，扩大个人和企业可以收集、利用的个人信息的范围，陆续修订了被称为"数据三法"的《个人信息保护法》《信息通讯网法》《信用信息法》，于 2020 年 8 月 5 日正式施行。作为典型的 IT 国家，韩国的科技竞争力是举世瞩目的，但近年来，数字经济的发展却稍显滞后。其为了拓宽数据的应用范围，在修订中引入了假名信息制度，这在一定程度上确实促进了信息产业的发展。假名信息制度，对个人信息进行假名处理，删除部分个人（标识性）信息或用其他信息代替（部分或全部个人信息）的个人信息。其核心特点在于，在没有额外信息的情况下，无法识别出特定个人（与我国《个人信息保护法》中规定的"去标识化"类似）。修订前的韩国《个人信息保护法》将"个人信息"以"存活着的自然人个体信息"来定义，居民身份证号码（社会保险编号）以及通过影像等可以辨认个人的信息（包括即使仅凭该信息无法辨认特定个人，也可以轻易与其他信息结合辨认的信息）等均为个人信息。假名信息虽然将一部分信息进行替代，无法被直接识别出来，但是如果与其他信息"简单"[1]结合后，依然能锁定

---

〔1〕 此处对"简单"的判断，需要对所获取其他信息的便利度、锁定出特定个人所需时间、费用、技术等识别成本进行综合考量。

至特定个人。因此，假名信息也属于可以再识别的信息，属于韩国《个人信息保护法》的保护对象。

然而，引入的假名信息制度由于过于注重对信息产业的支援，却排除个人信息自我决定权的行使，遗漏作为个人信息的最低限度的保护，这在实质上与《通用数据保护条例》（GDPR）假名信息的规定有重大区别。韩国《个人信息保护法》与我国《个人信息保护法》的立法目的、核心理念内容基本一致，同样也是以欧盟的《通用数据保护条例》（GDPR）为立法模型。

距韩国"数据三法"修订实施近一年时间，假名信息制度在适用上产生了一系列的问题。

一是处理假名信息时信息主体的自我决定权缺失。"个人信息处理者为编制统计、科学研究、保存公益性记录等，可以未经信息主体同意处理[1]假名信息"（韩国《个人信息保护法》第 28 条之 2）。即如果对个人信息做了假名处理，则信息处理者无论以何种方式和目的使用该信息，都可以在未经信息主体同意的情况下，以记录、存储、联动、加工、编辑、提供等方式加以利用，虽然条文中以"编制统计、科学研究、保存公益性记录"规定限定的条件，也涵盖为促进数据流动对信息安全采取保护措施的立法目的，但在实际适用中似乎为"未经信息主体同意可处置其信息"赋予正当性。[2]从保护个人信息的角度，无论是在事实上还是在规范上都没有太大意义，也缺乏与公益的关联性。

首先，缺少使用目的限制性条款。在无法识别个人的前提下，统计编制、科学研究、公益性记录保存只是真实地阐述了假名信息或匿名信息可能被使用的一般方法。问题在于这一统计分析或研究将在谁手中以何种目的进行，"统计编制"没有目的限制，也没有信息处理者限制；"科学研究"[3]，仅指出于科学目的的研究，比如不是指医学、生物学、社会学等学术研究，如果企业利用金融分析、医疗分析、大数据分析等多种科学方法谋求利益，规模

---

〔1〕　处理，是指收集、生成、联系、联动、记录、存储、持有、加工、检索、输出、更正、多次、利用、提供、公开、销毁个人信息以及其他类似行为（韩国《个人信息保护法》第 2 条之 2）。

〔2〕　崔圭焕："假名信息和个人信息自我决定权"，载《宪法审判研究院》2021 年第 4 期。

〔3〕　科学研究，是指技术的开发与实证、基础研究、应用研究以及民间投资研究等运用"科学方法"的研究。

庞大的信息处理者利用假名信息获益的领域几乎是无限的，此处的法律规定却几乎是无限制的。其次，缺少假名信息结合细则。允许不同信息处理者对掌握的假名信息进行拼接。虽然韩国《个人信息保护法》规定："要求各信息处理者必须采取技术、物理上的措施防止假名信息重新回到特定的可识别状态，如果在假名处理过程中产生可识别信息的情况，其有义务销毁假名信息。"（韩国《个人信息保护法》第 28 条之 5）但这些规范制度本质上是信息处理者平时应遵守的个人信息保护一般性原则，并非具有与未经同意使用假名信息相对应安全措施的特殊规则的本质。最后，信息处理者义务规则缺失。与个人信息相比，对于假名信息，信息处理者的义务也在很大程度上被排除。根据韩国《个人信息保护法》第 20 条，处理个人信息时，信息处理者应当将收集的来源或处理的目的告知信息主体。根据该法第 21 条，当个人信息的被持有期限已至或处理目的达到等条件成就时，信息处理者应当销毁所持有的个人信息。但处理假名信息时没有以上告知、销毁义务。另外，信息主体对于假名信息的挪用，也没有同意、阅览、要求更正或删除的权利。

二是假名信息结合时限制性条款缺失的问题。为防止假名信息在不同信息处理者进行信息结合时出现泄露或者被滥用情况，韩国《个人信息保护法》第 28 条之 3 规定，"由保护委员会或有关中央行政机关长指定的专门机构进行结合"，[1] 目前，包括大企业在内的很多产业都希望参与到假名信息结合工作中。[2] 但即使是假名信息，越多的信息累积起来，信息主体的可识别性就越大。[3] 实务中，被结合的假名信息是由信息主体分别为不同的目的，向不同的信息处理者提供的信息，但是这些信息因在输出时以被假名处理为由，违背信息主体的意愿进行结合，实际上完全排除了信息主体的控制可

---

〔1〕 申请结合的两个或多个信息处理者对假名信息以识别号码进行加密，生成结合密钥，然后交给指定为假名信息结合机关，该机关利用结合密钥制作联系信息，并在对外部输出前进行最后处理，得到专门机关首长批准后交给结合申请人。

〔2〕 韩国科学技术信息通信部从 2021 年 2 月 15 日开始接受指定"假名信息结合专门机关"的申请，其下属的韩国智能信息社会振兴院和统计厅被指定为公共机关，三星 SDS 和 SK C&C 等民间企业最近被指定为假名信息结合专门机关。

〔3〕 金松玉："安全处理与合理利用假名信息的平衡点——兼对数据三法的宪法评价"，载《公法研究》第 49 辑第 2 期。

能性。即使是在国家的控制下进行假名信息的结合，但完全不考虑信息的内容和种类，将其进行结合和利用，此种行为的本质是借处理假名信息之由，排除了信息主体的权利和信息处理者的义务，违背了权利限制的立法之正当性。[1]

三是对敏感信息的保护问题。与个人健康或疾病相关的信息本身就很有可能被识别，而且很有可能侵害私生活、人格权。因此，韩国《个人信息保护法》中规定为了保护敏感信息[2]，要求信息主体另行同意或者禁止处理信息，但在假名信息处理中，对敏感信息并没有专门的限制。从目前的法律解释上看，即使是含有敏感信息的假名信息，也一律排除信息主体的控制权和信息处理者的义务，甚至可以由专门机构进行结合处理。包含敏感信息的假名信息在没有信息主体介入的情况下可以自由流通，这加大了对信息主体人格权侵犯的可能性。不同信息处理者收集到的敏感假名信息重复结合的累积，信息的敏感性在质量上就会大大增加，同时可识别性也会更大。这种对信息的不受限制的利用最终可以使信息主体沦为信息权力的客体。此外，信息处理技术的发展态势也增加了敏感信息泄露的可能性。比如，基于物联网环境，设备上的传感器和信息处理装置自主收集个体的行为模式、环境信息、移动地点和距离、支付内容和方式、心跳和体温、血压、血糖等，多种技术将这些信息有机地联系在一起来解释和分享个人的非识别信息，通过交叉比对和大数据分析，要完全避免个人身份的泄露几乎是不可能的，一旦泄露，危害性将大大显现。因此，敏感信息作为个人信息自我决定权的本质内容，应受到特殊保护。[3]

欧盟《通用数据保护条例》（GDPR）被公认为是世界范围内信息保护的

---

[1] 吴吉英："对修改后的个人信息保护法的探讨与批判——以信息主体自我决定权的事项为中心"，载《民主法学》2020年第73期。

[2] 敏感信息包括两方面的内容，一是韩国《个人信息保护法》里规定的敏感信息：关于思想、信念的信息；关于政治见解的信息；关于工会、政党之加入或退出的信息；关于健康、性生活等的信息；其他存在显著侵害个人私生活之风险的个人信息。二是韩国《个人信息保护法实施令》规定的敏感信息，基于基因检测等获得的遗传基因相关信息；相当于韩国《刑罚实效法》中规定的犯罪记录的；关于民族或人种的信息；为识别特定个人，通过一定的技术手段生成的关于个人身体、生理、行为特征的信息（例如人脸信息、指纹信息）。

[3] 杨润敏、朴顺泰、金容敏："lot环境下关于加强非识别个人敏感信息管理的研究"，载《韩国学会论文杂志》2020年第8期。

重要法规。韩国假名信息制度基本是以《通用数据保护条例》（GDPR）作为模型进行的引入，因此与《通用数据保护条例》（GDPR）中假名信息制度进行比较，可以更客观地进行反思并考察制度的发展动向。

一是个人信息自我决定权的保护程度不同。目前，韩国法学界的主流观点认为：韩国《个人信息保护法》中有关假名信息的规定侵犯了"个人信息自我决定权"。在处理假名信息时，不论信息的内容和种类，均排除了信息主体的权利和信息处理者的义务。[1]这违反了韩国《宪法》第 10 条人的尊严和人格权的规定，以及第 17 条私生活自由的规定。虽然有人批评《通用数据保护条例》（GDPR）倾向于信息产业的支持，但是其承认假名信息是一种安全措施，强调假名处理并不意味着要排除个人信息保护的措施。[2]"个人信息自我决定权"是信息主体自行决定和控制关于自己的信息何时、向谁、在何种范围内被知晓和利用的权利。对个人信息自主决定权的限制，应当遵循宪法的基本原则，具体到假名信息制度的设立，以韩国《宪法》第 37 条第 2 款禁止过度原则为标准，在法律制定上应当是：立法是正当的（目的的正当性）；为实现其目的，假名信息的处理应有效和适当（手段的适当性）；假名信息的处理导致的个人信息自我决定权限制措施仅限于必要的最小限度（损害最小性）；假名信息处理试图保护的公益与被侵害的私益进行比较量刑时，以公益为主（法益均衡性）。

二是个人信息处理原则的规定不同。《通用数据保护条例》（GDPR）在第 5 条规定了个人信息处理原则，个人信息的处理应遵循合法性原则、目的限制原则、信息最小化原则、准确性原则等。其中，目的限制原则意味着信息应为具体、明示和合法的目的而收集，不得以与相关目的不相容的方式进一步处理，如果为了"公益性记录保存目的、科学或历史研究目的以及统计目的"而进行的进一步处理，需要通过假名处理等方式实现。这条规定意味着两点，其一，如果个人资料处理者与最初收集资料的目的略有不同，但被认为是相容的，则可以进一步进行处理，而无需另行征得同意；其二，即使与最初的目的不相容，但如果是为了公益性记录保存目的并进行了假名处理，

––––––––––––––––––

〔1〕 杨智博："韩国《个人信息保护法》的最新修正及其对我国之启示"，载《华南理工大学学报（社会科学版）》2022 年第 1 期。

〔2〕《通用数据保护条例》（GDPR）第 28 条。

也可以不经同意直接用于其他目的。关于此处，《通用数据保护条例》（GDPR）第6条第4款提出了一个标准，即哪些情况可以确定为与最初的目的"相容"，分别是"目的之间的联系""收集个人信息时的情况""个人信息的性质""进一步的信息处理可能给信息主体带来的后果"和"存在适当的安全措施"，其中包括假名处理。

三是信息主体权利排除方式不同。韩国《个人信息保护法》设定了与《通用数据保护条例》（GDPR）相同的规定：个人信息处理者在进行统计、科学研究，为公益性记录保存等情形下，可以未经信息主体同意处理假名信息（韩国《个人信息保护法》第28条之2）。但是在涉及假名信息主体的权利排除上却存在很大差异，韩国《个人信息保护法》既不承认信息主体有查阅权、更正权、删除权等权利，也不要求信息处理者承担相关义务；而《通用数据保护条例》（GDPR）并没有"一刀切"地排除信息主体的权利和信息处理者的义务，[1]甚至对于无法识别信息主体的信息，在信息主体为行使查阅权或更正权、删除权、限制处理权、被告知权等需要提供额外信息时，信息处理者也应接收、识别信息，并使信息主体的权利得到行使［《通用数据保护条例》（GDPR）第11条］。另外，关于两种以上假名信息的结合，《通用数据保护条例》（GDPR）中并无具体规定。从假名信息制度的设立中，可以看出韩国对于《通用数据保护条例》（GDPR）的借鉴还是处于模型设立的初级阶段，同《通用数据保护条例》（GDPR）在个人信息处理规则的核心理念与体系构建上有较大差异，对于假名信息的利用提供了更多的可能性，但其回避了保护信息主体的权利行使的立法目的，这些问题阻碍了相关制度和系统在个人数据利用方面建立信任。[2]韩国法学界（主流观点）不仅对该问题进行了违宪性讨论，还对"数据三法"之间利用假名信息时的协调进行了研究，说明韩国《个人信息保护法》中的个人信息处理规则并没有因假名信息的构建实现行业期待中的保护与发展的平衡点。未来个人信息处理规则的构建，预期会更多地根据宪法评价、信息主体同意与个人信息自我决定权的关系、

---

〔1〕　当然，尽管欧盟各国规定可以根据各国的情况制定排除有关权利和义务的法律。但它规定，只有在信息主体行使相关权利的情况下，对其假名信息处理的目的有重大损害的情况下，才能立法。

〔2〕　赵成恩等："个人主导的活跃数据流通的制度研究基本研究"，载《信息通信政策研究院基本研究》2019年10月。

刑罚法规明确性原则、立法权威性，以及法理、法律间整合进行。[1]2021 年以来，为了改变数字经济发展滞后的局面，韩国产业界强烈要求建立起国家决策机构以及监督公共和私营部门制定的相关政策的合规性，搭建数据交易平台，培养"数据交易师"等从业人员，以推进数据市场的交易和流通，并先后通过了《数据产业振兴和利用促进基本法》和《数据产业法》。但目前看来，韩国的数据立法工作依然倾向于自上而下的改革，意图通过对法律框架的完善和配套组织的设立来促进数据产业振兴，依旧缺乏对信息主体权利的保障，其改革是否能够取得成效还需观望。

（五）竞争法规制案例回应

1. 案例介绍

在韩国"eBay KTA（UK）Limited 等违反企业结合限制规定行为"案中，Auction、eBay 在韩国的分支机构为本案中的收购方，Interpark、Gmarket 为本案中的被收购方，以上均为电子商务的经营者。此时，电子商务经营者以互联网为基础进行开放式的、可进行电子商务交易的平台，被称为（电子）"开放市场"，即是由两类自由参与平台交易的个体组成的市场主体，一类是在平台注册并从事销售的个体；另一类是通过平台可以进行选择和购买产品的个体。由于以上收购方与被收购方均为电子商务经营者，且均在同一开放市场进行交易行为，所以在以上几方达成合并协议之时，韩国公平交易委员会于2008 年 5 月对该合并行为进行了审查，其认为当收购行为达成时，一方面会导致电子平台（双边）出现销售者数量增加时，产品的种类也将随之增多，从而有利于降低产品的价格，最终会提高消费者福利的现象；另一方面，随着消费者数量的增加，销售者也将从其不断上涨的销售中获益，并享受其不断增长的福利。因此，在同年 9 月同意其合并，但是提出该合并公司在未来 3 年内佣金禁止上涨的要求。

2. 案例分析

这个案例主要介绍了在互联网交易市场中对于双边市场的界定过程。如前文所述，双边市场是多层次的，无法将双边市场看作一个独立的、单一的

---

[1] 金日焕等："对假名信息概念和处理条件的立法论思考"，载《韩国土地公法研究》2019 年8 月。

市场进行界定。并且，双边市场的反馈效应又制约了经济法进行相关市场界定时常使用的假定垄断者测试（SSNIP）或临界损失分析等传统界定方法的运用，这是以互联网的特性决定的。[1]韩国公平交易委员会认为互联网销售平台存在双边市场的特点，存在销售者和消费者两个使用对象。群体间在双边市场中存在间接网络效应，销售者越多地使用这个平台，市场内就会出现越多的产品，这就会加剧销售者之间的竞争并有可能会降低售价，从而增加消费者的效用；同样，越多的消费者使用这个市场，就会有更多的商品被售出，这将会增加卖方效用。开放的互联网平台，节省了卖方和消费者的时间和成本，吸引使用者在平台上进行交易，负责平台的运营商收取交易费用。虽然易买得承认案例中的相关市场具有双边市场的特征，但是没有必要将销售者市场与消费者市场分开来分析。韩国公平交易委员会认为开放的平台通过公开竞争机制去争取更多的销售者，反过来讲这也会引起销售者之间的价格竞争，同时也会增加产品种类。为消费者争相提供种类更加多样的商品或者服务，并且由于合并双方公司在提供开放平台的长期以来的消费者偏好程度较高，其高使用频率相对于其他开放平台运营机构是不可比拟的。且由于间接网络效应在双边市场中的影响，拥有大量消费者的互联网平台就会在销售者市场占有市场支配地位，并有滥用市场支配地位要求卖方支付更加高额的佣金这一要求的可能。

在本案中，韩国公平交易委员会充分考虑了动态市场的长期变化可能导致的结果，为了限制合并后公司价格提高，防止公司合并后短期内发生反竞争效果的可能，提出了3年内禁止增长销售佣金的附加条件。因为韩国公平交易委员会认为此种反竞争效果不会持续到企业合并后的中期或长期。韩国公平交易委员会在该案的审理上充分体现了在考虑市场发展的特性的基础上，保证法律适用个案的特殊性。

---

　　[1] 双边市场的反馈效应制约了诸如假定垄断者测试（SSNIP）或临界损失分析等传统界定方法的运用。反馈效应通常是指双边市场的反应机制，即双边市场的一边市场价格上涨时，会导致其市场需求下降，继而产生一种交叉网络效应：即另一边的市场需求亦下降，进而导致整个市场需求下降，倘若界定相关市场时未能充分考虑反馈效应，那么市场可能会界定得过窄。

四、中国模式

(一)背景

2017年12月8日,习近平总书记在主持国家大数据战略学习时强调,"大数据发展日新月异,我们应该审时度势、精心谋划、超前布局、力争主动,深入了解大数据发展现状和趋势及其对经济社会发展的影响,分析我国大数据发展取得的成绩和存在的问题,推动实施国家大数据战略,加快完善数字基础设施,推进数据资源整合和开放共享,保障数据安全,加快建设数字中国,更好服务我国经济社会发展和人民生活改善"。随着国家推动大数据与实体经济的深度融合,使中国的互联网技术本就处在飞速发展的时期有了坚实的政策支持,大数据、互联网+、人工智能、物联网、区块链等新兴技术的逐渐开放与利用,数字经济(Digital Economy)的发展成为一种新型的社会经济发展形态。

大数据交易与实体交易的不同之处在于以大数据交易平台作为竞争的媒介,中国主要的大数据交易平台分布在西南、华中和华北地区,均属于国内第一批崛起的大数据交易平台。从当前的发展来看,中西部发展势头强劲,产业发展进入良性循环,是国内最早规划并实施大数据产业发展的地区。东部地区则依托经济优势,聚集效应开始显现。就目前而言,以北京、上海、广州为中心向四周辐射,形成以京津冀地区、长江三角洲地区和珠江三角洲地区为集团枢纽的沿海大数据走廊格局,是东部地区大数据交易平台建设的最大特点。[1]随着大数据和人工智能技术的运用,中国大部分省市已经制定大数据发展规划,以推动数据交易产业的发展。

(二)发展现状

在目前全球大数据市场中,行业解决方案、计算分析服务、存储服务、数据库服务和大数据应用为市场份额排名最靠前的细分市场,分别占据35.40%、17.30%、14.70%、12.50%和7.90%的市场份额。[2]由此可知,大

---

[1] 齐爱民、胡丽:"大数据交易:产业创新与政策回应——中国大数据交易合规性调查报告",载《光明日报》2018年1月25日,第14版。

[2] 中商产业研究院:"2018年全球大数据产业七大发展趋势预测",载搜狐网,https://www.sohu.com/a/522076558_350221,最后访问时间:2022年7月2日。

数据的市场份额在某种程度上是由数据驱动在数据平台上实现的。而这种数据驱动更多的是由在互联网领域占据领先市场份额的优势企业实现的。通过大数据产业链，先进入市场的经营者通过掌握的核心技术，不断地利用大数据研究、分析消费者的消费模式，获得的利润再次用于新存储的大数据的数据驱动技术的发展上，由此形成创造企业价值的良性循环。与此同时，这种经济模型式的循环很难在短期内被打破。在网络平台化模式下，数据经济与实体经济相比，经营者的生产资料主要为大数据、用户流量、广告效应等要素。并且，部分经营者利用自身互联网优势掌握了大量的数据资源，数据非法交易猖獗、数据融合困难、企业大数据垄断现象突出、大数据相关法律体系尚不健全。近年来，排除市场竞争的反垄断案件层出不穷，如"3Q大战"、大众点评诉百度案、新浪微博诉脉脉案、Google案、Microsoft案、NHN公司案等，代表了一个数据垄断时代的到来，[1]这些案件意味着，数字科技产业并非反垄断法管辖的法外之地。顺应大数据时代的发展趋势，推动竞争法的创新与发展，提出大数据交易竞争法规制是顺应时代发展要求的。

（三）政策与规制

数字经济在中国发展迅速，而立法的滞后导致执法的困难。数字经济中存在着因交易主体、交易范围、数据质量不明确所导致的各种排除、限制行为、个人隐私泄露等交易风险，因此对大数据交易既要加强监管机制，还要制定专门的责任追究机制，对大数据交易中未来易出现的垄断行为责任主体给予实质性的处罚，以增强法治的威慑力。目前中国大数据交易主体主要依靠大数据交易平台来实现，但是目前尚未有关于大数据交易的立法，大数据交易监管相关的法律规范也有待完善。目前与大数据交易相关的法律详见表3-4。

表3-4　中国大数据规制法律（或政策、法规）进程（部分）

序号	名称	时间	简介
1	《关于维护互联网安全的决定》	2000	为保障互联网的运行安全和信息安全问题，促进我国互联网的健康发展，维护国家安全和社会公共利益，保护个人、法人和其他组织的合法权益，特作此决定。

---

〔1〕　许光耀："互联网产业中双边市场情形下支配地位滥用行为的反垄断法调整——兼评奇虎诉腾讯案"，载《法学评论》2018年第1期。

序号	名称	时间	简介
2	《电信条例》	2000	为了规范电信市场秩序，维护电信用户和电信业务经营者的合法权益，保障电信网络和信息的安全，促进电信业的健康发展，制定本条例。
3	《电子签名法》	2004	《电子签名法》是为了规范电子签名行为，确立电子签名的法律效力，维护有关各方的合法权益而制定的法律。
4	《2006—2020年国家信息化发展战略》	2006	大力推进信息化，是覆盖我国现代化建设全局的战略举措，是贯彻落实科学发展观、全面建设小康社会、构建社会主义和谐社会和建设创新型国家的迫切需要和必然选择。
5	《政府信息公开条例》	2007	为了保障公民、法人和其他组织依法获取政府信息，提高政府工作的透明度，促进依法行政，充分发挥政府信息对人民群众生产、生活和经济社会活动的服务作用，制定本条例。
6	《规范互联网信息服务市场秩序若干规定》	2011	为了规范互联网信息服务市场秩序，保护互联网信息服务提供者和用户的合法权益，促进互联网行业的健康发展，根据《电信条例》《互联网信息服务管理办法》等法律、行政法规的规定，制定本规定。
7	《关于加强网络信息保护的决定》	2012	为了保护网络信息安全，保障公民、法人和其他组织的合法权益，维护国家安全和社会公共利益。
8	《"十二五"国家战略性新兴产业发展规划》	2012	该规划分背景，指导思想、基本原则和发展目标，重点发展方向和主要任务，重大工程，政策措施，组织实施六部分。新一代信息技术产业是重点发展方向和主要任务之一。
9	《信息安全技术公共及商用服务信息系统个人信息保护指南》	2012	具体规定了个人敏感信息在收集和利用之前，必须首先获得个人信息主体明确授权。并规定了目的明确、最少够用、公开告知、个人同意、质量保证以及安全保障等基本原则。
10	《电信和互联网用户个人信息保护规定》	2013	是为了保护电信和互联网用户的合法权益，维护网络信息安全而制定的法规。
11	《促进大数据发展行动纲要》	2015	加快推动数据资源开放共享流通，强化数据资源在各领域应用，促进产业转型升级，培育发展新业态，拟依托国家重大建设项目库组织开展促进大数据发展重大工程。

续表

序号	名称	时间	简介
12	《中共中央关于制定国民经济和社会发展第十三个五年规划的建议》	2015	是为了制定国民经济和社会发展第十三个五年规划而制定的建议。……实施国家大数据战略，推进数据资源开放共享。……推进产业组织、商业模式、供应链、物流链创新，支持基于互联网的各类创新。
13	《关于组织实施促进大数据发展重大工程的通知》	2016	通知中提到四个"重点支持"，即大数据示范应用、大数据共享开放、基础设施统筹发展、数据要素流通。
14	《贵州省大数据发展应用促进条例》	2016	贵州省第十二届人民代表大会常务委员会第二十次会议通过了《贵州省大数据发展应用促进条例》，这是中国首部大数据地方性法规，将大数据产业纳入法治轨道。
15	《国家信息化发展战略纲要》	2016	本战略纲要是根据新形势对《2006—2020年国家信息化发展战略》的调整和发展，是规范和指导未来10年国家信息化发展的纲领性文件，是国家战略体系的重要组成部分，是信息化领域规划、政策制定的重要依据。
16	《国民经济和社会发展第十三个五年规划纲要》	2016	"十三五"时期是中国全面建成小康社会决胜阶段，是信息通信技术变革实现新突破的发轫阶段，是数字红利充分释放的扩展阶段，我国提出了实施国家大数据战略，全国各地开始成立大数据管理局。
17	《网络安全法》	2016	这是中国首部网络安全法，保护个人信息是其重要内容。
18	《国家网络空间安全战略》	2016	为数据的跨境流动、个人信息的保护和大数据的发展。
19	《电子商务法》	2018	《电子商务法》是政府调整、企业和个人以数据电文为交易手段，通过信息网络所产生的，因交易形式所引起的各种商事交易关系，以及与这种商事交易关系密切相关的社会关系、政府管理关系的法律规范的总称。
20	《关于平台经济领域的反垄断指南》	2021	国务院反垄断委员会制定，为了预防和制止平台经济领域垄断行为，保护市场公平竞争，促进平台经济规范有序创新健康发展，维护消费者利益和社会公共利益，根据《反垄断法》等法律规定，制定本指南。

续表

序号	名称	时间	简介
21	《数据安全法》	2021	《数据安全法》是为了规范数据处理活动，保障数据安全，促进数据开发利用，保护个人、组织的合法权益，维护国家主权、安全和发展利益，制定的法律。
22	《个人信息保护法》	2021	《个人信息保护法》是一部保护个人信息的法律条款，涉及法律名称的确立、立法模式问题、立法的意义和重要性、立法现状以及立法依据、法律的适用范围、法律的适用例外及其规定方式、个人信息处理的基本原则、与政府信息公开条例的关系、对政府机关与其他个人信息处理者的不同规制方式及其效果、协调个人信息保护与促进信息自由流动的关系、个人信息保护法在特定行业的适用问题、关于敏感个人信息问题，法律的执行机构、行业自律机制、信息主体权利、跨境信息交流问题，刑事责任问题。对个人及行业有着很大的作用。
23	《互联网信息服务算法推荐管理规定（征求意见稿）》	2021	为了规范互联网信息服务算法推荐活动，维护国家安全和社会公共利益，保护公民、法人和其他组织的合法权益，促进互联网信息服务健康发展，弘扬社会主义核心价值观，根据《网络安全法》《数据安全法》《个人信息保护法》《互联网信息服务管理办法》等法律、行政法规，制定本规定。
24	《网络安全审查办法》	2021	该办法规定，如果网络平台运营者的数据活动影响国家安全，或者掌握超过 100 万用户个人信息的网络平台运营者赴国外上市，必须进行网络安全审查。
25	《互联网信息服务算法推荐管理规定》	2021	此规定旨在加强对基于人工智能算法的监管，促进推荐算法使用的公平性和透明度。
26	《反垄断法》修正	2022	本次修正总结了反垄断法实施 14 年来的实践经验，顺应数字经济时代的监管要求，借鉴了国际反垄断规则理念，推出了"安全港"制度，并将建立反垄断公益诉讼机制等。
27	《未成年人网络保护条例（征求意见稿）》	2022	加强对未成年人个人信息的保护，包含对未成年人真实身份信息的确认、个人信息保护影响评估等。

这些规定对于个人数据信息收集的规范具有很重要的意义。但上述规范性文件，相对于大数据时代的数据信息收集保护利用等要求，存在着明显不

足。一是虽然有一些数据信息收集方面的规定，但都不是专门针对大数据制定的，有关大数据时代数据信息的收集利用等规定还缺乏系统性和更强的针对性。二是层级太低，而且大多不具有法律法规的效力，从而影响了其在规制数据信息收集等方面作用的发挥。有学者分析了我国个人数据信息保护制度现状，指出存在的主要问题是：个人信息保护缺乏顶层设计，个人信息权还没有被确认为一项新生的独立权利；个人数据保护专项立法滞后，超出传统隐私权范围的部分往往得不到有效的保护；数据保护没有明确的监管机构；数据保护制度体系不完善等。

（四）竞争法规制制度回应

我国《民法典》于 2021 年 1 月 1 日起实施，在人格权编专章规定"隐私权和个人信息保护"条文，《个人信息保护法》也于 2021 年 11 月 1 日起正式施行，我国在个人信息保护立法方面迎来历史性的突破。[1]结合我国的数据要素政策指引，当务之急是如何协调数据贸易政策、基本法与单行法之间的立体性与综合性的平衡，从而实现可以与世界数据贸易耦合关联的中国特色社会主义数据法律体系。

但是，由于《民法典》第 1034 条第 1 款另行规定"自然人的个人信息受法律保护"，因此引发了个人信息到底是法益，还是独立民事权利的理论争议，并衍生出隐私权与"个人信息权"的界分问题。从前文比较法的角度来看，因为数据贸易中的数据与互联网的特殊属性，不管是欧盟模式还是美国模式都没有从学理上对个人信息与隐私权进行区分。正如美国总统行政办公室提交的一份关于规划数字化未来的报告称："如何收集、保存、维护、管理、分析、共享正在呈指数级增长的数据是我们必须面对的一个重要挑战。……来自不同渠道的数据以不同的形式如潮水一般向我们涌来。"[2]美国并无隐私与个人信息保护的二分法，而是采"信息隐私"之概念并演绎出市场主义的"隐私控制论"；欧盟则在传统隐私权之外，另定个人数据保护规范，经由"个人数据保护权"化解数据隐私与数据利用之间的内在冲突。鉴于"一条条个人信息的价钱少得可怜，除非被收集的数据与更多来自相近社会经济类别

〔1〕　宫宜希："拥抱个人信息保护'法时代'"，载中国人大网，http://www.npc.gov.cn/npc/c30834/202202/0fa27677ce2240c7bc16adb13cf9b67f.shtml，最后访问时间：2022 年 7 月 4 日。

〔2〕　涂子沛：《大数据》，广西师范大学出版社 2013 年版，第 56 页。

的个人数据予以整合并加以利用，否则这些数据将一文不值"，[1]因此若承认自然人对个人数据享有权利，那么将其建立在维护人格尊严与自由而非所谓财产自由的基础之上则更具说服力，这也正是欧盟数据隐私保护的根本出发点。两大法系均认为个人信息中包含着多个人的私密信息，这是现代社会法律面临的课题，个人信息与隐私权在权利内容、权利边界等方面存在交叉，这也是难以区分二者的重要原因，但科学的立法应当能够全面保护公民的个人权利，因此对于个人信息与隐私权保护在立法上的利益衡量要达到的目的是"多赢"和"共和"。[2]因此，促进数据贸易发展的重要基础在于，在区分不同个人信息的基础上，促进数据流通与实现个人隐私权的保护。

在立法上，继《民法典》第1032条明定隐私权之后，《网络安全法》第37条规定了关键信息基础设施的运营者在中华人民共和国境内收集和产生的个人信息和重要数据应当在境内存储，如需向境外传输要获得许可的制度，但是该制度仅限于关键信息基础设施运营中收集、产生的个人信息和重要数据。同法第44条还规定，"任何个人和组织不得窃取或者以其他非法方式获取个人信息，不得非法出售或者非法向他人提供个人信息"。可以说，我国已经建立起基本的个人信息收集、使用、处理的法律框架，对于非法获取或出售个人信息已经明确禁止。2018年8月31日通过的《电子商务法》第18条第1款规定，"电子商务经营者根据消费者的兴趣爱好、消费习惯等特征向其提供商品或者服务的搜索结果的，应当同时向该消费者提供不针对其个人特征的选项，尊重和平等保护消费者合法权益"。该条限制了电子商务经营者对个人数据的分析行为，即电子商务经营者可以在取得"同意"后对用户的个人信息进行收集、使用并进行分析，但是提供搜索结果时应当同时带有非针对性的选项。这条规定表明，我国允许以正常的方式收集分析信息，但电子商务经营者不得营销和消费者隐私直接相关的私密物品，如向艾滋病人营销抗艾滋病药物。[3]直到《民法典》第1032条再次确认了自然人享有隐私权这

---

〔1〕 Joseph W. Jerome, "Buying and Selling Privacy: Big Data's Different Burdens", *Stanford Law Review Online*, Vol. 66, 2013.

〔2〕 张新宝："从隐私到个人信息：利益再衡量的理论与制度安排"，载《中国法学》2015年第3期。

〔3〕 赵旭东主编：《中华人民共和国电子商务法释义与原理》，中国法制出版社2018年版，第145页。

项独立的人格权利。《民法典》第 1032 条至第 1033 条关于隐私的立法仍遵循传统的隐私侵权理论，即将隐私权视为一项消极的、不被侵扰的权利，但作为缓和，又通过"权利人同意"赋权个人自行决定自己的隐私命运，尊重个人对其隐私的积极利用而非一味地消极防御。这是对《宪法》保护公民人身自由与人格尊严的基本权利规定的贯彻落实，也是"自然人享有基于人身自由和人格尊严产生的其他人格权益"的体现。[1]

在学理上，中国有学者从控制视角阐释隐私权，[2]亦有学者从私人生活安宁与生活秘密视角定义隐私权。[3]这些定义试图在私人领域与公共领域两个对立的二元空间划分中探寻隐私权的本质，存在要么过宽，要么过窄的问题。隐私权极难定义确是不争的事实。事实上，"隐私权的范围是一个动态平衡的范围"。[4]因此，与其陷入概念纷争，不如从实用主义出发，把隐私权看成是"开放的体系"，一个个不同而又相似的隐私将因此形成"一个隐私系列"。相较于形而上学性质的法学定义，法学的应用功能更需要提倡，隐私权的相关研究也是如此。对此，法学界不必纠缠于错综复杂的隐私权定义纷争，而应另辟蹊径，借助司法个案，展示隐私权的构成要件，从侧面叙明隐私权的具体内涵，对隐私权予以全景式把握。[5]如今，大数据已可量化一切，消费者的期望、观点、心理、行踪、消费习惯等都可被"数据化"。数据控制者可据此从事相关性分析，进行预测或推断而非因果关系解释。而且，移动互联网技术已使网络空间与现实世界乃至私人与公共领域的边界变得越来越模糊，越来越多的人乐于分享自己的个人活动、生活场景甚至思想观点。因此，开放的隐私观或许才是呼应大数据时代隐私挑战的合适选择。如此，至少可把数据控制者通过相关性分析从而预测或推断出的某种"事实"（"预测性隐私"）纳入隐私权保护范围。[6]

---

〔1〕　程啸："民法典编纂视野下的个人信息保护"，载《中国法学》2019 年第 4 期。

〔2〕　杨立新：《人格权法》，法律出版社 2011 年版，第 599 页。

〔3〕　王利明："论个人信息权的法律保护——以个人信息权与隐私权的界分为中心"，载《现代法学》2013 年第 4 期。

〔4〕　徐明："大数据时代的隐私危机及其侵权法应对"，载《中国法学》2017 年第 1 期。

〔5〕　王立志："隐私权之定义是否可能"，载《政治与法律》2015 年第 8 期。

〔6〕　解正山："数据驱动时代的数据隐私保护——从个人控制到数据控制者信义义务"，载《法商研究》2020 年第 2 期。

在司法实践中，多是审查收集、使用个人信息的行为是否侵犯了自然人的隐私权、名誉权或其他一般人格权。值得注意的是，中国在个人信息保护立法精神层面，同样强调个人对于个人信息的控制权，且较之于欧美有过之而无不及。在 2012 年《关于加强网络信息保护的决定》第 2 条首次规定收集、使用个人信息前应经被收集者"同意"，《网络安全法》第 22 条和第 41 条、《征信业管理条例》第 14 条第 2 款等随即继受了用户"同意"这一收集、使用个人信息的前置性要求，《民法典》第 111 条关于获取他人个人信息"应当依法取得"之规定亦不难解释出个人"同意"的意涵。《民法典》第 1034 条至第 1038 条则吸纳了现有个人信息保护的基本原则与制度内容，并增加了自然人对其个人数据的查阅权、更正权以及删除权等数据权利。这些规定与欧美隐私立法中的个人控制导向并无本质差异，均反映了立法者对数据主体尊严或自由的尊重。不过，相较于中国个人信息保护立法将"知情同意"作为一般性条文，是信息权利人对其个人信息支配权的具体体现；[1]欧盟仅将"同意"作为个人数据收集、处理及使用的法律依据之一，而非唯一的合法性基础；美国法则只是强调场景不一致情形下的数据处理及利用行为需获得用户"同意"。相较而言，《通用数据保护条例》（GDPR）赋予数据主体更加广泛的数据使用携带权，在我国现有法律框架下还找不到与之对应的单行法制度。

由于数字贸易背景下个人和大型数字技术型公司之间的信息不对称和实力不对等，仅仅依靠用户个人的维权是不够的，为此《通用数据保护条例》（GDPR）规定了严格的法律责任，并且依赖欧盟委员会这一强大的行政机关实施。而我国《网络安全法》和《电子商务法》规定的行政罚款从几千元到数十万元，即便是针对电子商务平台经营者的顶格罚款也不超过 200 万元，这一处罚力度和《通用数据保护条例》（GDPR）相比差距甚大，实践中将对违法企业缺乏威慑力。2016 年，中国 6.88 亿网民因个人信息泄露等承受经济损失达 915 亿元。[2]2020 年中国国家计算机病毒应急处理中心在"净网

---

〔1〕 王利明："数据共享与个人信息保护"，载《现代法学》2019 年第 1 期。

〔2〕 孙宪忠："关于尽快制定我国《个人信息保护法》的建议"，载中国社会科学网，http://www.cssn.cn/fx/201710/t20171016_ 3668348_ 2. shtml？COLLCC = 2143912510&，最后访问时间：2022 年 7 月 2 日。

2020"专项行动中通过监测发现，多款民宿、会议类移动应用存在隐私不合规行为。违反《网络安全法》相关规定，涉嫌超范围采集个人隐私信息。实际上，2018 年中国才出现第一起个人信息安全消费者民事公益诉讼。案件的起因是江苏省消费者权益保护委员会在结合手机应用市场上侵犯消费者个人信息的情况进行调查。[1]我国民众目前对侵害个人隐私权的行为缺乏维权意识，用户起诉企业违规行为的情况少。起诉作为一种迫使企业改正其违规行为的措施被使用，企业已经实施的侵权行为并未被处以任何惩罚措施。这种情况可以从侧面证明我国当前监管的缺失和处罚力度的不足。我国 2021 年通过的《数据安全法》第 45 条第 2 款规定，违反国家核心数据管理制度，危害国家主权、安全和发展利益的，将面临严重的法律后果，处以最高 1000 万元的行政罚款，吊销营业执照或许可证，甚至会被追究刑事责任。该法对监管缺失和处罚力度不足的困境能起到良好的缓解作用。法律本身的价值就在于实现公平正义，企业违法违规使用用户个人信息的行为既然已经发生，就应当使其承担相应的法律责任。如果因为已经及时纠正违法行为就可以免于处罚，那么已经受到损害的用户的隐私权又将处于何地。对隐私权被损害的用户来说，他们并未获得真正的正义，既往的损失仍在，受损的利益也未得到赔偿。为了弥补个人与大型数据公司之间实力的差距，我国 2021 年 12 月 31日还公布了《互联网信息服务算法推荐管理规定》，并展开了"清朗"系列专项行动，促进了网络算法使用的公平性与透明度，要求互联网平台推送信息必须以显著方式告知用户，同时整改互联网企业平台算法不合理带来的"信息茧房"和"算法歧视"等问题。为了保护未成年人数据隐私，还推出了《未成年人网络保护条例（征求意见稿）》，并加强了针对未成年人智能终端产品的执法力度。2022 年 7 月 21 日，国家互联网信息办公室依据《网络安全法》《数据安全法》《个人信息保护法》《行政处罚法》等法律法规，因涉及个人隐私数据泄露等问题，对滴滴全球股份有限公司处 80.26 亿元罚款，同时要求企业进行全面整改。对于滴滴的重罚，是我国大数据交易法律规制具有里程碑的事件，表明了国家对于个人信息安全和隐私的充分尊重，借此治理行业乱象。

---

[1]　张鑫："中消协：支持江苏消保委对百度提起公益诉讼"，载网易网，https://www.163.com/tech/article/D7NKBIOH00097U7R.html，最后访问时间：2022 年 7 月 2 日。

作为经济发展的前沿领域，我国数字经济和贸易近年来获得快速发展，部分大型数字技术性公司已经开始布局跨国经营。强化数字企业隐私保护措施，以避免中国数字企业走出国门从事相关数字贸易活动时缺乏隐私保护意识，也可能会导致外国数字巨头在华开展业务时降低中国市场的隐私保护水平。因此，看似仅在国内法层面规定的个人隐私和数据保护措施，实际上对中国数字技术型公司开展对外贸易活动，或者对外国企业在华开展数字经济和贸易活动都会产生深远的影响。

从中国未来的立法走向来看，欧盟关于个人数据的立法，呈现出法律效力从弱到强、法律规则从一般到特殊再到抽象、立法体系从碎片化到一体化的渐进特征。[1] 以指令立法为起始，初步建构了欧盟数据保护法的法律基础和体系，对"从无到有"建构欧盟数据法而言是符合当时的科技生产力水平与司法实践的，[2] 经历了"条例"一体化的规制时期，形成了典型的法律工具。基于数据要素政策的指引和促进数字贸易发展的考虑，与以"数据基本权利"为基础的欧盟《通用数据保护条例》（GDPR）相比，中国更偏向于以"促进数据自由流动和便捷交易为价值取向"的美国《加利福尼亚州消费者隐私法案》（CCPA）模式，因为"安全风险防范为主兼顾数字经济发展"的中国数据立法模式与《通用数据保护条例》（GDPR）并不兼容，而"个人信息隐私保护和数字经济发展的平衡"是中国特色的个人信息立法体系将会遵守的主要指导原则。

（五）竞争法规制案例回应

1. 案例介绍[3]

近年来，在中国关于市场支配认定的案件有逐渐增多的趋势，本书以《反垄断法》颁布实施以来第一件典型的垄断案件为例。2008 年 3 月，唐山人人公司在百度网站进行竞价排名。2008 年 5 月，唐山人人公司在百度网站进行检索后，发现仅有四项自然排名部分的搜索结果符合查询要求。因此，唐山人人公司认为百度公司对其在排名结果中进行了全面屏蔽，并据此向北

---

〔1〕 金晶："欧盟《一般数据保护条例》：演进、要点与疑义"，载《欧洲研究》2018 年第 4 期。

〔2〕 European Commission, Commission Staff Working Paper, Impact Assessment, Brussels, 01. 2012 SEC, 72 final, Annex 2, 21f.

〔3〕 北京市第一中级人民法院，（2009）中民初字第 845 号。

京市第一中级人民法院起诉。唐山人人公司主张百度公司的行为属于 2007 年公布的《反垄断法》第 17 条第 1 款第 4 项，即"没有正当理由，限定交易相对人只能与其进行交易或者只能与其指定的经营者进行交易"。[1]唐山人人公司在一审、二审期间先后提交数份证据，以此来证明百度公司市场的支配地位。法院认定，百度公司不构成滥用市场支配地位的行为，唐山人人公司指控百度公司构成垄断行为的主张未能得到支持。

2. 案例分析

本案中，百度公司作为全球最大的中文搜索引擎，单一品牌用户到达率在中国所有互联网站中最高。百度付费搜索业务一直保持快速增长的重要原因，是百度已经在搜索引擎市场稳稳占据 70% 以上市场份额，如果在百度平台上进行推广，则客户的广告影响效应几乎扩大到中国全体网民。法院认为，虽然唐山人人公司所主张的相关市场范围得到了法院的肯定，但是由于其未能提出充分证据证明百度公司在相关市场占据市场支配地位，因缺乏必要前提，其主张百度公司实施了滥用市场支配地位的理由不能成立。因此，其指控百度公司构成垄断行为的主张未能得到支持，百度公司不构成滥用市场支配地位的行为。

数字经济下的大数据相关的业务主要涉及具有双边市场特征的在线平台，这种业务或市场的支配地位认定不同于单边市场，市场边界远不如传统领域那么清晰，存在较大的模糊性，因而市场份额对于衡量企业力量的指标作用被大大减弱了。[2]并且，从以上案例也可看出，处于市场弱势地位的消费者难以挑战经营者提供的形式上的各项用户协议、隐私条款等，而且也没有精力和成本与经营者进行一对一的谈判。《消费者权益保护法》和《个人信息保护法》固然有其重要作用，但也有难以覆盖到的角落。以规范市场公平竞争秩序、维护消费者利益为己任的反垄断执法部门应当积极介入。2022 年 6 月，我国通过了《关于修改〈中华人民共和国反垄断法〉的决定》，并于 2022 年 8 月 1 日起施行。在过去 14 年里，我国国内外的环境都发生了巨大的变化，

---

[1] 潘伟："判断经营者滥用市场支配地位问题研究——'百度搜索引擎服务'垄断纠纷案评析"，载《科技与法律》2010 年第 6 期。

[2] 朱理："互联网领域竞争行为的法律边界：挑战与司法回应"，载《竞争政策研究》2015 年第 1 期。

本次《反垄断法》的修改正是为了适应新的形势。相较以往的法律法规，其具有以下几个亮点：首先，以往法律规定的罚则过轻，违法成本过低，本次修改增加了违法成本，大幅加大了处罚力度；其次，本次修改优化了经营者集中申报审查制度，正式建立了"停表"制度，并且增设了纵向垄断协议的"安全港"制度；再次，此次修改首次将平台经济领域的反垄断规制从指南上升到法律层面，不仅在总则中规定不得实施垄断行为，而且在滥用市场支配地位一章中专门规定具有市场支配地位的经营者不得滥用市场支配地位进行垄断；最后，本次修改确立了检察院提起反垄断民事公益诉讼制度。[1]

从以上各国家和地区的经验可以看出，互联网治理应是多策并施、齐抓共管，建立系统性、综合性、协调性制度体系的过程。美国、欧盟与韩国在这当中始终强调法律在体系中先导性、顶层性的地位。如在云计算、大数据、信息保护产业兴起的早期，就将完善法律制度建设作为行业发展重要保障措施，并持续推动立法进程。并且，各国家和地区政府高度重视大数据产业的发展，并为其提供政策支持，主要在制定战略方针、协调政府组织开放数据源等方面发挥作用。把应对大数据技术革命带来的机遇和挑战提高到国家战略层面，形成了全国动员的格局，也在很大程度上为大数据产业的发展提供资金支持。更在法律出台后，以法律为统领和依据，制定战略和具体执行规划等政策，确保法律的有效落实。

---

〔1〕 王晓晔："《反垄断法（修正草案）》的评析"，载《当代法学》2022 年第 3 期。

第四章
大数据交易竞争法规制动向

一、大数据交易竞争法规制原则新型构建

大数据交易产生于数字平台之上，现行法律的滞后性使得平台交易缺乏有效的竞争法规制原则，因此有必要从数字平台的内在属性出发，解读依托数字平台发展的大数据交易应适用的基本原则。

平台利用数字技术以全新的方式创造和获取价值，数字革命对平台的组织、管理和收益方式造成了冲击性的影响。数字平台及其影响的生态系统是数字时代市场竞争中的新型且主要的组织形式，但是平台自产生以来的中立性在目前数字平台组织模式下存在悖论：数字平台分散创造价值的模式与平台经济（数据）市场交易中集中获取价值的模式相冲突，使数字平台极易失去平台的中介性且对其数字市场系统中的成员具有歧视性，继而引发数字平台主体滥用支配权利、侵犯隐私等方面的问题。此时可以引入平台中立性的概念。平台作为中介的意义由来已久，指的是一个特定的空间或在此过程中为具有不同目的的用户提供服务的一种中介形式；是一种居中撮合、连接拥有多种需求且相互依赖的两个或多个不同类型的用户群体，为其提供互动机制，以促进不同用户群体之间的交互与匹配，满足彼此的需求，并在他们之间产生的外部性、内部化的市场组织形态。[1]Moazed & Johnson 认为，"平台不拥有生产资料，而是产生连接工具"，[2]即平台功能的核心是成为用户群的中介作用，这是理解平台意义的基础。在数字经济时代，在平台的固有含义

---

〔1〕 王磊、马源："新兴互联网平台的'设施'属性及监管"，载《宏观经济管理》2019 年第10 期。

〔2〕 Alex Moazed, Nicholas L. Johnson, Modern Monopolies, "What It Takes to Dominate the 21st Century Economy", Macmillan, 2016, p. 30.

上添加了新的功能，并在概念上进行了更新和扩展，该术语作为新的商业模式或增长的动力乃至战略目标的意义正在扩大，随着与互联网经济的深度融合，平台中立性的意义从传统的竞争中立性经过网络中立性最终演化为具有差异化的数字平台中立性。根据我国《关于平台经济领域的反垄断指南》第2条规定，平台是指通过网络信息技术，使相互依赖的双边或者多边主体在特定载体提供的规则下交互，以此共同创造价值的商业组织形态；平台经济领域经营者，包括平台经营者、平台内经营者以及其他参与平台经济的经营者。欧美学者从技术方面给出了平台的一般定义，平台是"通过限制其他要素之间的连接（by constraining）来支持系统内多样性和进化可能性的稳定要素的集合"。[1]这种定义的核心是平台既具有封闭性，也具有开放性，一方面控制多样性，另一方面建立自我发展的支撑体系（关键是建立既能控制多样性又能自我发展的支持体系）。平台的演进过程表明，基于数字化（digitalization）的技术发展，其自我控制的功能已经得到了加强和扩大。以电子方式处理、存储、发送和接收信息功能的迅速蔓延，使大部分传统经济活动被在线经济行为取代。由此带来的连通性提升，为平台功能在新型经济层面上的运行创造了环境。[2]自20世纪90年代以来，以互联网为基础的数字平台与大量用户建立了联系，从而使其交易规模迅速扩大。

大数据交易的竞争法规制需要明晰平台中立性的意义，明确监管方向，审查数字平台的社会责任，构建中国竞争法语境下的平台监管法律规范。

（一）平台价值的解读

平台要保持中立是指平台的功能要具有中介性，平台的中介功能要求有两个或两个以上可分离的用户群的存在，而平台中立性要求平台须承担一定的义务。这是对平台运营者的规范要求，意味着对参加平台的用户需要进行非歧视性的对待。而"歧视性对待"本质是一个竞争法问题，与平台固有特性（卡特尔）内化趋势扩张为控制力的问题深度相关。因此，数字经济时代，对平台中立的解读需要从其新型商业模式下产生价值的功能进行解读。

---

〔1〕 Carliss Y. Baldwin, C. Jason Woodard, "The Architecture of Platforms: A Unified View. Annabelle Gawer, Platforms, Markets and Innovation", Edward Elgar Publishing, 2009, p. 17.

〔2〕 Irving Wladawsky-Berger, "The Rise of the Platform Economy", The Wall Street Journal, 2016. 02. 15.

一是创造价值。平台创造的价值比交易各方单独获得的价值总和更多,[1]这将是推动平台持续扩大的主要动因。这种价值的创造多数是通过降低交易成本来实现的。一般而言,交易费用[2]由搜索费用、谈判费用和履约费用组成,由数字经济下平台驱动的中介朝着减少各环节费用的方向发挥作用。具体包括:(1)构建确定用户参与方式的架构;(2)以算法设计通过(显著)降低浏览成本来吸引用户;(3)在交易过程中,双向沟通结构的提供以及确保支付方式简明履行的手段等,都为交易成本的降低作出了贡献。由此可见,平台一直在朝着降低交易成本的方向演进,但平台的价值创造并不局限于此。以 Netflix[3]为例,内容提供者和用户的交互可以在单一的平台上进行,通过算法计算用户搜索和使用内容时产生的流量,形成双向的信息循环结构,可以制作直接反映用户需求的内容,从而超越交易过程,实现新的价值创造。[4]

二是分配价值,即平台经营者需要执行将平台创造的价值分配给用户的功能,并在期待者(潜在消费者)无法适当行使时或者持续参与时使用,进而建立前后方多种服务相结合的生态系统。[5]这种机制将成为平台注意适当价值分配的诱因,直观上与市场功能驱动的自主控制同义,但是在具有可得收益的情况下,平台经营者价值分配的自主控制功能会出现偏颇。即在有利于自己的情况下,基于自身控制力进行价值分配时,有可能会出现寻租行为(rent seeking),当缺乏监管机制时,平台自身的中立性原则将具有维持竞争秩序的具体意义。平台的寻租行为,表现为平台直接或间接参与提供中介服

---

〔1〕 최계영,디지털 플랫폼의 경제학 I:빅데이터 AI시대 디지털 시장의 경쟁 이슈, KISDI Pre-mium Report, 2020, 20면.

〔2〕 交易费用(又称为交易成本)是一个经济学概念,是指完成一笔交易时,交易双方在买卖前后所产生的各种与此交易相关的成本。学术界一般认可交易费用可分为广义交易费用和狭义交易费用两种。广义交易费用包括一切非鲁滨逊经济中出现的费用,即为了冲破一切阻碍,达成交易所需要的有形及无形的成本。狭义交易费用是指市场交易费用,即外生交易费用。包括搜索费用、谈判费用以及履约费用。

〔3〕 Netflix(Nasdaq NFLX)美国奈飞公司,简称网飞,是一家会员订阅制的流媒播放平台,总部位于美国加利福尼亚州洛斯盖图。

〔4〕 정승애、임대근:《넷플릭스의 초국가적 유통 전략과 그 비판: 콘텐츠 비즈니스 모델과 모순적 로컬 라이제이션을 바탕으로》,글로벌문화콘텐츠학회 동계학술대회, 2018, 200-201면 참조.

〔5〕 송태원:《인터넷 플랫폼 시장에서 경쟁제한의 우려와 규제방안에 대한 고찰》,경제법연구,제17권제1호, 2018, 108면.

务的情况，即平台既向不同的用户群提供平台中介服务，自己也是用户群其中的一员。当平台为自己提供具有最优惠待遇的中介服务而区别对待接受该中介服务的其他用户群时，构成了平台中立性问题的核心。[1]平台运营者通过人工智能深度学习技术或调整搜索引擎算法等多种方式区别对待用户，从而追求自身利益最大化。此时，平台生态系统的治理不限于规则制定，还包括向生态系统成员发送承诺以吸引更多用户加入平台，当某个平台形成市场垄断地位时，该平台作为私人监管者便容易出现问题。此时，数字经济下的平台中立性早已偏离了传统的平台中立性，从创造价值功能中获取利益，从分配价值功能中排挤竞争对手。

自 21 世纪 10 年代中期开始，关于平台失去中立性的批判性学说出现，其主要内容针对的是平台支配力的扩大化，以及伴随而来的负面现象，即集中在大平台上的权力（power）对民主价值的侵犯，使长期处于平台上的用户被动化（自主决策权的缺失），以平台为核心的生态系统内产生劳资关系问题（零工经济）等。[2]现有监管体系对问题平台行为的应对性或要求平台行为符合中立性原则的规范，是否会产生限制平台自主演进等负面效应存在立场差异，这是导致平台中立成为争议性概念的重要因素。但无论是哪一种立场，都不否认平台的进化最终要以服务于消费者福利为导向。平台中立性原则对于平台经济的规制应符合经济发展动向，在平台本身实现功能价值时正视其对经济发展的正向作用，并在相关细分领域明确差异化监管方向。

（二）平台中立的演变

数字平台的产生代表着行业的变革，以平台为中心的在线交易成为新的商业模式。实践中，具有公共基础性质的平台成为数字经济中的"守门人"，这违背了互联网设计的初衷，通常被称为从"管道行业向平台行业的转型"（Shift from pipes to platforms）。[3]数字平台的价值是由相互依赖的用户群之间

---

〔1〕 Friso Bostoen, "Platform Neutrality：Hipster Antitrust or Logical Next Step? (Part I)", Kuleuven, 2017. 12. 12.

〔2〕 Eve Smith, "The techlash against Amazon, Facebook and Google—and what they can do", The Economist, 2018. 01. 20.

〔3〕 "管道"原则也指"笨水管"原则，在互联网设计初期，将电信行业、互联网行业秉承美国 1934 年发行的《通讯法案》中的"公共承运人"原则，是指传输数据的网络应当类似于城市供水系统中的水管，无论用户是什么身份，这些水管都会为所有用户提供稳定的供水。

的交流创造的；[1]在以生产者和消费者为代表的用户群中，平台作为中介的价值并不是停留在单向价值输出的传递者角色上，而是通过网络效应、用户内容（用户需求、用户依赖）和自我改善系统（深度学习、大数据挖掘、人工智能）等功能创造新的价值。[2]然而，当平台不具备足够的技术和经济条件吸引和连接多数用户，或者作为一种商业模式未能实现盈利时，平台将很难再有持续性，在赢家通吃的局面下成为出局者。[3]大数据作为现代经济活动创造的一种全新的资源要素，是数据平台企业价值的来源。[4]数据的储存量以及算法技术是否强大成为吸引用户参与到平台的循环结构中的关键要素，使平台的竞争优势持续增加并得到巩固。以分布式的生态逐步收敛，社交、娱乐、交易开始聚拢于一些主导性的互联网平台，平台经济由此崛起，[5]世界各地有代表性的头部平台企业比如 Google、Microsoft、Facebook 或是我国的BAT（百度、阿里巴巴、腾讯）通过收购、控股、参股等方式将其业务跨向不同领域，从而使得各头部平台加持的数字应用业务更加具有优势，使得每一个细分领域都呈现出高度集中的市场结构，并都持续了较长一段时间，但不同细分领域的具体竞争态势与竞争强度仍有所区别。[6]

　　除平台的本质功能——用户群之间的中介功能之外，平台都以网络效应为导向，依赖于平台增长的用户会促进其他用户价值的增长，即平台交叉补贴[7]

〔1〕　Sangeet Paul Choudary，"Why Business Models fail：Pipes vs. Platforms"，Wired Magazine，2013.

〔2〕　Te Fu Chen，"Building a Platform of Business Model 2. 0 to Creating Real Business Value with Web 2. 0 for Web Information Services Industry"，International Journal of Electronic Business Management，Vol. 7，No. 3，2009，pp. 168-180.

〔3〕　在搜索引擎服务市场中被竞争挤压而失败的例子，可参见 Yahoo。

〔4〕　侯晓东、程恩富："基于产权视角的平台经济反垄断治理研究"，载《管理学刊》2021 年第2 期。

〔5〕　赵鹏："平台公正：互联网平台法律规制的基本原则"，载《人民论坛·学术前沿》2021 年第21 期。

〔6〕　王先林："平台经济领域垄断和反垄断问题的法律思考"，载《浙江工商大学学报》2021 年第4 期。

〔7〕　交叉辅助策略（Network Effect）是平台用来产生网络效应的典型策略。通过辅助特定的用户群来寻求整体交易的增量，交叉辅助已经成为平台的运营方式之一。重要的是在平台的体系结构和算法中实现能够持续吸引用户的吸引体系。See Geoffrey G. Parker，Marshall W. Van Alstyne，"Two-Sided Network Effects：A Theory of Information Product Design"，Management Science，Vol. 51，No. 10，2005，p. 1498.

的商业模式，其依赖于数据生成、数据捕获以及数据使用。[1]此外，在平台的中介过程中，新创造的价值得到适当的分配，并给予用户持续的信心，这将是一个强有力的诱因。[2]进而为了将其稳定下来，平台更倾向于以自身为中心的生态系统的构建，将平台上中介的服务和前后方相关的商家囊括其中，有时甚至延伸到线下。[3]这成为平台成长固有的某种趋势，平台的网络效应和生态系统建设，与平台控制力的加强乃至扩大如出一辙。

（三）平台矛盾的破解

1. 数字竞争矛盾的表现形式

数字平台利用算法技术进行用户匹配与资源交换，不仅克服区域障碍，实现全球的资源整合，还通过平台治理为平台用户群创造价值。可是平台治理包括平台规则的制定与执行，如果按照平台的传统中立原则进行规范性解释，平台应为在其之上展开数字经济活动的监管者，保护用户的交易安全，维护平台市场秩序，为互联网分布式经济活动提供平等的交易机会。实践中，平台不仅是平台规则的制定者还是规则的执行者，控制市场走向、对交易对象进行行为预测或者设置市场屏障，阻碍竞争者进入市场。数字平台以创新技术整合分散的数据资源，使大量分散的主体既能够通过互联网进行有效的分工、协作，又不依赖某个或某几个位居中心位置的企业，形成一种智慧在终端的数字经济生态，[4]使互联网经济从最初的去中心化转变为再中心化的趋势，形成集中式的价值捕获。

2. 数字竞争矛盾之破解动向

平台运营者是平台规则的制定者与执行者。平台中立性可填补数字平台在数据交易过程中的竞争法监管的滞后情形。依据现行竞争法规范，对数字

---

〔1〕 21世纪10年代Google超越Yahoo和Bing，在世界搜索市场上占据了压倒性的份额，这在很大程度上得益于采用PageRank算法使搜索质量得到改善。

〔2〕 David S. Evans, Richard L. Schmalensee, "Matchmakers: The New Economics of MultisidedPlatforms", Harvard Business Review Press, 2016, pp. 35-37.

〔3〕 企业生态系统存在的目的是生产价值复合体（value complex），它是一组相互连接并提供价值的产品和服务。平台是价值复合体的组成部分共同分享的，并以其为媒介相互联系的基础要素。例如，Windows提供了多种应用程序。

〔4〕 See Zittrain J., "The Generative Internet", Harvard Law Review, 2006, Vol. 119, No. 7, pp. 1974-2040. 转引自赵鹏，"平台公正：互联网平台法律规制的基本原则"，载《人民论坛·学术前沿》2021年第21期。

平台的监管分为事前监管与事后监管,[1]非歧视意义的中立原则主要在事后监管中对交易秩序发挥作用;[2]事前监管对于数据交易的权属问题缺乏充分的依据,[3]需要有法理依据为其进行立法辩护,此时如需以中立原则对其进行解释,需要以保护法益的目标为事实评价基础,制定新的规制依据方式。由于数字平台所形成的市场结构是基于算法调整的中介过程,组织用户群参与架构、设计用户群之间沟通的构建,该过程几乎由平台自主决定,可天然性地获得控制权,在网络效应与收获递增原则的作用下,控制力将持续保持上升。比如在 Google Shoppin 案件中,美国联邦贸易委员会(FTC)认为 Google 对搜索引擎算法进行了调整,使 Google 自己运营的比价网站 Google Shoppin 与其他竞争网站相比更有利。该结论的依据在于搜索平台的控制权归 Google 所有,Google 既制定规则又参与竞争,使平台运营失去中立性。[4]数字平台运营者是算法技术的设计者与控制者,数据的积累过程实际上是用户参与网络活动的各种轨迹,通过对数据的存储、管理、分析等最终演化成具有经济价值的成果,也为平台形成巨大的数据库提供来源。其中,算法技术实现了数据创造价值的功能,存在于数据流转的各个阶段,收集、分析必要的分散信息后进行聚合和重组,创造新的需求并形成新的生态系统,而这系统的核心依然基于平台运营者对平台的控制权,制定规则并服从规则,平台在算法设置下,直接或间接参与到撮合交易的信息提供或价值分配的情形中,有可能影响消费者福利或设置市场进入障碍。美国联邦贸易委员会(FTC)指出,平台的算法设置等可以作为平台间竞争的重要因素来考虑。[5]平台运营者是技术创新的支配者与限制者。平台创造价值功能的实现得益于创新系统的建设,用户群在短期内进行匹配与沟通,使平台的竞争力不断增强,从而得以

---

[1] 刺森:"平台经济领域中算法协同行为的治理机制研究",载《经济问题》2022 年第 3 期。

[2] 除竞争法之外,消费者法、个人信息保护法等都可以成为基于平台中立概念进行监管的法律领域。

[3] 陈越峰:"超越数据界权:数据处理的双重公法构造",载《华东政法大学学报》2022 年第 1 期。

[4] Statement of the Federal Trade Commission Regarding Google's Search Practices In the Matter of Google Inc. , FTC File Number 111-0163, 2013. 01. 03. Google Search Shopping Case, 2017. 06. 27, paras. 593-596.

[5] 国瀚文:"滥用市场支配地位隐私权保护研究——以完善数据要素市场为背景",载《商业研究》2020 年第 10 期。

获得更多的数据资源，进而训练技术、开发技术、培养算力。技术的不断创新产生于平台系统的构建中，平台支配创新路径的实现，同时有可能阻断同行业竞争者创新业务的发展。创新是数字经济发展的关键要素，没有创新就没有数字经济的实现，可是从竞争法角度对创新施以具有实效性的约束依然缺乏充分的法学理论依据。

二、大数据交易中个人信息竞争法保护方向

数字时代，平台企业在大数据驱动创新的过程中产生收益，产品的质量得以提升，也给消费者带来了相应的好处。同时，掌握和处理数据的能力也成为认定平台具有市场支配地位的技术条件，[1]所以，在大数据交易市场中逐渐出现具有垄断风险的企业。同时消费者的个人隐私被侵犯的问题逐渐增多。世界范围内，欧洲数据保护主管机构（the EU Data Protection Supervisors, EDPS）认为，即使竞争法律并不是针对侵犯隐私规定的，但毫无疑问，隐私泄露可以作为竞争的非价格因素或可变因素来发挥作用。[2]也就是说，数字经济下数据保护、竞争法与消费者保护之间是相互作用的，以反垄断法对侵犯消费者隐私的平台企业进行规制是必然趋势。[3]由 Google 和 Facebook 等数字市场主导的大型 IT 公司在韩国造成的巨大数据垄断，以及这些大数据的收集导致的不公平做法，逐渐引起韩国公平交易委员会的重视。由于韩国《个人信息保护法》的严格实行，韩国公平交易委员会也以此为法律依据进行监管规制，通过规范大型 IT 公司滥用大数据和数字市场中的垄断地位来保护消费者。本章从中国的竞争法律体系构建出发，从历史到现状，叙述中国对于个人信息保护的竞争法规制趋势。

通过比较，我们得出这样的结论：中国的竞争法是为适应时代的变化而制定与发展的。因此，对个人信息保护的竞争法的规制，要以市场经济基础

---

〔1〕 孙晋："数字平台垄断与数字竞争规则的建构"，载《法律科学（西北政法大学学报）》2021 年第 4 期。

〔2〕 European Commission, "Cybersecurity Strategy of the European Union: An Open, Safe and Secure Cyberspace", http://eeas. europa. eu/policies/eu-cyber-security/cubsec_ comm_ en. pdf.

〔3〕 杨正泽："聚焦美国和欧盟'隐私护盾公约'"，载中国经济网，http://intl. ce. cn/specials/zxgjzh/201608/26/t20160826_ 15286617. shtml，最后访问时间：2022 年 2 月 20 日。

为前提，加强对非法垄断行为的规制，维护正常的市场秩序。[1]数字经济中，各国既有案例中有很多涉及个人信息的反垄断规制问题，在数据竞争规制的理论文献中也较为常见。近两年国际理论界出现了一批研究论文，以及有前瞻性的国家的竞争执法部门还相继发布了相关研究报告。这意味着涉数据企业的市场地位，在很大程度上对个人信息以及自由、有序的数据市场竞争存在着违反竞争法则的威胁。

以竞争法对个人信息进行保护，应依托平台进行反垄断规制，主要是对采用数据驱动型商业模式的企业滥用其拥有的市场支配地位进行规制。[2]各国在对待滥用市场支配地位行为上都有着严格的规定，特别是在认定市场交易中的特定企业是否拥有市场支配地位，以及该拥有市场支配地位的企业，是否有相关充分有效的竞争约束进行规制是十分必要的。虽然数据具有广泛性和非排他性，但是处于市场竞争中的交易依然不会颠覆经济法学的原理，对于大数据形成的垄断不仅要在理论上加以分析、定性，还要在实践中达到稳妥的应对。大数据经营者的滥用行为会排斥竞争，对市场和国家经济安全产生威胁，损害消费者利益。[3]这种实质性损害后果的产生可能是现实存在的或已经发生的，也可能不像传统行业那样立刻显现，在预期的时间里能够或即将发生。所以出于这些原因，欧盟数据库指令只对特殊权利下的数据提供 15 年的保护。[4]然而，对于数字信息时代的某些类型的数据来说，15 年仍然可能接近无穷大。

经济合作与发展组织（OECD）的主要议题之一，[5]是人工智能技术是否被用于公司之间进行促进企业的兼并与收购行为的实现。根据经济合作与发展组织（OECD）提出的白皮书，认定数字企业垄断不要求其达成传统反垄断规制认定的"共识行为"，只要在认定过程中有涉及垄断嫌疑的即可进行调

---

〔1〕　吴垠："平台经济反垄断与保障国家经济安全"，载《马克思主义研究》2021 年第 12 期。

〔2〕　Maureen K. Ohlhausen, Alexander P. Okuliar, "Competition, Consumer Protection, and Right to Privacy", Antitrust Law Journal, Vol. 80, 2015, p. 134.

〔3〕　吴垠："平台经济反垄断与保障国家经济安全"，载《马克思主义研究》2021 年第 12 期。

〔4〕　Directive 96/9/EC of the European Parliament and of the Council of 11 March 1996 on the legal protection of databases, 1996. 03, https://eur-lex. europa. eu/eli/dir/1996/9/oj.

〔5〕　Jacques Crémer & Yves-Alexandre de Montjoye & Heike Schweitzer, "Competition Policy for the digital era", Cataloguenumber: KD-04-19-345-EN-N of European Union, http://ec. europa. eu/competition/publications/reports/kd0419345enn. pdf.

查。由此可见竞争格局如何被改变。[1]大数据和数据之间最大的区别是收购基础。由于大数据基于消费者数据，因此为了收集和保留大数据，先进入互联网的企业将会利用优势的数据驱动技术保留大量的大数据。其他后进入的企业将会受制于大数据的获取，从而大数据交易有可能形成一个恶性循环。[2]随着大数据的垄断，互联网服务市场竞争将被打破。为保护大数据交易市场的自由竞争，各国均将反垄断行为作为保护竞争的重要一环。基于中国《反不当竞争法》与《反垄断法》有共同的规制目的，又存在相互交叉的规制行为，本小节从分析大数据交易垄断行为理论认定出发，对何种行为被视为垄断行为进行界定。

世界各国也因其主流意识形态和价值保护的侧重不同，分别对垄断的认定进行了不同的制度设计。而法律具有滞后性，难以包含现实中的垄断行为。掌握海量数据的企业往往并非直接以数据展开市场竞争，且数据种类纷繁复杂，数据的替代性难以评估。又因互联网市场存在双边市场的特性，难以为数据界定出清晰的市场边界，很难说哪一家拥有海量数据的企业在所谓的数据相关市场中占据市场支配地位。

按照法理学的观点，以相对优势地位拒绝交易的企业，并非必然地需要竞争法进行规制。只有该主体具有市场支配地位时，该拒绝交易行为可受反垄断法的规制；当该主体并不具备支配地位时，无论其是否处在优势地位，应认为允许其自主设置交易条件，不宜给予一般性否定评价。美国的一些案例（LiveUniverse 与 Myspace 案，Trinko 案，Facebook 与 Power Ventures 案）显示，美国法院坚持预先存在的自愿交易过程，并证明垄断者愿意为了达到反竞争目的而放弃利润。《欧盟运行条约》（The Treaty on the Functioning of the European Union）第 102 条关于滥用市场支配地位的规定[3]似乎提供了更多的范围，当访问者需要数据作为新产品的输入时，该新产品不直接与数据所有者生产的主要产品竞争。

---

〔1〕 최난설헌，"기업결합 심사에 있어서 빅데이터의 경쟁법적 의미 -최근 해외 주요 기업결합 사례를 중심으로-"，외법논집（제41권），2017.11，327면.

〔2〕 Maurice E. Stucke，Ariel Zrachi，"When Competition Failsto Optimize Quality：A Look at Serch Engines Ht Yale Journal of Law & Technology"，Vol. 18，No. 70，2016，pp. 91-92.

〔3〕 Elements of Competition Law，http://www.euchinacomp.org/attachments/article/295/All%20in%20one-Luc-Abuse%20of%20Dominance.pdf. last accessed on 24 July 2021.

Magill 案，IMS Health 案和 Microsoft 案[1]为这方面提供了一些法理学理论。欧洲法院根据竞争法原则规定了四项监管行动条件：[2]数据对于下游产品是必不可少的，上游产品与下游产品之间不存在有效竞争，拒绝阻止第二产品的出现，并且没有客观的理由拒绝。在一个无处不在的、可替代的数据世界中，不可或缺性仍然难以证明。

Drexl[3]广泛讨论了欧盟竞争法是否已经提供了促进数据访问的补救措施以及是否需要从竞争法角度对数据访问进行立法的问题。他认为，尽管欧盟竞争法提供了一些补救措施来促进数据访问并解决过度定价问题，但它显示了数据经济方面的重大缺陷。例如，欧盟竞争法只涉及特定类型的市场失灵，即事后禁止可识别的反竞争行为。相比之下，正如 Drexl 所指出的那样，竞争执法者通常不能通过"以积极的行为规则、以需要持续监控的行为矫正方式"来事先规范市场。

另外，关于大数据价值的信息不对称（以及大数据分析）是竞争法无法解决的市场失灵的潜在来源。更具体地说，由于数据购买者无法正确评估其价值，因此可能会发生市场失败，因为有关数据访问的合同谈判失败。鉴于这些论点，Drexl 的结论是，欧盟竞争法不可能提供足够的补救措施来促进数据的获取。[4]然而，尽管他的分析要求采取超越竞争法的行动，但他也观察到竞争法有助于开发更多积极主动和有利竞争的制度来促进数据的获取。例如，当大数据的事实控制导致锁定效应时，数据可移植性权利可能会增强竞争。集体豁免条例为如何通过防止反竞争商业行为创造竞争力提供了另一个例子。最后，Drexl 认为，在环境、公共卫生或道路交通法等领域逐步推行具

---

〔1〕　Judgment of the Court of First Instance, Microsoft Corp. v. Commission of the European Communities. Case T-201/04. 2007, http://curia. europa. eu/juris/liste. jsf? num = T - 201/04#, last accessed on 29 July 2021.

〔2〕　Josef Drexl, "Designing Competitive Markets for Industrial Data Between Propertisation and Access", Max Plank Institute for Innovation and Competition Reseach Paper Series, 2016. 11, p. 47.

〔3〕　Josef Drexl, "Designing Competitive Markets for Industrial Data Between Propertisation and Access", Max Plank Institute for Innovation and Competition Reseach Paper Series, 2016. 11, p. 44.

〔4〕　Josef Drexl, "Designing Competitive Markets for Industrial Data Between Propertisation and Access", Max Plank Institute for Innovation and Competition Reseach Paper Series, 2016. 11, pp. 45-46.

体行业的反垄断立法可能足以开发数据访问立法模式。[1]

大数据收集与分析已成为数字经济时代的重要特征。[2]在零售业，拥有大数据可以提升60%的销售额，采用数据驱动决策方法的企业产量增幅比投入其他资本的产量高出5%—6%。[3]大数据的时代性特征构成了新的市场竞争生态。不同于传统产品生产型企业间竞争，平台竞争是基于用户、注意力、数据、算法等因素的赢家通吃式动态竞争和组织竞争。[4]在中国刚刚开始实行反垄断法时，走在科技立法前沿的国家已经开始对大数据垄断影响健康竞争的问题进行强烈的关注，这是从2007年的Google与DoubleClick合并案开始的。在该案中美国联邦贸易委员会（FTC）委员Pamela Jones Harbour首次提出了数据市场的概念，认为Google在合并前已经占领了较大数据市场份额，两家公司合并会加强Google在搜索引擎服务市场的支配地位，不应通过合并。[5]从本案中引申出的观点：主要经营者滥用市场支配地位行为将会破坏健康竞争，应得到反垄断法的规制。

韩国通信委员会于2014年12月23日发布了"大数据隐私指南"，作用于信息和通信网络利用及信息保护振兴。[6]同年12月，韩国政府行政内务部（NIA）出版了"适用性和自我评价指南"，并且在2016年，韩国总理办公室确立了对个人信息中非识别措施的准则。韩国公平交易委员会也曾在2017年7月24日对全球热点话题的"数字卡特尔"的监督进行了说明，有言论称竞争企业有可能利用计算机程序算法，围绕商品价格、供应量等因素进行统一决定的行为等进行隐蔽的合谋，包括学界在内的很多领域也开始着手研究数

---

〔1〕 Josef Drexl，"Designing Competitive Markets for Industrial Data Between Propertisation and Access"，Max Plank Institute for Innovation and Competition Reseach Paper Series，2016.11，pp.67-68.

〔2〕 孙晋："数字平台垄断与数字竞争规则的建构"，载《法律科学（西北政法大学学报）》2021年第4期。

〔3〕 Erik Brynjolfsson，Lorin M.Hitt，HeeKyung Hellen.Kim，"Strength in Numbers：HOW Does Data-Dvien Decision-making Affect Firm Performance?"，*SSRN*，2011.04，p.1.

〔4〕 谢富胜、吴越："平台竞争、三重垄断与金融融合"，载《经济学动态》2021年第10期。

〔5〕 Pamela Jones Harbour，"Statement of Commissioner Harbour Regarding the Letters Between the Bureau of Consumer Protection and Google Inc. Concerning the Google Books Project"，2009.09，https://www.ftc.gov/public-statements/2009/09/statement-commissioner-harbour-regarding-letters-between-bureau-consumer.last accessed on 24 February 2022.

〔6〕 방송통신위원회，빅데이터 개인정보보호 가이드라인，2014.12.http://blog.naver.com/PostView.nhn? blogId=n_ privacy&logNo=220232746542，2019.05.

字垄断。这说明，各国在政策的指导下，将大数据反垄断规制纳入法治进程，随着大数据产业对各国国民经济的重要性日益突出，对大数据垄断展开的研究有重要的现实意义。[1]

（一）个人信息竞争法规制方向

大数据计量意味着难以承受的大容量数据，是目前管理和分析系统的主要来源。[2]在韩国，大数据可以作为决策的基础资料，其运用并不局限于信息通信行业，而是几乎涵盖了政治、医疗、公共行政、文化等整个社会可以应用的所有领域。[3]韩国个人信息保护相关的法律大致可以分为两类：即一般法和特别法。韩国《个人信息保护法》是一部囊括规制公共领域和民间领域的个人信息的一般法，《信息通信网利用促进及信息保护等相关法律》和《信用信息利用和保护法》作为特别法就个人信息规制的事项进行专门规定。韩国《个人信息保护法》以个人信息的判断为基准，具有个人的识别性。也就是说，广义上可以说是指一系列能够识别个人的信息，狭义上可以说是指能够识别个人的直接信息。[4]但是，现实生活中几乎没有个人识别性的信息。因为识别可能性本身就是随着 IT 技术的发展而决定的，个人信息的概念具有不确定性（流动性），客观上难以明确。由于个人信息的定义模糊不清，很难预测其保护范围，所以对于个人信息的使用也会萎缩。但在大数据环境中，由于事物的信息化和智能化，作为自我信息控制权的信息自由越来越重要，随着个人信息概念的变化和人格化，其意义也越来越大。[5]

韩国《个人信息保护法》中处理个人信息的人为了收集和使用个人信息，除了有例外情形的，应当事前获得信息主体的明示性的同意（opt-in）。[6]即

---

〔1〕 Nils-Peter Schepp, Achim Wambach, "On Big Data and Its Relevance for Market Power Assessment", Journal of European Competition Law & Practice, Vol. 7, 2016, pp. 120-123.

〔2〕 김정숙, 빅데이터 활용과 관련기술 고찰, 한국콘텐츠학회논문지 제10권 제2호 (2012), 한국 콘텐츠학회,34면.

〔3〕 고유흠, 「빅데이터와 개인정보 보호」, 「지식재산정책」, 2014.12,70면.

〔4〕 성준호, 빅데이터 환경에서 개인정보보호에 관한 법적 검토, 법학연구 제21권 2호 (2013), 경상대학교 법학연구소, 318면.

〔5〕 신덕호, 유비쿼터스 컴퓨팅 환경에서의 개인정보보호정책 발전에 관한 연구, 단국대학교석사학위논문(2009), 88면.

〔6〕 고유흠, 「빅데이터와 개인정보 보호」, 「지식재산정책」 2014.12, 81면.

使获得同意也应该是在必要的范围内最小化地收集信息。欲超越收集目的使用个人信息时，必须单独获得信息主体的专门同意。[1]大数据并不是单纯的数据集合体，而是从相关数据中提取有意义的信息进行使用的数据。出于收集个人信息当时意想不到的目的对个人信息进行使用的情况也很多，但是根据现行法律利用和分析数据的每一个阶段都必须得到同意。[2]所以依据特别法对产业进行约束，与一般法互相配合，相辅相成。

（二）竞争规制参与个人信息保护

主要国家有两种主要方式处理保护个人信息的非身份识别措施。[3]一方面，有一个指南制定方法，如韩国的指导方针和英国的"匿名行为准则"；另一方面，有一些立法方法，如欧盟的隐私政策。[4]韩国将竞争规制应用于个人信息保护过程中，在大数据交易领域公平交易与隐私保护是不可分割的，也就是说平台企业与消费者之间公平交易行为存在与否的标准是，消费者的利益是否受到损害。主要从以下两个方面进行讨论：一是改变信息不对称。这里的信息不对称是我们每天遇到的概念。在传统经济中，交易者可以面对面直接交易，且都可以简单地收集各种信息，信息不对称程度较小。[5]例如，由于公司和消费者都没有完全共享关于特定产品或价格的信息，消费者在获取的信息的极限处选择产品和价格，并且企业可以确定消费者的潜在需求。从这个意义上说，信息不对称是对市场经济的描述。近年来，公司已经开始通过分析大数据来分析消费者和竞争者的信息和动向。他们向消费者宣传更加个性化的服务和产品，准备相关产品，识别竞争公司的趋势，以及推出柜台产品。换句话说，随着公司专注于分析大数据，信息不平衡正变得越来越严重。在这方面，韩国公平交易委员会参与了隐私保护问题，该问题决定了大

〔1〕 정도영, 김민창, 김재환, 「빅데이터 정책추진현황과 활용도 제고방안」, 입법정책보고서, 2018.05, 26면.
〔2〕 김수연, 「빅데이터산업 활성화를 위한 개인정보 보호 규제 개선 검토」, 「KERI Brief」, 2015.12, 13면.
〔3〕 심우민, 개인정보 비식별 조치에 관한 입법정책적 대응과제 , 2017.05, 31-39면 참조.
〔4〕 조동관, 공정거래II-빅데이터와시장지배적 지위 남용, 입법현안 법률정보 제66호, 2017.08, 5면.
〔5〕 陈庭强等："平台经济反垄断的双边市场治理路径——基于阿里垄断事件的案例研究"，载《管理评论》2022年第3期。

数据分析对消费者保护和公平竞争的成败。[1]

二是由于韩国公平交易委员会介入个人信息保护问题。可以说，个人信息保护比率的识别标准可以保留"指南"形式的提问。[2]且公平交易委员会不能对受管制对象实施行政处罚（尤其是处罚）等制裁，或最终通过法院对其进行刑事处罚，作为违法行为的依据。接下来，在免费提供商品或服务时，韩国公平贸易监管机构开始认识到质量作为竞争特征的重要性。商品或服务的质量与个人信息的保护有关。因为一些消费者想要高水平的隐私，另一些消费者更愿意提供个人信息以获取更好的产品和服务，所以隐私问题使商品和服务的质量出现差异。在竞争免费商品或服务的情况下，在审查是否批准合并的过程中，个人信息保护问题非常重要。公平交易委员会关注的是，当隐私程度较低的公司保护高水平的隐私并收购和合并提供服务的公司时，是否通过评估已经收到的消费者的价值是否大幅减少来确定 A 公司和 B 公司的合并。

消费者隐私问题已经成为公平交易委员会监管的一部分，而不是消费者保护机构或信息保护机构。在大数据中可能发生的个人信息相关问题，大体上可以认为是在信息的收集、储存、利用上，信息主体的自我信息控制问题和本人同意利用派生信息的问题，以及信息外流等非法侵害问题。[3]就美国而言，Google 与 DoubleClick 合并一案，美国联邦贸易委员会（FTC）表示，合并将允许消费者选择他们想要的隐私，这样做是不可能的。尽管存在反对公平贸易监管机构参与个人信息保护的论点，但比起对个人信息收集本身加以限制，更需要对"如何对其利用"加以限制，通过市场支配地位来规制，来保护个人信息的问题，所以公平贸易监管机构将其视为反垄断问题是合法有效的。[4]它通过限制隐私伤害进一步保护消费者隐私，支持保

〔1〕 비식별화 처리가 높은 수준에서 이루어지지 않으면 빅데이터에 포함되어 있는 개인정보를 분석 및 활용할 수 있는 기업의 시장지배적 지위가 강화된다.

〔2〕 고학수, "개인정보 보호 법제에 관한 국내외 논의의 전개와 주요 쟁점", BFL, 2014. 07.22-23면.

〔3〕 성준호, 빅데이터 환경에서 개인정보보호에 관한 법적 검토, 법학연구 제21권 2호(2013), 경상대학교 법학연구소, 320면.

〔4〕 이대희, 개인정보 보호 및 활용을 위한 공정정보원칙(FIPPs)의 융통적인 적용과 새로운 접근방법에 대한 연구 - 사물인터넷 및 빅데이터의 예를 중심으로 -, 법조(제67권 제1호), 법조협회, 2018.02.36면.

持竞争公开所必需的信息不对称。从这个角度来看，未被识别为不可识别数据的数据被视为互联网时代的新货币，个人信息收集的扩展可能与价格上涨相当。

（三）倡导竞争规制中的多元价值保护

以收集到的个人信息或与个人有关的信息，如新衍生出的物品的购买习性、消费模式等为基础，明确未来预测信息的控制权，并明确服务提供者与信息主体之间的所有权关系，建立透明的程序，这是非常重要的。此外，如果侵犯信息主体的权利是由先前识别个人的信息引起的，这是大数据时代的一个独特问题，根本不能识别个人的信息的组合和分析（剖析）识别了特定的个人，从而发展成为一种可能产生负面影响的形式。[1]在大数据交易领域，韩国以竞争规制参与到个人信息保护领域，使我们可以看到，韩国的《公平交易法》在此过程中所体现出来的多元价值保护理论：多元价值目标之一是维护消费者和社会公共利益。这也一直是韩国《公平交易法》主要维护的法益。[2]在传统的经济学理论中，竞争市场中的企业一旦获得了相关市场的垄断地位后，就会采取限制产品数量，提高产品价格等手段提高其市场竞争下的垄断利润。这种垄断利润的获得，会极大地损害消费者的利益，同时侵害社会公共利益。

这种垄断方式也体现在大数据交易领域，但是大数据并非单纯数据的集合体，而是从相关数据中提取并利用有意义的信息，很有可能以收集个人信息时未曾想过的目的加以利用。[3]对个人隐私的侵犯，极大地降低了消费者的福利。即使采取获得垄断利润的方法会提高经济效率，但是这种行为应该是禁止的。在实际的法律适用中，维护消费者和社会公共利益与取得经济效率的增长有时是冲突的，这种冲突已经体现在了处于数字经济时代的韩国。并且，由于识别的可能性本身取决于 IT 技术的发展，因此个人信息这一概念具有流动性，很难客观地明确规定。[4]在法律的实际适用中，消费者和社会

---

〔1〕 유우영•임종인, 클라우드 컴퓨팅 서비스 제공자의 개인정보보호 조치 방안에 대한 연구, 정보보호학회 제22권 제2호（2012），한국정보보호학회，339면.

〔2〕 李东原、国瀚文：“中韩两国关于滥用市场支配地位比较研究”，载《忠北大法学研究》2017 年第 12 期。

〔3〕 오길영，빅데이터 환경과 개인정보의 보호방안，일감법학，제27호，156–157면.

〔4〕 임규철，개인정보의 보호범위，한독법학 제17호（2012），224면.

公共利益的维护与经济效益的增长有时是矛盾的，这种矛盾在韩国数字经济时代得到了体现。但是即使这样，韩国也依然使法律制定走在科技发展前端，在衡量经济效率、消费者和社会公共利益之间的取舍问题时，应当更倾向于后两者。

多元价值目标之二是保护竞争秩序。韩国现代竞争法保护的是竞争秩序，而不是在市场中的竞争者。因为其法中的规制不是反对垄断企业本身而是保护企业在竞争环境下的平等竞争机会，无论参与竞争的企业大小。互联网市场本身的双边市场就已形成市场进入障碍，在免费提供商品和服务的情况下，公平交易管理机构开始认识到质量的重要性是竞争，而有的企业，并不是在相关市场内进行竞争，而是为了"胜者独食"，向着其他市场展开竞争。例如，Facebook 吸收 Myspace 就是面向 SNS 市场的。这样在一个市场中具有市场支配力的企业，为了持续提供低价格的商品和服务，将会注重保持在各个市场上的竞争力。如果这种具有垄断力的企业再实施垄断行为，那么对于整个市场的发展是十分不利的。互联网市场本身的双边市场已经形成了市场进入的障碍，当提供免费商品或服务时，公平贸易监管机构已经开始认识到质量作为竞争特征的重要性。[1]然而，有些企业并不在相关市场上竞争，而是为了"独赢"而与其他市场竞争。例如，Facebook 对 Myspace 的收购是面向社交网络市场的。在一个市场上拥有市场支配力的公司将专注于保持在不同市场上的竞争力，以便继续提供低价的商品和服务。[2]如果这样的垄断企业再次实施垄断行为，对整个市场的发展是非常不利的。从韩国公平交易委员会相关事例可以看出，其并不对市场竞争的结果进行干预。根据韩国的垄断规制与公平交易相关法律，也没有具体规定判断市场支配地位的前提——"相关市场的划定方法"，而是将市场支配地位仅以市场占有率来判断。因此，就市场支配地位的判断，将以市场占有率来确定。否则就相当于规定了市场竞争是优胜劣汰的淘汰竞争机制。从韩国公平交易委员会相关事例中可以看出，韩国公平交易委员会对市场竞争结果没有任何影响。根据韩国《垄断规制与公

---

〔1〕　조동관，공정거래II-빅데이터와시장지배적 지위 남용，입법현안 법률정보 제66호，2017. 08，10면.

〔2〕　Ania Thiemann，Pedro Gonzaga，"Big Data：Bring Competition Policy to the Digiral Era"，Directorate for Financial and Enterprise Affairs Competition Committee，OECD，2016. 10，p. 50.

平贸易法》，市场主导地位只能通过市场份额来判断。因此，对市场支配地位的判断将以市场份额来决定。否则，就相当于调节市场竞争是优胜劣汰的竞争机制。[1]这会损害竞争企业参与竞争的积极性，最终导致对整个社会整体利益的损害；还会削弱竞争性企业参与竞争的积极性，最终导致对社会整体利益的损害。因此其主要目的是维护好市场的竞争环境，促进企业的发展，提高小企业的竞争力，从而达到社会整体福利的提高。

多元价值目标之三是提高经济效率。韩国受到美国的法律影响，在对竞争法的认识上，认为在市场中的竞争是为了提高经济效率，而出现市场垄断就会降低这种经济效率。并且，由于网络空间是多数群体实时进行的平台，不仅仅是现有的空间和时间的概念，而且从根本上改变了表现物在网络上的流通结构。互联网空间是一个自愿空间，也是一个参与性共享空间。它是实时展示大量资源的媒介，极大地改变了现有的时空概念和互联网上内容的分布结构。[2]市场资源会向着经济效率高的地方转移，最后达到整体资源最优配置。即使在大数据交易市场的竞争中，市场的调节机制也是内部竞争机制，市场资源会转移到经济效率高的地方，最终实现整体资源的优化配置。但是垄断的形成会使产品的价格被市场垄断企业控制，会导致资源配置效率降低。然而，大数据交易市场的快速发展、创新和规模经济可以引入该理论，使该理论不断完善，适应社会发展。这种快速发展的创新经济，可以提高规模经济效应，并促进竞争。在此竞争环境下，经济效率会大幅提高，因此经济效益和创新都是韩国竞争法规制的价值取向之一。

韩国政府及法学家们在面对新科技时代的发展时，也有过严格的韩国《个人信息保护法》是否会制约大数据分析技术的应用与产业发展的顾虑。为了保护消费者的利益，韩国还是选择了严格的法律规制。[3]但是这种规制是建立在灵活的法律规制选择上的，即前文所说的产业特别法。[4]

---

〔1〕 권오승, "독점규제법의 현대화", 「경쟁법연구」제33권, 한국경쟁법학회（2016），140-141면.

〔2〕 박익환.장용근, 사이버공간에서의 프라이버시보호, 세계헌법연구, 11권2호, 세거ㅣ헌법학회, 2005.02, 9면.

〔3〕 박노형, "빅데이터 관련 주요 국가의 개인정보보호 법제도 분석에 따른 한국 개인정보보호법 개선의검토", 「NAVER Privacy White Paper」, 2016, 19면.

〔4〕 맹수석, 핀테크산업에 있어서 금융소비자보호의 법적 과제, 금융소비자연구 제5권, 제1호, 2015.08, 85면.

因此，韩国在对个人信息进行保护的前提下也开始积极探索大数据经济的市场发展，并在努力寻求经济发展与法律规制之间的平衡点。这次修改"数据三法"，其主要目的就是促进数据使用。但政府在公布修改案草案之后，商界并没有给出太多的好评。具体规定中仍有一些模糊条款，给信息权利主体赋予了过多的义务。企业可以将假名信息用于商业用途，但适用的具体范围并不明确（这些一部分是由成文法解决，而更多的会由先例来解决）。相比欧盟、美国、日本，韩国对侵害个人信息设定了更为严苛的刑事处罚标准，商界认为这种规制限制着经济和技术的发展。

三、大数据交易中市场秩序竞争法规制动向

数据被赋予了商品属性，通过促进数据的使用和交易来提高个人和社会的利益是一个重要的政策目标。[1]市场集中度的逐步提离，使数字市场竞争更加激烈。在互联网经济上，谁掌握了数据资源，谁在贸易中就具有较强的话语权。而大数据使用的进步，也带来了对消费者个人信息的侵犯。例如，消费者使用金融产品时，其个人信息被披露与挪用，显示出违法行为的日益智能化。[2]正如顺丰与菜鸟之争一样，其表面上是对消费者信息安全的保护，实际上是对消费者数据资源的抢夺。谁能够在第一时间获取消费者的信息，谁就会在互联网时代获得最大的经济收益。因此，明确个人信息竞争法规制问题点，有利于确定规则的制定方向。

（一）相关市场界定具有局限性

互联网为相关市场界定工作提出了新的挑战。互联网产品创新的加速使其可替代性增强，产品间的替代速度与科技发展方向往往超过执法机构的预测能力，替代产品认定的难度加大。同时，时间市场和地理市场的意义也发生了变化。一个具有市场力量的平台，如果它提供的服务是共同和不可分割的消费，就可能像任何其他具有市场力量的公司一样，从事损害竞争的行为。[3]

---

〔1〕 이상용，"데이터 거래의 법적 기초"，법조(제67권 제2호)，법조협회，2018.04，9면.

〔2〕 하성근，"글로벌 금융위기 이후의 금융혁신-핀테크(Fintech)를 중심으로-"，한국경제포럼，7(4)，2015.01，19면.

〔3〕 David S. Evans，Richard Schmalensee，"Applying the Rule of Reason to Two-Sided Platform Businesses"，University of Miami Business Law Review，2018.04，p.11.

大数据交易市场的复杂性告诉我们，不是仅仅依据一般的规则就能对大数据市场的界定进行直接判断，而是需要结合行业的特征来进行具体情况具体分析。在互联网经济中，对相关市场界定过程中需要考虑的因素进行细化，在进行需求替代分析时可考虑"平台功能、商业模式、应用场景、用户群体、多边市场、线下交易"等因素，在供给替代分析时，可考虑"市场进入、技术壁垒、网络效应、跨界竞争"等因素。[1]新《反垄断法》规定，对于大数据交易类产品进行市场界定时，不仅不能抛弃传统的相关市场界定的交叉弹性分析法、假定垄断者测试（SSNIP）方法或者是运用运输数据标准法，还要结合互联网行业特有的性质进行界定。其新增加的第9条规定经营者不得利用数据和算法、技术、资本优势以及平台规则等从事本法禁止的垄断行为。

如前文所述，在中国"互联网反垄断第一案"的唐山人人公司诉百度公司垄断案件中，案件的审理结果体现出市场界定之重要。该案中，唐山人人公司只提交了两篇有关百度市场地位的新闻报道，并没提供具体的计算方式、方法及有关基础性数据等证据，以使法院确信该市场份额的确定源于科学、客观的分析。[2]因此法院驳回原告的诉讼请求。以此可以看出，原告不能胜诉的原因是技术性的，其未能在技术上提供有效证明相关市场为搜索引擎市场。

而在美国和欧盟反垄断法关于企业滥用市场支配地位以及合并案件中，对案件结论起关键作用的往往也是相关市场界定。所以，互联网环境下如何准确进行相关市场界定，是大数据交易反垄断规制的第一要务。

（二）市场支配地位无法认定

互联网环境和事态瞬息万变，且法律本身具有滞后性，反垄断法规不完备是常态。目前，中国《反垄断法》等相关法律规定中依然依据传统界定方式对大数据所有者的垄断行为进行法律界定。但是由于缺乏立法层面的大数据交易规则，因此造成大数据交易的割裂化和碎片化现象依然存在，传统法律无法完全适用大数据交易市场的情况逐渐增多。在反垄断执法中，经营者

---

〔1〕 孙晋："数字平台垄断与数字竞争规则的建构"，载《法律科学（西北政法大学学报）》2021年第4期。

〔2〕 "竞价排名引发的北京'反垄断第一案'宣判：原告举证不充分难定百度垄断"，载搜狐网，http://news.sohu.com/20091221/n269085775.shtml，最后访问时间：2022年3月1日。

是否具有市场支配地位，是判定其是否滥用市场支配地位的前提条件之一。但一直以来，如何判定市场支配地位也是反垄断执法的一个难题。虽然大数据交易市场与传统市场存在不同，但是对其进行认定要根据大数据的特性，结合传统认定中的经营者占据的市场份额，控制销售市场或者原材料采购市场的能力、财力和技术条件，其他经营者对该经营者在交易上的依赖程度，其他经营者进入相关市场的难易程度，与认定该经营者市场支配地位有关的其他因素来考虑。因为，就算是新型的交易关系，这些平台的成员可以合谋操纵价格，通过合并获得市场力量，并试图通过大数据交易中常见的一系列单边做法获得或维持垄断权力。[1]

　　由于缺少统一的判定标准，长时间以来，反垄断执法面临很多困境。例如，中国《反垄断法》实施十年以来，诉平台企业滥用市场支配地位纠纷的案件很少胜诉。用关键词"滥用市场支配地位"在中国裁判文书网[2]搜索发现，在中国互联网领域，近十年来有十起涉嫌滥用市场支配地位纠纷的案件。但是这十起案件中九起败诉、一起和解。从裁判文书分析来看，对于平台企业竞争中的行为是否涉嫌滥用市场支配地位，不论是法学界、业界还是公众舆论反应，都呈现出相当大的分歧。原告方的举证，也往往因为"举证不足"，或无法提供科学、客观的市场份额计算方式证明被告的市场支配地位、"现有事实无法认定为'限制、排除竞争'"等因素，未能获得法庭支持。例如，在著名的互联网反垄断案"3Q 大战"中[3]，腾讯（QQ）与奇虎（360）的互诉围绕"市场支配地位"展开争论。最高人民法院经审理认为，即时通信领域的市场竞争比较充分，市场进入较为容易，现有证据并不能证明腾讯（QQ）具有市场支配地位。但是对最高人民法院的裁判理由，相关探讨和争议在业界和学界仍在继续。最近，在新《反垄断法》第 22 条第 2 款专门针对具有市场支配地位的经营者强调，不得利用数据和算法、技术以及平台规则等从事滥用市场支配地位的行为。这充分表明，我国对于平台的反垄断监管将会进入常态化，平台的无序竞争、野蛮扩张将会成为历史。

---

〔1〕　David S. Evans, Michael Noel, Defining Antitrust Markets When Firms Operate Two-Sided Platforms, Columbia Business Law Review, 2005.02, p. 104.

〔2〕　中国裁判文书网，http://wenshu. court. gov. cn/，最后访问时间：2019 年 1 月 8 日。

〔3〕　"3Q 大战"，即奇虎（360）与腾讯（QQ）反垄断诉讼案，中华人民共和国最高人民法院民事判决书，（2013）民三终字第 5 号，2014 年 2 月。

（三）滥用市场支配地位行为规制缺失

1. 滥用市场支配地位行为者的责任追究机制缺失

针对垄断者法律责任的追究主要集中在《反垄断法》第 56 条至第 58 条规定中，虽然法律分别规定了经营者实施垄断协议、滥用市场支配地位、经营者集中的处罚办法，但是，其规定的处罚金额太少，且主要是追究违法者的行政责任，刑事责任的追究少之又少，无法对垄断者起到震慑作用。[1]

此外，根据中国《反垄断法》第 61 条第 1 款的规定，对于具有管理公共事务职能的组织实施的垄断行为，由上级机关责令改正，对直接负责的主管人员和其他直接责任人员依法给予处分。反垄断执法机构可以向上级机关提出依法处理的建议。但是现实中政府部门之间的关系错综复杂，难以寄期望于反垄断执法机构据理力争对行政垄断行为进行处罚。同时，法律虽然规定反垄断执法机构的处罚建议权，但由于上下级之间具有隶属关系，不能发挥其实质性的作用。

2. 消费者权利受损

在市场竞争中，一些平台企业为了达到排除或限制其他经营者的经营行为，以此获得最大的经济利益之目的，平台巨头往往利用其市场支配地位对同类中小企业进行打压，而这些中小企业对此往往难以抗拒。[2]对于普通消费者而言，对大数据的运用、功能等认识还比较陌生，因此，在一些大数据所有者实施垄断行为间接甚至直接侵害其利益之时，他们往往无动于衷。[3]

（1）消费者个人丧失选择权。[4]

一些平台企业通过市场支配地位，强制消费者接受服务或提供个人信息。例如，很多在线软件在为用户提供服务之前，都会强制要求用户选择同意收集数据的协议，而大多数用户往往在乎的是软件开发商提供的服务，无法选

---

〔1〕 "滴滴反垄断调查两年仍无结论"，载百度网，https://baijiahao.baidu.com/s？id=1609938556512233949&wfr=spider&for=pc，最后访问时间：2022 年 1 月 4 日。

〔2〕 吴垠："平台经济反垄断与保障国家经济安全"，载《马克思主义研究》2021 年第 12 期。

〔3〕 国瀚文："互联网企业数据识别反垄断法律监管规制"，载《重庆邮电大学学报（社会科学版）》2019 年第 2 期。

〔4〕 梁甲民："今日嗅评：巨头们的生态系统对立，直接剥夺了用户的选择权"，载虎嗅网，https://www.huxiu.com/article/8761.html，最后访问时间：2022 年 3 月 3 日。

择拒绝协议。因此，在他们与软件开发商发生争议之时，往往处于不利地位。欧盟《通用数据保护条例》（GDPR）要求消费者个人信息的收集和使用必须获得相关主体的明确同意。中国也有类似的法律规定，《消费者权益保护法》第 29 条第 1 款规定，"经营者收集、使用消费者个人信息，应当遵循合法、正当、必要的原则，明示收集、使用信息的目的、方式和范围，并经消费者同意……"。但在大数据市场中，单个数据信息价值密度较低，大数据价值随着数据量的增长而提高。所以，数据主体很难预测自己的个人信息将会被如何处理和使用，作为数据主体的消费者由于无法准确判断自己的隐私利益将被如何应用，经常处于禁止使用还是允许使用的两难选择之中。通知与同意，在服务者和用户之间形成了一个平等的有关隐私的谈判平台。[1]

（2）个人隐私成为非价格因素。

与传统媒介不同，以大数据驱动的平台企业之间的竞争不仅仅是价格，还有消费者关注的非价格因素，即隐私。对于消费者而言，隐私保护也是一种产品和服务质量。[2]消费者在线上行为痕迹和搜索历史记录为网络提供了大量的数据。中国目前大多数在线平台的数据识别算法设计都隐含了歧视和不公，有的更是隐藏了利益集团的操控。[3]以大数据为驱动的互联网公司通过分析这些数据可以获得用户的价格偏好，对同等商品的关注度以及对各种品牌的关注度等信息资料，并将这些信息资料售卖给广告商，而广告商则可根据这些数据信息，对消费者实施价格差异策略。对比传统市场中的价格歧视行为，大数据市场中的价格歧视行为更加显著。

具有市场支配地位的电商根据人口密度、收入水平、种族特征等因素，对消费者实施价格歧视。[4]根据中国《反垄断法》第 22 条第 1 款第 6 项规定，"没有正当理由，对条件相同的交易相对人在交易价格等交易条件上实行

---

〔1〕　吴伟光："大数据技术下个人数据信息私权保护论批判"，载《政治与法律》2016 年第 7 期。

〔2〕　Peter Swire, Protecting Consumers, "Pribacy Matters in Antitrust Analysis", https：//www. americanprogress. org/issues/economy/news/2007/10/19/3564/protecting-consumers-privacy-matters-in-antitrust-analysis/, last accessed on 26 February 2022.

〔3〕　丁晓东："算法与歧视　从美国教育平权案看算法伦理与法律解释"，载《中外法学》2017 年第 6 期。

〔4〕　深圳市盛世华研企业管理有限公司："2019—2025 年中国跨境电商行业市场细分策略研究报告"，载 MBA 智库文档网，https：//doc. mbalib. com/view/a1ce2d55981f1f89de05a7ad16ce2e0c. html，最后访问时间：2022 年 2 月 25 日。

差别待遇"属于滥用市场支配地位的行为,应予以禁止。[1]美国针对此种情况要求对数据经纪商出售市场营销产品时进行立法约束,要求数据经纪商允许消费者对其数据在合理限度内进行访问,包括掌握的关于消费者的敏感数据,并要赋予消费者退出权,不再允许将其数据用于商业目的。[2]

(3) 搜索结果精准度降低。

大数据垄断还有可能降低消费者搜索结果关联度。中国数字经济中不仅存在支配企业实施的扭曲市场竞争的垄断行为,而且还大量存在由各种规模平台实施的侵犯用户隐私、虚假广告、恶意捆绑、金融诈骗等严重损害消费者利益的不正当交易行为。[3]数据准入的不平等,导致用户服务质量的降低,尤其是在搜索引擎领域。互联网为维护消费者利益,应该有助于消费者选择,但是在大数据垄断促使竞争失效的情况下,互联网市场为了垄断者利益将降低消费者的选择。从而导致了搜索结果充满虚假信息,严重误导了消费者。中国魏泽西事件调查显示近四成的受访者认为百度竞价广告是导致患者受骗的主要原因。虽然魏泽西事件后,国家对互联网市场包括百度公司下达了整改令,但时隔不久,一度消失的"莆田系"医院信息又死灰复燃。[4]显然,这与垄断有密切关系。同时,也存在"鉴于多数大数据垄断企业与消费者之间的优势差距,消费者通过私权来寻求保护,是一种低效的选择"[5]这种说法。本书认为,对于一些学者倡导以《消费者权益保护法》《网络安全法》来保护因为大数据企业垄断问题而对消费者造成影响的事件,是无法起到直接效果的。

当市场中出现大数据垄断时,消费者的个人力量难以与平台垄断经营者抗衡,要求消费者采取足够的技术措施来防止信息披露等的使用显然是不现实的。且大数据包含的个人信息不仅包括传统的私人秘密,还包括可识别性

---

〔1〕 睿午参:"美国数据经纪商的发展状况及监管趋势分析",载搜狐网,http://m.sohu.com/a/153233274_654915,最后访问时间:2022年1月15日。

〔2〕 刘耀华:"大数据黄金期美国对数据经纪商如何监管",载通信人家网,http://xuewen.cnki.net/CCND-RMYD201706210061.html,最后访问时间:2022年1月18日。

〔3〕 唐要家:"数字平台反垄断的基本导向与体系创新",载《经济学家》2021年第5期。

〔4〕 刘兴广:"从'魏则西事件'看网络搜索引擎媒介责任的缺失",载《新闻研究导刊》2018年第24期。

〔5〕 曾彩霞、尤建新:"大数据垄断对相关市场竞争的挑战与规制:基于文献的研究",载《中国价格监管与反垄断》2017年第6期。

的信息。所以，个人信息的商业价值及保护和利用的社会性使得其不同于传统隐私权保护中个体层面的利益均衡。

对大数据垄断进行规制的主体应该是政府机构，进而治理的法律性质应该是公法，治理的目的是平衡数据价值挖掘和数据主体隐私保护之间的矛盾。

3. 竞争执法机构执行力软弱

关于发挥反垄断职能的行政机构。韩国《独占规制法》中规定："为了独立履行由本法规定的各项事务，在国务总理属下设立公平交易委员会，公平交易委员会作为由政府组织法第 2 条规定的中央行政机关，执行其管辖事务。"[1] 由此可见，韩国公平交易委员会是一个具有相应职权的独立规制机关。在美国，则由美国联邦贸易委员会（FTC）来执行多种反托拉斯和保护消费者法律的联邦机构。[2] 美国联邦贸易委员会（FTC）的目的是确保国家市场行为具有竞争性，且繁荣、高效地发展，不受不合理的约束。美国联邦贸易委员会（FTC）也通过消除不合理的和欺骗性的条例或规章来确保和促进市场运营的顺畅。

根据中国《反垄断法》第 12 条第 1 款规定的"国务院设立反垄断委员会，负责组织、协调、指导反垄断工作，履行下列职责等"可见，中国的反垄断执法为中央事权，原先由国务院设立的反垄断委员会，仅是针对反垄断业务的组织、协调和指导机构，并非像韩国公平交易委员会、美国联邦贸易委员会（FTC）等其他国家或地区一样具有独立的规制权利。虽然中国于2018 年对反垄断执法机构进行了调整，并于 2022 年完成整合。即由中国国家发展和改革委员会、国家工商行政管理总局、商务部，三部委下反垄断职能以及国务院反垄断委员会办公室等职责整合，统一并入新组建的国家市场监督管理总局。其中，国家发展和改革委员会负责价格相关的垄断协议、滥用市场支配地位及行政垄断的反垄断执法，国家工商行政管理总局负责查处具体经营活动的违法行为，而商务部则主要负责审查经营者集中。这样的设计，虽然有助于各部门有效发挥自己的比较优势，但客观上也导致了反垄断力量

---

〔1〕 독점규제 및 공정거래에 관한 법률, 제35조, 시행 2019.03.19, 법률 제15784호, 2018.09. 18, 일부개정.

〔2〕 Federal Trade Commission, protecting consumers and competition by preventing anticompetitive, deceptive, and unfair business practices through law enforcement, advocacy, and education without unduly burdening legitimate business activity, https://www.ftc.gov/, last accessed on 29 February 2022.

的分散。2021 年 11 月，为了突出对反垄断工作的重视，国家市场监督管理总局下属的几个负责反垄断工作的机构被升格为了副部级的国家反垄断局，其规格和人员编制都得到了很大的提升。尽管如此，一些专家依然认为，国家反垄断局现有的位置还不够高。尤其是面对很多行政垄断问题时，这个机构面对地方政府依然缺乏足够的权威。在 2021 年，《反垄断法》的一审修改稿公布时，国家反垄断局还没有成立。因而在修改稿中关于反垄断执法机构的表述是"国务院市场监督管理部门"。而在最新通过的版本中，则改为了"国务院反垄断执法机构"，这为未来可能的机构调整留下了空间。

另外，在自律监管方面，以行业协会为例。行业协会在促进行业协调行为方面有非常便利的条件，韩国行业协会依然同韩国公平交易委员会一致对涉数据企业的垄断问题发挥着监管作用。[1]根据中国大数据交易模式，大数据交易平台承担着相应的自律监管职责，也承担着提供交易规则、审核交易主体资格、监督交易行为的职责，同时大数据交易平台与证券交易所在功能上亦存在差异。[2]但是，随着大数据交易量的增多，大数据交易平台的无序增长、立法缺失、监管滞后等问题随之而来。美国对个人数据安全监管的模式与欧盟存在明显差异，[3]其确立的国家法律法规与行业自律监管并行的模式对中国具有重要的借鉴意义。美国重视行业自律，同时，个人数据安全相关的单行法律的制定也紧随时代脚步。总体而言，美国的个人数据安全监管体系是通过关于隐私权判例法的延伸，加上部门单行法的补充以及鼓励行业自律组织建立这三方面逐渐建立起来的。其对个人数据安全监管的行业自律组织具有管理灵活、救济效率高的特点，能够有效地保护个人数据的安全，但同时也要看到，自律组织毕竟是一种民间组织，其指定的规则不具有法律强制力，对违反自律规则者无法形成较大的威慑力。[4]

---

〔1〕 权小星："韩国虚拟货币监管落地后，行业协会推最严自律措施"，载第一财经网，https://www.yicai.com/news/5384208.html，最后访问时间：2022 年 1 月 23 日。

〔2〕 张敏："大数据交易的双重监管"，载《法学杂志》2019 年第 2 期。

〔3〕 李春华、冯中威："欧盟与美国个人数据保护模式之比较及其启示"，载《社科纵横》2017 年第 8 期。

〔4〕 ［英］戴恩·罗兰德、伊丽莎白·麦克唐纳：《信息技术法》，宋连斌、林一飞、吕国民译，武汉大学出版社 2004 年版，第 308 页。

四、大数据交易竞争法规制理论构建

(一) 滥用市场支配地位行为的构成要件

在互联网行业，一个较为普遍的现象是基于网络效应、双边市场、产品兼容性和标准竞争等特性的影响，优势企业占有较高的市场份额，较为容易形成垄断性市场结构。[1]因此，鉴于互联网行业的这些特性及其垄断性市场结构，针对在互联网市场中的大数据交易的反垄断政策应进行适当调整。有学者提出，要淡化网络经济中的合谋控制，放松网络经济的合并控制，强化对网络产业中部分滥用市场支配地位行为的控制。[2]因为通过美国、欧盟等反垄断法发达的国家和地区的执法考察，发现互联网行业因为其市场垄断结构程度较高，容易出现具有市场支配地位的企业，进而出现滥用市场支配地位损害市场竞争的行为。如美国 Microsoft 垄断案[3]、欧盟 Microsoft 垄断案、[4] Google 垄断案[5]等典型案件。鉴于以上原因，以下主要分析大数据交易中大数据交易市场的基本形态与滥用市场支配地位行为构成要件，对平台企业滥用市场支配地位行为给市场带来的竞争损害结果进行论述。

正如前文所述，由于数据具有优越性和非排他性，数据被独家控制和被垄断的情况较少出现。尽管大数据的收集、存储以及分析等方面具有一定资金和技术壁垒，如在线平台需要花费高额投资建设数据中心，同时招聘大量专业数据人才等。不过，数据的非排他性本身不意味着数据就不会被独家占有或控制，数据垄断问题可能发生于数据市场中，也可能发生于产生数据的上游业务中。所以，判断数据交易行为是不是构成违反竞争法规的垄断行为

---

〔1〕 D. Daniel Sokol, Roisin Comerford, "Antitrust and Regulation Big Data", George Mason Law Review, Vol. 23, No. 5, 2016, pp. 1129–1130.

〔2〕 David J. Teece, Mary Coleman, "The Meaning of Monopoly: Antitrust Analysis in High-technology Industries", Antitrust Bulletin, 1998. 10, p. 802.

〔3〕 United States v. Microsoft Corporation, United States Court of Appeals, District of Columbia Circuit, United States of America, Appellee, v. Microsoft Corporation, Appellant. Nos. 00–5212 and 00–5213, 2.

〔4〕 Microsoft Corp. v. Commission of the European Communities, Judgment of the Court of First Instance (Grand Chamber), Case T–201/04, European Court Reports 2007 II–03601 Date lodged: 2004. 06, Date of document: 2007. 09.

〔5〕 European Union vs. Google, On 10 November 2010, case number 40411, the European Commission opened a formal investigation into Google's search algorithm, On 20 March 2019, the European Commission imposed a fine of 1. 49 € billion on Google for abusive practices in online advertising.

必须从理论上对该交易行为进行明确的界定。世界各国几乎所有的反垄断法中都有针对滥用市场支配地位的法律规范。例如，美国《谢尔曼法》第 2 条规定，"任何人垄断或企图垄断，或与他人联合、共谋垄断州际间或外国间的商业和贸易，是严重犯罪"。《欧盟运行条约》第 82 条，查处市场支配地位企业滥用性排他行为的执法重点指南。韩国《垄断规制与公平交易法》第 2 章"禁止滥用市场支配地位"。美国、欧盟等在各自的反垄断立法或判例中都使用和解释了"滥用市场支配地位"这一术语，但对于"滥用"一词都未作出具体解释。根据中国现代汉语词典的解释，"滥用"即"胡乱地或过度地使用"，[1]也就是说只有"过度使用"市场支配地位，才是构成滥用市场支配地位这一行为的要件。从世界各国家或地区及国际组织的反垄断法律文件和相关判例中，可以归纳出构成滥用市场支配地位所要具备的四个方面的法律特征：第一，滥用市场支配地位首先要界定出相关市场，只有在相关市场中实施了滥用行为，才可被称为滥用市场支配地位行为。第二，滥用市场支配地位的行为主体是特定的，即滥用行为是由具有市场支配地位的企业实施的。第三，实施的行为具有违法性。即具有或推定具有市场支配地位的企业实施了《反垄断法》所列举的滥用行为。[2]第四，市场支配地位产生了法律所禁止的损害结果，即处于市场支配地位的企业的违法行为产生了排除、限制竞争的损害结果。[3]

（二）相关市场界定

1. 基础法理分析

任何竞争行为（包括具有或可能具有排除、限制竞争效果的行为）均发生在一定的市场范围内。中国的相关规定为"经营者在一定时期内就特定商品或者服务（以下统称商品）进行竞争的商品范围和地域范围"，即界定相关市场（Relevant Market）。这是对竞争行为进行分析的逻辑起点，亦是重要的反垄断司法程序，对判定企业经营活动的法律后果具有潜在的决定性作用。

---

〔1〕 中国社会科学院语言研究所词典编辑室编：《现代汉语词典》，商务印书馆 2016 年版，第 777 页。

〔2〕 谭袁："互联网平台滥用市场支配地位行为规制的困境与出路"，载《法治研究》2021 年第 4 期。

〔3〕 丁庭威："互联网平台滥用市场支配地位规制路径新探——以双边市场下相关市场界定为分析视角"，载《科技与法律（中英文）》2021 年第 2 期。

自 1948 年美国最高法院在美国诉哥伦比亚钢铁公司一案中首次使用"相关市场"一词以来,相关市场是反垄断的核心概念,也是垄断行为认定和反垄断执法活动的基石。[1] 相关市场界定在滥用市场支配地位的反垄断规制中是至关重要的。[2]

　　各国反垄断机构都将相关市场界定作为分析滥用市场支配地位的前提。观察各国反垄断法制,关于相关市场界定的认定与推定,虽然各国以不同的立法模式进行规制,但是根据各自法律的相关规定,关于相关市场界定,均从相关商品市场以及相关地域市场进行界定。具体而言,指经营者就特定商品或者服务在一定时期内进行竞争的商品范围和地域范围。并且在实践中均引入需求替代性分析和供给替代性分析,作为区别商品或者地域是否相关的抽象性定义。

　　传统的假定垄断者测试(SSNIP)仍是各国界定相关市场的主要工具。[3]如我国《关于相关市场界定的指南》第 2 条第 1 款规定:"……界定相关市场就是明确经营者竞争的市场范围。在禁止经营者达成垄断协议、禁止经营者滥用市场支配地位、控制具有或者可能具有排除、限制竞争效果的经营者集中等反垄断执法工作中,均可能涉及相关市场的界定问题。"明确提出了相关市场包括了相关产品市场和相关地域市场,同时还提出了相关市场的时间性因素、技术市场以及知识产权、创新等因素。韩国颁布了《垄断规制与公平交易法》,其中为了确保公正自由的市场竞争,不仅禁止滥用市场支配地位行为,而且严格审查企业合并,并禁止实质性限制特定市场中竞争的卡特尔行为。为了评估某企业是否具有市场支配地位以及滥用该地位,或者某项企业合并或卡特尔行为是否实质性地限制特定市场的竞争,韩国公平交易委员会必须界定相关市场。并且,韩国公平交易委员会在 2015 年的《企业合并审查指南》中指出,相关市场是指竞争关系得以建立并依据交易目标、交易地域、交易当事人而区分的特定交易领域。

　　但是,用《反垄断法》分析大数据相关市场,需要通过对涉嫌垄断的企

---

　　〔1〕　U. S. Supreme Court. United States v. Columbia Steel Co. No. 461. Argued April 29-30, 1948. Decided June 7, 1948, 334 U. S. 495.

　　〔2〕　陈兵、徐文:"规制平台经济领域滥用市场支配地位的法理与实践",载《学习与实践》2021 年第 2 期。

　　〔3〕　刘晓春:"数字平台生态系统的反垄断法定位与规制",载《思想战线》2022 年第 1 期。

业动机、行为方式以及市场竞争的影响后果加以慎重考察后才能作出判断，其中最重要的就是市场集中率。《反垄断法》第 26 条明确规定了市场集中率的应用，使得界定相关市场以计算平台企业的市场份额变得至关重要。只有先界定相关市场才能确定企业竞争的市场范围，明确大数据交易中的垄断行为是否实质上限制竞争和构成违法。

2. 相关市场界定

本书所指的垄断是从商业数据角度出发，数字经济的飞速发展推动了各大数据平台类企业的蓬勃兴起，也使得此类企业能够进行大量的数据收集，在完成收集后，由于平台之间的竞争，数据具有了排他性，这为数据垄断提供了可能。[1]来源于线上活动所留痕迹的大数据主要集中在 NAVER、百度、Facebook、微信等具有"媒介"特征的平台企业。这些企业的典型特点是具有双边市场特性，即它们一边向消费者提供"免费"服务获得大量数据，一边通过向广告商提供数据以获得盈利，两边市场相互影响，[2]而且竞争程度主要受间接网络效应的影响。大数据交易与实体交易的不同之处在于以大数据交易平台作为竞争的媒介。在大数据交易市场中，有美国发展得较为成熟的数据中介商（data broker），也有中国专业的数据交易中心，如贵阳大数据交易所。大数据是平台竞争的核心，各经营者构建数据平台来收集用户数据，甚至爆发抢夺数据的"战争"，看似虚无没有边界的数据因为直接目的而变得有形。未来随着大数据产业的发展，数据流通规则建立完善后，数据可能会成为普遍交易的商品，对数据界定相关市场有可能和有必要。然而随着技术的不断发展，逐渐出现了多层市场的概念，为相关市场界定又增加了困难。

（三）市场支配地位的认定标准

市场支配地位的概念最初来自德国《反限制竞争法》，[3]欧盟竞争法对

〔1〕 邓崧、吕雨婷、杨迪："数据垄断的演化与分类——基于国内公共数据与商业数据"，载《信息资源管理学报》2022 年第 1 期。

〔2〕 Justus Haucap, Ulrich Heimeshoff, "Google, Facebook, Amazon, eBay: Is the Internet driving competition or market monopolization", International Economics and Economic Policy, 2014. 02, p. 51.

〔3〕 Gesetz gegen Wettbewerbsbeschränkungen, Ursprüngliche Fassung vom: 27. Juli 1957, Neubekanntmachung vom: 26. Juni 2013.

滥用市场支配地位的相关规制直接来自于德国法的影响。[1]美国反托拉斯法使用了"垄断力"（Monopoly Power）或"市场力量"（Market Power）的概念，指企业在相关市场上具有控制价格和排除竞争的能力。在市场经济条件下，我们在对市场地位进行考察前需要对市场范围进行界定，而只有认定具有市场支配地位的经营者，才能正确判定何种行为是滥用市场支配地位的行为。

1. 市场支配地位界定

关于大数据交易市场的市场支配地位可以从以下两个方面进行界定。

（1）免费市场的市场支配地位界定。

在大数据交易市场，平台企业通过吸引对价格敏感的消费者，以其个人信息换取免费的线上服务，然后在与之关联的其他市场销售相关信息来实现市场支配利润的最大化，此时，其市场支配力可能会被低估。例如，某约会APP（date platform model）允许女性免费加入会员，而男性需要支付货币才能成为会员。此时，该企业实质上已经行使了其市场支配地位。并且，对于掌握海量数据的垄断经营者而言，调整价格并非其滥用市场支配地位的唯一方式。比如，对消费者提供的产品或服务的质量下降，这种质量下降本质上与企业提高产品价格没有区别，都是纯粹获取更多的消费者盈余。[2]这种行为的实质均会导致消费者福利的下降。正如2016年法德报告[3]中所述，即使是免费提供的商品或服务，大数据的储备也可能是市场支配地位的重要来源。特别是，数据被作为进入市场的门槛时，数据具有市场支配力。在免费市场中，数据控制驱动因素决定了市场支配地位。

（2）数字平台市场支配地位界定。

德国联邦交易厅BKA审查报告书[4]中所述，与其说是在市场中竞争，

---

〔1〕　[美]戴维·J. 格伯尔：《二十世纪欧洲的法律与竞争》，冯克利，魏志梅译，中国社会科学出版社2004年版，第428页。

〔2〕　丁晓东："论数据垄断：大数据视野下反垄断的法理思考"，载《东方法学》2021年第3期。

〔3〕　Autoritédela concurrence, Bundeskartellamt, "French and German Competition Authorities Publish Joint Paper on Data and Competition Law", https://www. bundeskartellamt. de/SharedDocs/Meldung/EN/Pressemitteilungen/2016/10_ 05_ 2016_ Big%20Data%20Papier. html, last accessed on 2 April 2022.

〔4〕　BKA, Working Paper, "The Market Power of Platforms and Networks, Executive Summary", https://www. bundeskartellamt, de/SharedDocs/Publikation/EN/Berichte/Think-Tank-Bericht-Zusammenfassung. pdf? _ _ blob=publicationFile&v=4, last accessed on 2 April 2022.

不如说是为了争夺市场本身的竞争，从而出现"胜者独食"的局面。因此，需要设立评价市场支配力的新的市场治理标准。欧盟委员会对 Microsoft/Skype 案例（2011）进行判决时强调，根据数据市场本身的特点进行市场支配地位的界定[1]，特别是在全部商品都是免费提供消费者通讯服务的领域。在特征上，从市场占有率自身直接判断有无市场地位是不适当的，因为根据正在进行质量、技术创新等非价格变量的竞争，数字市场的进入壁垒较低。同时，这次审判也代表了欧盟的一个态度，虽然这次审判所依据的是非传统理论，但是得到了普通法院的支持。

从市场结构来看，企业的市场占有率直接关系到其市场支配地位的认定。互联网市场发达国家都对此进行了规定，比如，中国《反垄断法》第 24 条第 1 款第 1 项规定，一个经营者在相关市场的市场份额达到二分之一的可以推定经营者具有市场支配地位；韩国法律规定，一个事业者的市场占有率在 50% 以上可以推定为具有市场支配地位。在互联网市场中，确定向其客户提供免费服务的大型 IT 公司是否在相关数字市场中占据市场主导地位是一项挑战。然而，根据 2016 年法德报告，[2]他们拥有大数据的事实可以成为市场主导地位的重要基础，可能被滥用作为进入的障碍。这一观点还表明，美国司法部（DOJ）可能与反对 Bazaarvoice 和 Power-Reviews 合并的处置有关，并可能决定市场在大数据中占据主导地位，而不是在提供免费服务的相关市场中的传统市场份额。此外，在数字市场中，有一个特点是在其他市场竞争赢家级别的竞争而不是在相关市场中竞争。例如，Facebook 吸引了 Myspace 进入 SNS 市场。在一个市场中具有市场支配地位的公司在维持多个市场的竞争力方面是一个重要的考虑因素，以便始终如一地提供低价商品和服务。[3]

由于大数据的海量存在，以及其之间的替代性难以评估，针对大数据的市场界定难以给出清晰的边界。所以在此市场中对滥用大数据市场支配地位的经营者的界定也存在一定的困难。中国的互联网市场上，滥用市场支配地

---

〔1〕 European Commission, Microsoft/Skype, Case No COMP/M. 6281, 2011. 10, http://ec. europa. eu/competition/mergers/cases/decisions/m6281_ 924_ 2. pdf, last accessed on 4 April 2022.

〔2〕 공정거래위원회 국제협력과, "독일/프랑스 연방카르텔청-경쟁청 빅데이터 공동 연구 보고서", 「해외경쟁정책동향」제124호, 공정거래위원회,2017. 01, 10-12면.

〔3〕 Ania Thiemann, Pedro Gonzaga, "Big Data: Bring Competition Policy to The Digiral Era", Directorate for Financial and Enterprise Affairs Competition Committee, OECD, 2016. 10, pp. 16-17.

位行为比较多，近来越发频繁地出现。对于这些案件来说，市场支配地位的认定非常关键。

2. 市场支配地位主体

中国《反垄断法》第 22 条第 3 款对市场支配地位的定义是："本法所称市场支配地位，是指经营者在相关市场内具有能够控制商品价格、数量或者其他交易条件，或者能够阻碍、影响其他经营者进入相关市场能力的市场地位。"该法第 23 条规定："认定经营者具有市场支配地位，应当依据下列因素：（一）该经营者在相关市场的市场份额，以及相关市场的竞争状况；（二）该经营者控制销售市场或者原材料采购市场的能力；（三）该经营者的财力和技术条件；（四）其他经营者对该经营者在交易上的依赖程度；（五）其他经营者进入相关市场的难易程度；（六）与认定该经营者市场支配地位有关的其他因素。"该法第 24 条规定："有下列情形之一的，可以推定经营者具有市场支配地位：（一）一个经营者在相关市场的市场份额达到二分之一的；（二）两个经营者在相关市场的市场份额合计达到三分之二的；（三）三个经营者在相关市场的市场份额合计达到四分之三的。有前款第二项、第三项规定的情形，其中有的经营者市场份额不足十分之一的，不应当推定该经营者具有市场支配地位。被推定具有市场支配地位的经营者，有证据证明不具有市场支配地位的，不应当认定其具有市场支配地位。"

在韩国的实践中，认定某个经营者是否拥有市场支配地位，首先需确定相关市场，然后审查该经营者有无支配力，并且由公平交易委员会承担上述举证责任。在加强对市场支配地位经营者的规制时，设定了市场支配地位经营者的推定条款，即在特定的交易领域，若一个经营者的市场占有率超过 50% 或 3 个以上经营者市场占有率超过 75%，则可推定为拥有市场地位经营者。但属于此类情形的单个经营者占有率在 10% 以下的除外；市场占有率难以用金额计算时，亦可根据产量和生产能力标准算定（该令第 4 条第 2 项但书）。[1]韩国以事前行为防止市场垄断行为的出现，此点同欧盟国家的反垄断法一样，[2]禁止占市场支配地位的经营者的滥用行为，以避免损害消费者利

---

〔1〕　权五乘，「经济法」，法文社．2011，3，제9판，146면．

〔2〕　李东原、国瀚文："中韩两国关于滥用市场支配地位比较研究"，载《忠北大法学研究》2017 年第 12 期。

益或者妨碍、排除竞争等弊害的发生；并且采取禁止导致过多市场集中的企业结合方式，即禁止在一定的交易领域实质上限制竞争的企业结合，同时规制拒绝交易和差别对待等不公正交易行为，这从对待大数据交易的事件上也可以看出来。

而中国在进行市场支配地位经营者的认定的实践中基本是在事件发生后对该经营者是否具有市场支配地位进行事后推定，市场支配地位的认定思路首先考察该经营者的市场份额，然后根据市场份额的大小推定其是否具有市场支配地位。而在事前集中申报阶段，则更多的是进行材料的审核，使得中小企业进入市场的门槛无形中增高了。

但是，互联网市场中市场支配地位的滥用行为针对的是一类特殊主体，即处于市场支配地位的互联网经营者。适格的主体首先应当具有或依据法律可以推定具有市场支配地位，对互联网经营者的市场支配地位进行认定，是对滥用市场支配地位予以规制的前提性条件。根据大数据交易中易出现的垄断行为，我们将大数据交易中滥用市场支配地位行为表现形态按照市场份额以及实施垄断行为的主体进行区分。新《反垄断法》在第 22 条第 2 款也增加了适合现行数字经济条件下的内容："具有市场支配地位的经营者不得利用数据和算法、技术以及平台规则等从事前款规定的滥用市场支配地位的行为。"

3. 市场支配地位基本形态

市场支配地位本身是一种法律形态，受法学思维定式的影响，大陆法系国家或地区往往对市场支配地位的形态进行区分，尤其德国《反限制竞争法》规定得更为详细。[1] 交易垄断行为主要包括经济性垄断行为与行政性垄断行为。经济性垄断行为是指经营者利用自己的经济优势或者通过联合组织或合谋等方式，排除、限制竞争的行为。在传统的经济学和法学上，人们一般所

---

〔1〕 德国《反限制竞争法》第 19a 条第 2 款规定，如果一个企业作为某类商品或者工商业服务的供应者或者需求者，在相关产品市场和相关地域市场上符合了以下条件之一，即具有市场支配地位：(1) 没有其他竞争者或者没有面临实质上的竞争；(2) 相对于其他竞争者具有突出的市场地位；在此特别要考虑企业的市场份额、财力，进入采购或者销售市场的渠道，与其他企业的联合。其他企业进入市场所面临的法律上或事实上的障碍。本法适用范围内和适用范围外的企业与该企业之间存在的现实的或者潜在的竞争，该企业将其供应或者需求转向其他商品或者服务的能力，以及市场相对方转向其他企业获得商品或服务的可能性。第 3 款规定，一个企业至少占有三分之一的市场份额，推定它具有市场支配地位。

称的垄断实际上就是指经济性的垄断。

（1）政府部门实施的行政性垄断行为。

在科学技术的推动下，大数据不仅成为撬动经济增长的"生产力"，也成为各级各地政府的"战略资源"。就现有的情况看，中国政府对待大数据的建设和共享，还存在着许多短板。政府作为行政权力的集中行使者，掌握着绝对的行政数据资源，因其不愿或者不积极分享相关大数据，从而出现了信息"孤岛"等情况。[1] 如今，大量有效的数据资源被政府部门所掌握甚至垄断，而市场交易主体之间要进行数据的"挖掘性"发展，就离不开政府的支持。当一种社会资源被一个具有较大影响力的社会组织单独掌握之时，风险也随之增大。如果处理不当，不仅会扰乱自由的市场秩序，也会对政府的公信力和社会公共服务功能产生极大的影响。

相比之下，韩国对公共数据的开放程度也是以谨慎为主。[2] 韩国开放的公共数据，以公共数据库（www. data. go. kr）为基准，截至 2018 年 4 月共有24 962 家。2013 年开放公共数据后韩国的公共数据开放量大幅增加，但是目前为止与先进的发达国家相比，韩国公共数据的开放数量仍然不足。截至2018 年 4 月，美国开放的公共数据达到了 194 469 个，每 10 万人口中有 59. 3个；英国是 44 897 个，每 10 万人口中有 66. 7 个；与之相比韩国则每 10 万人口中只有 48. 2 个。[3] 金九分析了各领域的公共数据的运用水平和开放数量，运用水平较高的公共、行政（3137 件，18. 62%）、文化旅游等领域开放量相对较多。使用水平较低的或者中等的财政和金融（447 件，2. 65%）、文化旅游（2175 件，12. 91%）、工业和雇用（1478 件，8. 77%），环境和气象（1073件，6. 37%）等领域开放量相对较低。[4] 根据公共机关办理的业务等，是否开放公共数据和数据的质量水平也是不同的。[5] 但是现在的公共数据开放程

---

〔1〕　余明辉："破解大数据垄断重在深化改革"，载中国经济网，http://www. cbdio. com/BigData/2016-10/21/content_ 5349787. htm，最后访问时间：2022 年 2 月 23 日。

〔2〕　陈畴镛："韩国数字政府建设及其启示"，载《信息化建设》2018 年第 6 期。

〔3〕　김태엽，「공공데이터 개방 정책의 현황 및 향후 과제」，「이슈와논점」，국회입법조사처，2018. 04, 1면.

〔4〕　김구「공공데이터 개방 정책에 관한 평가적 고찰:공공데이터 포털을 중심으로」，「국가정책연구」，2017. 06, 75면.

〔5〕　정도영, 김민창, 김재환，「빅데이터 정책추진현황과활용도제고 방안」，입법정책보고서，2018. 05, 31면.

度在使用水平较高的领域缺乏大量的数据开放。应该在利用高水平的领域实现更多的开放。[1]

（2）市场主体实施的经济性垄断行为。

在数字市场中，大数据交易行为的主体主要是各互联网相关企业，这些企业利用互联网平台实现竞争。当大数据的交易规模越来越大时，交易主体所掌握的海量数据资源也将随之增加，并利用由此数据资源所产生的利润来投资数据驱动技术，进而持续收集数据资源，这种企业自身的数据循环导致大企业所掌握的数据将越来越多，进而形成一家独大之势。并且，在合并之前，预先筛选的合并标准主要基于资产或销售。但是，在大型 IT 公司合并的情况下，公平交易监管机构很难根据资产或销售情况处理合并。2007 年 4 月，Google 宣布以 31 亿美元收购 DoubleClick，2007 年 12 月，美国联邦贸易委员会（FTC）在经过 8 个月的调查后批准了这项合并，称竞争不受 Google 和 DoubleClick 合并的限制。[2] 在 2014 年 2 月，Facebook 宣布将以 190 亿美元收购 WhatsApp。欧盟委员会竞争管理局调查了欧洲共同市场或其主要细分市场的有效竞争是否存在重大障碍并于 2017 年 5 月对 Facebook 处以 110 万欧元的罚款，[3] 理由是 Facebook 在 2014 年的调查中没有正确提供 WhatsApp 信息。[4] 此外，大型 IT 公司的合并，也会有购买创新型小企业的意图，以将其赶出相关市场，并垄断相关市场。例如，在中国目前互联网产业市场中，百度、阿里巴巴、京东等都在各自的市场领域占据了足以形成垄断的市场份额。如果其利用所持的市场支配地位恶意抬高或者恶意降低大数据的交易价格，不仅会扰乱市场交易秩序，还会涉及侵犯个人隐私以及损害社会公共利益，甚至

---

〔1〕 根据每个机构的业务，每个部门生成的数据总数无法准确确定，但数据总数（24 965 个）属于"向上"领域（金融、金融、工业、就业、环境、气象）。开放数据片段的数量只有 4285 个，仅占开放数据的 17.2%，说明各部门对公开数据的开放还不理想。

〔2〕 FTC File No. 071 - 0170, Federal Trade Commission Closes Google/DoubleClick Investigation, 2007.12, https://www.ftc.gov/news - events/press - releases/2007/12/federal - trade - commission - closes - googledoubleclick-investigation, 2019.05. last accessed on 6 April 2022.

〔3〕 Case No COMP/M.7217 - FACEBOOK/ WHATSAPP, Office for Publications of the European Union, 2014.10, p.2.

〔4〕 Jennifer Rankin, Facebook fined £94m for "misleading" EU over WhatsApp takeover, The Guardian, 2017.05, https://www.theguardian.com/business/2017/may/18/facebook - fined - eu - whatsapp - european-commission, 2019.05.

将会危害国家安全。所以，在新科技革命高速发展时，对大数据垄断行为进行法律规制刻不容缓。

（四）滥用市场支配地位的认定标准

有市场就有竞争，竞争是由市场构成的，而市场是由企业构成的，企业总是按照一定的经济规则在市场中进行商品或者服务的交换。正如孟德斯鸠在《论法的精神》中说到的，任何具有权力的人都倾向于滥用权力，直到他遇到限制为止。虽然竞争是市场的推动力，但是竞争中存在的垄断行为，对市场自由造成威胁，使经济发展所依赖的市场秩序遭到破坏。[1]

1. 滥用市场支配地位界定

滥用市场支配地位，是指在市场竞争中具有市场支配地位或者较大份额的企业，利用其显著优势排挤其他经营者或者企业的行为。比较各国滥用市场支配地位相关法律规定与司法实践，必将为完善中国的反垄断法制提供启示。这也是对中国大数据交易进行反垄断规制的基础。下面从比较中国反垄断法律制度着手对平台企业滥用市场支配地位的行为进行论述。由于市场支配地位经营者是能够对所属市场或服务的价格、供应量或交易条件等造成决定性影响的经营者，因此若其滥用市场支配地位行使违法交易行为，必将影响市场经济的正常交易秩序，损害消费者的福利，导致其他经营者无法参与竞争以及资源分配不合理等各种弊端。因此，中国在原则上未采取禁止支配地位的弊端限制主义，而是在对其给予认可的同时，采取禁止其滥用市场支配地位的弊端限制主义。中国《反垄断法》第22条第1款明确规定，禁止具有市场支配地位的经营者从事滥用市场支配地位的行为。中国将滥用市场支配地位的行为分为剥削性行为和排他性行为两大类，其中，过高定价及歧视性销售视为剥削性行为，拒绝或指定交易、搭售等归为排挤性行为。剥削性行为主要是指通过剥夺上、下游企业或消费者的利益谋取垄断利润的行为，而排挤性行为则主要是指对其他竞争对手的排挤或封锁，通过维持其市场垄断地位谋取垄断利润。

对比中国，韩国主要是根据德国的立法例，采取"弊害规制主义"，于1980年12月制定的《垄断规制与公平交易法》规制了有关滥用市场支配地

---

[1]　吴垠："平台经济反垄断与保障国家经济安全"，载《马克思主义研究》2021年第12期。

位行为的规制体系，对滥用市场支配地位的行为作出了禁止规定，即市场支配经营者禁止作出的滥用行为。此外，《垄断规制与公平交易法》将"滥用市场支配地位的行为类型或标准"规定于该法的施行令，以便认定此类滥用市场支配地位的行为（第 3 条之 2 第 2 项，施行令第 5 条）。[1]并且由韩国公平交易委员会根据该法施行令第 5 条、第 6 条公布《滥用市场支配地位行为的审查标准》。但是该审查标准除规定对滥用的判断标准外，同时又规定对相关市场的界定和支配力的判断标准。各国在规制滥用市场支配地位时均关注横向和纵向两个维度，一方面具有市场支配力的经营者对与其有纵向交易关系的经营者的挤压，是不同产业链条层次间的利润掠夺行为，另一方面具有市场支配力的经营者对与其具有横向竞争关系的经营者的挤压，是对竞争的排除和限制行为。但是，由于市场支配地位经营者能够滥用其支配地位，减少商品供应量或提高商品价格，并对所属市场的商品或服务的价格、供应量或交易条件等造成决定性影响，届时，市场自身的功能将不能正常发挥。

2. 滥用市场支配地位行为类型

经营者若仅具有市场支配地位本身并不违法，反垄断法真正关注的是在相关市场上具有市场支配地位的经营者是否利用其市场支配地位，实施了滥用行为。如拒绝交易、价格歧视、搭售和捆绑销售、掠夺性定价等，并且只有在这些行为严重危害竞争秩序和消费者利益的前提下才予以规制。因此，旨在攫取超额垄断利润，或者旨在排斥竞争对手并维持、加强市场支配地位，进而损害有效的竞争过程和消费者利益，是构成反垄断法所规制的滥用市场支配地位的必要条件。[2]大规模、多种类的数据集中有助于提高生产效率和实现产品创新，但也可能给控制数据的企业带来明显的竞争优势。不过，收集和控制大量数据的行为本身并不违法，利用大数据提高市场进入壁垒或滥用市场支配地位排除、限制竞争则属于违法行为。

（1）必要设施。

分析数据相关的拒绝交易行为，其中一个重要话题是数据是否属于必需投入品，是否应该适用必需设施理论（essential facility doctrine）。若适用必需

---

〔1〕 권오승,「경제법」, 법문사(제12판), 2015.03, 157면.

〔2〕 时建中："共同市场支配地位制度拓展适用于算法默示共谋研究"，载《中国法学》2020 年第 2 期。

设施理论，仅说明大数据是一种不可或缺的投入品还不充分，还得证明这些大数据无法被竞争者复制。[1]综合来看，数据资源能否被视为一种必需设施得结合个案进行分析。根据欧洲法院的判例，仅在个别案件中有强制权利人与竞争对手分享必需设施的要求，原则上一个具有市场支配地位的企业并无义务促进竞争对手业务的发展。欧洲法院在 Bronner 案[2]、IMS Health 案[3]以及 Microsoft 案[4]中认为，只有当一个企业拒绝给予的行为对于一种产品而言是不可或缺的，而且拒绝行为阻碍了新产品的出现，同时用户对这种新产品有需求，此外这种拒绝行为没有客观理由时，法院才对企业施加强制接入或分享的义务。对于"不可或缺性"，在 Bronner 案中，欧洲法院认为只有当没有替代的产品或服务时，而且由于技术、法律或经济的障碍使得任何企业难以在下游市场中开展运营活动，包括与其他企业、产品或服务进行合作运营的方式，则可以认为该种产品或服务是不可或缺的。

（2）排他条款。

由数据引起的反竞争行为还包括与第三方签订排他性的条款阻碍竞争者获得数据，或者通过让消费者更难转换至其他产品或服务的形式减少竞争者获得数据的机会。[5]特别是当具有市场支配地位的企业签订排他性条款时，很可能排除竞争者。新浪微博的用户服务使用协议就存在类似争议，[6]此前的争议条款规定"未经微博平台事先书面许可，用户不得自行授权任何第三方使用微博内容（微博内容即指用户在微博上已发布的信息，例如文字、图片、视频、音频等）"，该条实际上会限制其他平台获得用户相关的一些数据

〔1〕　Ania Thiemann, Pedro Gonzaga, "Big Data: Bring Competition Policy to The Digiral Era", Directorate for Financial and Enterprise Affairs Competition Committee, OECD, 2016.10, pp.21-22.

〔2〕　ECJ, Judgement of 26.11.1998, Case C-7/97 Bronner v Mediaprint [1998] ECR I-07791, paragraph 43.

〔3〕　ECJ, Judgement of 29.04.2004, Case C 418/01 IMS Health v NDC Health [2004] ECR I-00791, paragraph 52.

〔4〕　CFI, Judgement of 17.09.2007, Case T-201/04 Microsoft v Commission [Microsoft] OJC-269, paragraph 331.

〔5〕　Allen P. Grunes, Maurice E. Stucke, "No Mistake about it: The Important Role of Antitrust in the Era of Big Data", The Antitrust Source, No.1, 2015, p.10.

〔6〕　信海光："微博连夜修改《用户服务使用协议》，相关条款背后博弈复杂"，载百度网，https://baijiahao.baidu.com/s? id=1578793452899207939&wfr=spider&for=pc，最后访问时间：2022 年 3 月 23 日。

信息。不过，大家对该条款的讨论是集中于合同条款是否合理以及第三方抓取微博内容的行为是否涉及反不正当竞争。

（3）数据搭售。

一个企业可以通过数据以反竞争的方式增强其在另一个市场的市场力量，如英国竞争执法机构的一份报告指出，一个拥有价值很高的数据资源的企业将数据与自己的数据分析服务捆绑出售，该捆绑行为可能被认为是违法的搭售。[1]这种搭售可能在某些情况下能提高效率，但也可能减少竞争，因为拥有数据资源的企业具有竞争者所没有的竞争优势，搭售可能会排挤竞争对手。

（4）价格歧视。

企业通过收集客户的数据获得用户的购买习惯，便于评估用户对某种产品或服务的支付意愿。若企业在相关产品市场中拥有市场支配地位，则能通过这种数据为不同客户群体设定不同的价格以获得超额利润。如滴滴并购Uber中国时，有人提出两个在线平台合并后可能出现一家独大的情形，加上两个平台拥有大数据优势，可能实施价格歧视的行为来获得垄断利润。不过，价格歧视有双重效果。从消极方面看，价格歧视将打破用户之间的平等性，而且用户可能将支付更高的价格。从积极方面看，价格歧视也可以促进竞争。如由于存在价格歧视，一个企业可能为用户偏好的某种产品制定更低的价格，从而引起更激烈的价格竞争。另外，如果拒绝提供数据的行为涉及歧视性待遇可能被认为是反竞争行为，如欧盟调查并处罚了Google优待自有购物产品的行为。例如法国的Cegedim案，[2]Cegedim是法国一家领先的商业信息数据提供商，其拒绝向使用Euris的软件用户出售主要数据库（被称为OneKye），Euris是Cegedim在健康行业的客户关系管理（CRM）软件市场的竞争对手，但是Cegedim向其他用户出售数据库。法国执法机构认为这种行为涉嫌歧视行为，OneKey是医疗信息数据库中主要的数据库，而且Cegedim在医疗信息数据库市场具有支配地位，这种歧视行为可能限制Euris的发展。所以，在大数据背景下，经营者基于对消费者相关数据信息的全方位了解和掌控，以所

---

〔1〕 刘志成、李清彬："全球智库论坛：把握当前数据垄断特征优化数据垄断监管"，载中国发展观察网，https://cdo.develpress.com/？p=7185，最后访问时间：2022年4月19日。

〔2〕 Autorité de la concurrence & Bundeskartellamt, Competition Law and Data, http://www. autorite-delaconcurrence. fr/user/standard. php？id_ rub=630&id_ article=2770, 2019. 05. last accessed on 22 April 2022.

谓"动态定价"的营销模式，一方面使消费者在毫无讨价还价余地的情境下按照经营者的单方定价，在最大的能力范围内购买商品和服务。在同一商品或服务之上付出比其他消费者更高的购买价格，经营者由此获得最大化利润。另一方面经营者通过大数据分析技术，对消费者的消费习惯、消费水平进行分析，为一些消费水平较高的消费者推送一些优质的服务信息以此来吸引他们，但对消费水平低或者盈利空间小的顾客却置之不理。从而人为地将消费者划分为各种阶层，这与公平、诚信的市场交易理念和现代法治精神是严重相悖的。

第五章
大数据交易竞争法规制路径探析

　　新科技革命时代就是一个创新创业的时代，它是把互联网的创新成果与经济社会各领域深度融合而形成的一种经济社会发展的新形态。它以更广泛的互联网为基础设施，集聚创新要素，进而推动技术进步和组织变革，提升实体经济创新力和生产力。在这样的时代背景下，推动大众创新就需要打破阻碍产业创新发展的障碍和壁垒，构建开放包容的发展环境。生产力决定生产关系，生产关系又反过来影响生产力，这是社会发展的规律。

　　大数据产业是技术革新发展的趋势，传统产业的升级突破了原有的规则制度的限制，与互联网融合后将会释放无限的潜力，无形中垄断也会不断涌现。互联网行业是一个极具活力的产业，越是有活力的产业越容易推进创新的发展，同时这样的环境越需要反垄断的制约，否则创新环境有可能由良性转化为恶性。韩国大数据交易产业发展不足的主要原因就是法律过于严格的制定，导致了产业发展的滞后。虽然韩国个人信息保护机制在全球来讲都是可以排在前列的，但是以竞争规制参与到个人信息保护的过程却滞后于欧美国家。[1]与此相比，现在的产业和社会要通过数字机器实时进行信息公开，仅凭现行法规制度是不够的，需要引入竞争规制进行消费者权益的保护。例如，德国修改了《竞争法》（2017 年），[2]在其第 18 条 2a 中规定，即使存在免费服务，也可能存在相关市场。其新设的目的就是特别强调，如果平台企业是以支付对价提供服务的，那么德国《竞争法》将为多面市场或平台市场中滥用市场支配地位以及企业联合行为提供法律依据。此次修改是德国专门

---

〔1〕　Hogan Lovells, A sia Pacifc Data Protection and CyberSecurity Guide 2018, p. 8.

〔2〕　周万里：“数字市场反垄断法——经济学和比较法的视角”，载《中德法学论坛》2018 年第 1 期。

为了适应数字市场而进行的修改，2022 年德国在《竞争法》的第十次修改中依然保持了这一规定。

法律的主要作用之一就是调整及调和种种相互冲突的利益，无论是个人的利益还是社会的利益。[1]在现代国家体制下，以立法对数据利益进行衡量，解决规范背后的数据利益冲突的问题，进而构成法的内在体系，是大数据交易竞争法立法的理论基础，其目的也必然是解决大数据交易竞争中多元利益冲突的利益平衡问题。总而言之，推进数据要素市场化配置工作，建立综合性、立体化的个人信息保护法律体系是一项系统工程，需要统筹协调政府、企业、社会组织等多方力量，从多层级别法律入手。而对立法模式的选择，应考虑国际数据贸易大的发展趋向，以中国的现实国情为出发点，切合国内现有法律制度进行"多元共进，两头平衡"[2]的法律体系构建，充分挖掘和释放数据要素应有的资源价值。大数据交易的竞争法保护路径要寻找法律规制与数字社会适用的平衡点。

一、大数据交易竞争法规制原则构建

（一）现行监管政策剖析

数字平台以数据生产要素为核心，成为数字经济时代的新型经济组织，其对技术的充分运用、资源的整合调配等在推动以"大数据"为交易对象的商业模式的形成上也起着显著的作用。[3]一方面，其通过网络效应降低成本实现价值功能；通过算法技术预测用户的潜在需求，提高经济效益和消费者福利。另一方面，平台充当"守门人"的角色，控制市场准入，排除或者限制竞争对手以化解竞争威胁，甚至滥用平台中立性，巩固或扩大其主导地位，减少了消费者的选择。[4]具体表现为：操纵算法，控制用户（消费者、劳动者）作出违反其个人意志和利益的决策，并成为平台企业训练算法进行自动

---

〔1〕［美］E. 博登海默：《法理学　法律哲学与法律方法》，邓正来译，中国政法大学出版社 1999 年版，第 398 页。

〔2〕张新宝："我国个人信息保护法立法主要矛盾研讨"，载《吉林法学社会科学学报》2018 年第 5 期。

〔3〕杨东："论反垄断法的重构：应对数字经济的挑战"，载《中国法学》2020 年第 3 期。

〔4〕陈永伟："美国众议院《数字市场竞争状况调查报告》介评"，载《竞争政策研究》2020 年第 5 期。

化决策的燃料。[1]从比较视角来看这一优劣共存的现象，欧盟与美国的治理策略存在明显不同：欧盟以《通用数据保护条例》（GDPR）实行"公民数据基本权利"的规制模式，但实践中不断以监管"滥用市场支配地位"为由，进行针对头部平台企业的反垄断调查；[2]美国以《加利福尼亚州消费者隐私法案》（CCPA）实行"强监管下的数据自由化"的规制模式，认为用户的隐私权关乎民主机制，对于用户的数据画像行为是打扰其私人领域的行为。[3]但是，欧美都倡导在保护用户数据隐私权的前提下，促进数据的自由流通，二者都在寻求"数据权利保护和数据自由流通"的平衡模式。[4]在中国，两种监管方式都具有一定的拥护者，却很难得到有效借鉴。首先，国家希望通过数字经济在新一轮国际竞争中取得优势，因此在数字平台扩张的初期持审慎包容的态度，并对产生的竞争法益冲突引入其他法律规范进行解决以调和利益冲突。其次，从实践看，在最高人民法院公布的历年反垄断诉讼案件中，涉及被告人滥用市场支配地位的指控仅有数起，例如"3Q 大战"中的腾讯（QQ），唐山人人公司诉百度公司垄断案中的百度，但裁判结果均认为被告人占据市场支配地位的证据不足。最后，平台企业对用户数据的识别行为具有反竞争效果，需要引入市场竞争规制的监管规范很难落实。以个人信息换取网络服务的使用权已成为潜移默化的共识，只要没有引起人身、财产安全就很难引起重视，而当引发不利后果时，一方面，监管部门此时进行监管属于事后介入，对于前期的甚至是长年累月的数据采集或者利用情况已经无法界定，存在监管的滞后性；另一方面，从经济效率上说，让处于竞争链末端的势单力薄的消费者对大量收集、存储和利用个人信息的公司或政府以提起民事侵权之诉来维护自身权益，实现保护隐私的目的，也很不现实。

数字平台生态系统是多方面利益的集合体，监管决策往往是各类成本收

---

[1]　国瀚文："滥用市场支配地位隐私权保护研究——以完善数据要素市场为背景"，载《商业研究》2020 年第 10 期。

[2]　杨坚琪："谷歌在欧洲：欧盟运行条约（TFEU）第 102 条视角下的谷歌垄断行为分析"，载《竞争政策研究》2017 年第 1 期。

[3]　See Mark R. Patterson, Antitrust Law in the New Economy: Google, Yelp, LIBOR, and the Control of Information, Harvard University Press, 2017.

[4]　国瀚文："数字经济视域下大数据交易管理法律模型建构研究"，载《中国应用法学》2021 年第 6 期。

益权衡的结果。基于我国现实情况，对于数字平台的监管需要在参考国际情形以及未来发展方向上考虑一条中间道路。但在我国传统的竞争规制规范中，平台中立原则缺乏指导性作用，比如在传统的铁路、水、电等具有公共基础性的部门，相关政府机关在市场规制执法实践中，依然存在对规制对象的差别性和歧视性做法，这种做法不仅破坏市场经济核心竞争机制的正常运行，[1]而且不利于我国市场与国外市场的有效对接。随着数字经济的深入发展，市场规制正在经历着深刻的数字化重塑，打破了传统上基于垄断、信息不对称、外部性、公共产品、信息安全等因素而产生的政府规制需求。[2]数字市场中的各项规制制度依旧是以维护竞争自由、有序、公正为目标，所以平台中立原则应成为数字竞争政策的指导性原则，但对既有公共性质的竞争秩序，又有个人私权性质的消费者福利以及新型劳动场景下的用工纠纷问题来说，需要按照竞争政策保护的核心要旨进行差异化治理。

一是为解决数字经济时代由立法的滞后性带来的传统法律无法适用的情况，平台中立原则为竞争主管机构监管数字平台运营商提供了法理支撑与法律依据。首先，从网络中立到平台中立的中立概念的扩展是信息通信产业结构性变化的结果，通过与已经在中立性规范化上获得整体和部分成功的网络中立性的比较，控制通信网络的互联网服务提供商（ISP）在行业中的重要性被削弱，平台运营者的作用反映了变化趋势。在竞争法的适用方面，平台中立原则在内容上包括非歧视性义务，如果将该概念作为判断不正当性的法理加以援引，需要像必要设备论一样通过立法的方式将其制度化或有助于落实平台的竞争政策。[3]与网络中立进行比较，平台享有更多的控制力的性质，拥有更多支配权被滥用的方式，在比较二者在滥用控制力的可监管性等方面，差异凸显。2007 年，韩国大法院在浦项制铁公司（POSCO）[4]案中，以限制

---

〔1〕 孙晋、阿力木江·阿布都克尤木、徐则林："中国数字贸易规制的现状、挑战及重塑——以竞争中立原则为中心"，载《国外社会科学》2020 年第 4 期。

〔2〕 戚聿东、李颖："新经济与规制改革"，载《中国工业经济》2018 年第 3 期。

〔3〕 丁晓东："网络中立与平台中立——中立性视野下的网络架构与平台责任"，载《法治与社会发展》2021 年第 4 期。

〔4〕 浦项制铁公司（POSCO）是韩国政府为了使作为现代产业社会国力象征的钢铁能够自给自足于 1968 年成立的。在浦项制铁公司（POSCO）事件中，韩国大法院判定"作为滥用市场支配地位行为的拒绝交易的不正当性，应根据促进垄断性市场竞争的立法目的进行解释"。2007 年韩国大法院第 8626 号判决。

竞争效果作为判断不当性的基础，所以，认为对比数字平台滥用市场支配地位不当性判断方面，也可以遵循这种判断方式。因此，在修订《反垄断法》时，参考韩国信息通信相关法律规范，将与通信运营商相类似的平台运营商加以事前规制的义务，规定在某些情形下可参考韩国关于基础通信运营商的相关规定，适用平台中立原则。并且，在事后监管方面，以平台中立性作为判断限制竞争的法理基础，对平台运营商赋予特殊义务。平台运营架构的构建以及搜索引擎的算法调整等行为，在以传统竞争规制难以划定和分析相关市场时，不能有效适用于判断限制竞争效果。而数字平台竞争规制适用平台中立原则，需要反映平台固有意义和竞争法观点的非歧视性内容，可以缓解反竞争判断限制性的困难。[1]总的来说，竞争政策中平台中立原则的核心要义为：注重维护数字经济总体效益，兼顾数字生态系统各方经济利益的公平。

二是数字平台竞争规制需要基于公正理由进行差异化的平台治理。数字平台具有很多特殊性，既存在调整市场秩序并保护技术创新的需求，又有消费者福利保护以及劳资纠纷的问题。传统的平台中立原则的实施应根据数字平台企业的体量而定，由于平台对信息传播的控制力较弱，因此，对平台施加中立性责任应当较为谨慎，不应一概而论地将平台视为公共基础设施，要求平台承担类似公共承运人的责任。具有市场支配地位的头部平台企业，监管机构可以根据中立性原则结合反垄断法对其滥用行为进行非中立的判断；对不具备市场支配地位的中小型企业，为保护其创新能力，对其减少不必要的中立性判断。纵观世界各国的竞争法，其最终追求的目标多为消费者福利最大化的根本理念，数字平台的竞争政策也需要秉承传统竞争法的法益保护需求。在这种情况下，有的学者认为基于平台中立概念设置的竞争政策很难预测数字经济将走向什么样的水平和范围，是否会限制和阻碍创新，进而对消费者福利产生负面影响，以及能否有效应对现行竞争法上的滥用规制。[2]其中，介于数字经济下的劳资纠纷问题因其所在劳动力市场与竞争政策规制的以数据为生产要素的产品市场并不对等，所以要通过其他形式的监管来处

---

〔1〕 2020年9月韩国国会立法预告的《关于网络平台中介交易公平化的法律（案）》以事后监管为主线，主要从交易公平而非竞争限制性角度出发，以平台经营者与入驻企业之间的不公平交易行为为监管对象。

〔2〕 学者指出了阻碍竞争等行为举证困难，特别是针对滥用行为的不当性判断。정찬모：《인터넷 플랫폼 중립성 규제론》，박영사2019，250면.

理劳动力市场中的安全和心理健康等问题，不需要进行反垄断监管。具体来讲，针对零工共享模式，明晰不同场景下个体劳动者的收入来源、职业范畴、责任分配、侵权救济等劳务要素，识别劳动者个体与服务平台间的权利义务界限，判断平台责任承担类型及限度，作为补充情形纳入现行劳动法体系。[1]

从世界范围来看，平台中立原则被部分国家或地区认可。美国联邦贸易委员会（FTC）对比较购物竞争行为进行调查，认为 Google 利用其优势地位，为其纵向应用的购物等内容提供优待。[2]这也是在 Google 与 Foundem 案中，Foundem 起诉 Google 的主要依据，其认为自己在 Google 的搜索平台中处于不利地位。有学者认为，Google 在其搜索平台中为自己的购物网站提供排名在前的服务，而对其他同类网站给予降级的搜索排名违反了搜索中立原则，应对其进行规制。[3]2016 年法国《数字共和国法》（Digital Republic Law，DRA）修订后的施行旨在对数字经济进行一体化的管理，为网络平台供应商设定了具体义务，并具体界定了其在满足设定情形时向客户提供面向公众的在线通信服务的企业，需要遵守公共承运人的相关规制；并规定个人能够自行决定和控制其个人数据的用途，以此强化个人权利。举例而言，DRA 明确规定当数据控制者以电子方式收集个人数据时，其必须保证个人能以电子方式行使个人权利以及赋予消费者数据便携权。[4]对比我国的相关法律规定，将平台中立原则进行适用的主要为《电子商务法》，其在第 35 条规定："电子商务平台经营者不得利用服务协议、交易规则以及技术等手段，对平台内经营者在平台内的交易、交易价格以及与其他经营者的交易等进行不合理限制或者附加不合理条件，或者向平台内经营者收取不合理费用。"

平台中立原则提供的公共承运人的义务性规范，可以为切实有效地应对数字平台的歧视性规则作出有意义的贡献。平台通过进入壁垒功能的交叉网

---

〔1〕　陈兵："支持和规范零工经济服务平台健康发展"，载第一财经，https://baijiahao. baidu. com/s？id=1693009830867213231&wfr=spider&for=pc，最后访问时间：2022 年 2 月 22 日。

〔2〕　FTC，"Statement of the Federal Trade Commission Regarding Google's Search Practices In the Matter of Google Inc."，FTC File Number 111-0163，January 3, 2013.

〔3〕　See Oren Bracha, Frank Pasquale，"Federal Search Commission：Access，Fairness，and Accountability in the Law of Search"，Cornell Law Review，Vol. 93，No. 1149（Sep.，2008），pp. 1206-1209.

〔4〕　钱弘道："法国数据保护立法最新动态——《数字共和国法》十大关键点"，载 http://blog. sina. com. cn/s/blog_ 5f686f530102xejn. html，最后访问时间：2022 年 2 月 24 日。

络效应获取支配力，从而为平台提供生产和积累数据的机制，以急剧增强其支配力。由于竞争规制所依据的是一种管制体系，虽然持有滥用市场支配地位的怀疑，但不应将支配力的急剧增加视为反竞争行为，基于其滥用可能性的担忧增加，可对其赋予承担更高义务的监管要求。2022 年 4 月欧盟通过《数字服务法案》（DSA），旨在进一步加强对大型数字平台的监管，确保平台对其算法负责，并改进内容审核。其对超大型平台设置附加义务，明确了责任和问责制。[1] 2022 年 7 月 18 日，欧盟批准通过《数字市场法案》（DMA），该法案将作为"守门人"的大型平台的某些做法列入黑名单，使欧盟委员会能够开展市场调查并制裁大型平台的不合规行为，[2] 其中就包括对"杀手型收购"（killer acquisitions）的相关规定，在系统性违规的情况下，欧盟委员会可以限制"守门人"企业在与《数字市场法案》（DMA）有关的领域进行收购，以补救或防止对内部市场竞争秩序的进一步损害。"守门人"企业也有义务将计划收购的情况通知委员会。此外，欧洲议会还制定了更有力的保障措施，以确保以非任意和非歧视的方式处理通知，并尊重包括言论自由在内的基本权利，并且规定由竞争主管机关行使相关监管职能。这些规范的陆续出台，说明以公共承运人的义务要求平台运营商的权利已经成为一种趋势，同时也是平台中立原则得到认可的一种实践。

（二）大数据交易竞争法差异性监管动向探析

数字经济并不是法外之地，有市场就有竞争，有竞争就需要监管。面对市场要素集中增加创新程度，继续以开放资源激发信息技术带来的市场活力，同时增强用户的自主选择权，将个人数据变成影响市场结构的重要杠杆权力。[3] 无论是肯定还是否定数字平台中立原则的监管规范，都不否认具有控制力的平台会有滥用其支配地位的可能，产生限制竞争的问题以及对用户福利的影响。对于涉及消费者福利的平台行为，应当区分平台的管理行为与误导行为。对于平台为了管理平台内的不规范行为、促进市场信用体制建设、改善平台

---

〔1〕 欧盟《数字服务法案》（DSA），载 https://mp.weixin.qq.com/s/CuvjcX7NFULadazyVm3Ivg，最后访问时间：2022 年 2 月 24 日。

〔2〕 如果"守门人"不遵守规则，欧盟委员会可以对其上一财政年度的全球总营业额处以"不低于 4%，但不超过 20% 的罚款"，载 https://mp.weixin.qq.com/s/tCmyQMFHmeJDmt0TfwpkRQ，最后访问时间：2022 年 2 月 24 日。

〔3〕 胡凌："从开放资源到基础服务：平台监管的新视角"，载《学术月刊》2019 年第 2 期。

生态系统采取的做法，监管机构应将之视为正常的市场行为。[1]在目前缺少条文的情形下，很难断定竞争法适用平台中立性原则对创新产生的效果，平台控制着创新的路径，在这个过程中可能会阻碍创新竞争，甚至会导致监管的失败。[2]因此，在进行竞争规制时，以平台中立原则指导的竞争限制性判断规范需要从多个角度进行考虑。[3]

（1）强化平台运营者的注意义务，也需要契合平台的网络技术逻辑。针对数字平台的交易方式和交易内容，现行竞争法对其有效规制存在局限性的问题，在法理或者立法上如继续以平台既有的中立性原则进行约束，有可能使数字平台生态系统的自主演化过程受到抑制。[4]平台不拥有生产资料，只是提供撮合交易的中介服务，而数字平台竞争不是以均质化服务的批量交付方式展开，而是将服务内容的差异性作为竞争的关键要素，数字平台服务本身所具有的特性可能不适合中立性的要求，强制使用中立标准，会带来违背平台服务本质特性的结果，这会侵害基于行为人自主的市场动态。数字平台的控制力源于其所提供服务的创新性，作为判断平台支配力的必要生产要素，网络的开放可以促进以此为基础的市场的竞争，并最终促进消费者福利的增长。[5]因此，平台提供的服务具有数据要素的特征，在交易用户之间信息不对等的情况下，在售信息会以商品形式出现，消费者只能完全依赖于供应方提供的信息；如果事先充分提供有关商品的信息，作为商品的效用和价值就会降低，从而可能导致交易无法成立。[6]所以，数据商品的特性需要强化平台运营者

---

〔1〕　贾洪文、敖华："社会信用管理体系建设研究——基于市场机制的视角"，载《浙江工商大学学报》2020年第1期。

〔2〕　在没有综合考虑的情况下，只着眼于限制竞争的效果而进行不当性判断，会侵害竞争政策规制的意义或规范合理性，最终反而会产生削弱规制实效性的结果。

〔3〕　虽然对平台适用竞争法会产生严格的执行结果，但在放宽限制的前提下，平台中立性的制度化可以让平台运营者受益。

〔4〕　过度执行（false positive）是指监管机构或法院将竞争行为视为反竞争行为。据此执行不仅会对作为被监管者的经营者造成损失，还会侵害消费者的利益。在Trinko案中美国联邦最高法院认为：由错误的理由产生的错误惩罚会产生特别大的成本，因为这样的处罚反而会使反垄断法所要保护的法益萎缩。

〔5〕　中立性要求反而会限制平台间竞争，阻碍早期吸引投资。Marvin Ammori，"실패한 비유：망중립성 대 검색 및 플랫폼 중립성"，경쟁법연구，제33권，2016，397-398면.

〔6〕　See Robert Cooter & Thomas Ulen, *Law & Economics*, Pearson, 2008, pp. 120-121.

的注意义务，也需要契合平台的网络技术逻辑。[1]《关于平台经济领域的反垄断指南》第3条第2项也明确指出，反垄断执法机构将根据平台经济的发展状况、发展规律和自身特点，结合案件具体情况，强化竞争分析和法律论证，不断加强和改进反垄断监管，增强反垄断执法的针对性和科学性。

（2）根据平台的性质，以中立性为原则，以公共性规范为基础进行差异性监管。数字平台的中立性质主要是促进用户匹配，利用数字技术以低成本搜索为互联网用户创建高效匹配，平台通常充当买家与卖家之间的中介。既可以根据被撮合交易的内容进行分类，也可以根据平台提供服务的特点进行类型化，最终根据平台的价值实现功能，可将平台分为交易平台、创新平台、集成平台和投资平台。[2]交易（transaction）平台作为最常见类型的平台，充当线上采购和销售的中介，该类平台促进了个人与公司之间的交易，类似于阿里巴巴、Google搜索、Amazon市场等平台降低了数十亿用户和提供商的交易成本。创新（innovation）平台是指提供包含一系列通用标准的技术基础，并在此基础上由第三方开发新商品并销售给消费者或其他运营商的平台形式，以Microsoft、Google和Android为代表。当集成平台与创新平台的功能整合，所产生的协同效应可能会导致巨大平台的形成，如Google、Apple Inc.、百度等。投资（investment）平台是指自己不运营平台，却投资其他平台项目的情况，典型代表是2019年开始运营的PLAT。[3]以上四种类型的平台虽然在具体提供的服务内容上存在差异，但在执行连接用户群的中介功能上是共通的，在由此形成支配力的可能性方面也是类似的。美国众议院司法委员会2020年发布的数字市场竞争调查报告分析了当前数字经济领域存在的十种服务，包括搜索引擎、电子商务、社交网络和社交媒体、移动应用商店、移动操作系统、电子地图、云计算、语音助手、网络浏览器、在线广告等。[4]尤其像集

---

〔1〕 赵鹏："平台公正：互联网平台法律规制的基本原则"，载《人民论坛·学术前沿》2021年第21期。

〔2〕 在回顾近期出现的平台格局时，我们看到了广告平台、云平台、产业平台，如Uber、Airbnb等，试图在减少拥有资产所带来的成本的同时实现盈利。

〔3〕 See Peter C. Evans, Annabelle Gawer, "The Rise of the Platform Enterprise", *The Center for Global Enterprise*, 2016, pp. 14-18.

〔4〕 "美国众议院就四大科技巨头涉嫌垄断发布数字市场竞争调查报告"，载 https://net.blogchina.com/blog/article/838951043，最后访问时间：2022年2月21日。

成平台这样融合了综合交易和技术开发的平台，具有成为巨型平台〔1〕的可能，应当肩负起更多的社会责任。逐渐增强的支配力使平台的中立性逐渐向差异化演变，中立性规范难以全面地作为监管平台秩序的基础性规则。当平台行使治理权时，应设计符合实体公正与程序公正的规则进行监管，比如在数字平台实施封禁行为或区别对待时（禁止平台之间数据传输、控制发言、删除信息等），应提供合理理由，并遵守比例原则。封禁等行为本不符合互联网精神的本质，但如果确实存在不安全信息时，数字平台基于公共责任可以合理理由采取措施。

（三）个人信息保护反垄断规制的探索

1. 剥削性滥用界定

早期的观点认为，"没有仲裁或者判例来证明隐私保护是竞争法的保护目的"，如欧洲法院在 Asnef-Equifax〔2〕一案中强调，任何与个人信息敏感性相关的问题都不受竞争法的约束，并将根据数据保护法的相关规定予以解决；而欧盟委员会在 Facebook 与 WhatsApp 合并案〔3〕中认为，企业合并后由 Facebook 控制的数据集中度增加，所产生的任何隐私风险不应属于竞争法规制的范围，应由信息保护法进行规制。可以看出，此时的讨论只是集中于法学理论层面的理论，随着大型数据驱动企业合并案的增多，欧洲数据保护当局的态度逐渐有了转变，因为当竞争当局无法以传统方式界定相关数据市场时，其开始逐渐转向引入数据保护规则，对支配企业的垄断化过程进行界定。

2017 年 12 月德国联邦交易厅在认定 Facebook 滥用市场支配地位时，以"由于其具有（强大的）市场支配地位，用户不得不同意在线服务要求的信息提供条件以换取相应的服务"为理由支撑，指出该过程的实质是剥削性滥用行为。德国联邦反垄断局局长 Andreas Mundt 表示："Facebook 作为一家占据市场支配地位的公司，应承担竞争法规定的特殊义务，且必须考虑到 Facebook

---

〔1〕　一般来说，大平台、头部平台、巨头平台、超级平台等通常是指 Google、Apple Inc.、Facebook 和 Amazon 四大巨头（GAFA）。他们作为全球性的平台公司，影响着市场，压倒了其他新兴平台。从欧盟、美国、法国、德国、韩国等对以上大平台接连不断的涉垄断案可以看出大平台这种情况正引起各国竞争执法机关的注意，只是这里并没有将大平台限定在它们身上，而是将其用于涵盖在平台提供的特定服务市场中处于支配地位的情况。

〔2〕　488 ECJ Case C-238/05 Asnef-Equifax（2006）.

〔3〕　489 EU Commission Case No COMP/M. 7217 FACEBOOK/WHATSAPP（2014）.

用户实际上无法转而使用其他社交网络，鉴于 Facebook 的优势市场力量，用户唯一的选择是全面接受同意公司使用数据的条款，或不使用该软件，在这种情况下，用户的选择不能称为自主同意。"在 Facebook 与 WhatsApp 案中，欧盟委员会认为，如果合并之后的平台开始要求用户提供更多个人数据或者开始向第三方提供该等数据，以此作为向其提供"免费"产品的条件，此举可视为提高价格或者降低产品质量，并构成违反竞争法。[1]反映出其依据数据的特性进行滥用支配行为的界定，即虽然有些服务是免费提供的，但是也有可能存在相关市场，因为该企业提供的免费服务通常是通过数据交换而得到的。

拥有市场支配地位企业的商业模式与分散的传统线下交易不同，互联网平台天然地伴随着规模效应。规模效应带来的是效率的提升与垄断的靠近。消费者数据最核心的商业价值，为它的"二次利用"，即了解用户的行为习惯和爱好，从而有针对性地进行服务。当用户基于习惯性选择，成为某些软件的固定用户时，企业往往会过多地收集数据，例如，通过步数计算、睡眠质量测算和体重管理等涉及健康的数据可以预测该消费者的人寿保险费率，甚至可以揭示其个人偏好、家庭情况或者特定的经济状况等信息进行数据画像，或者对消费者进行广告定向投放等行为。这些数据不可避免地包含了个人隐私，但消费者往往不知道自己的数据被收集或者被收集的范围，又有哪些数据被进行了交易。这与消费者天然所处的弱势地位有关，相对的数据驱动企业（网络服务商）则为处于强势地位的经营者，通过既有的互联网市场交易规则（网络平台的注册条款、默示同意、位置数据采集、个人趋向信息识别等），收集、记录消费者的个人数据，一旦用户不同意所谓的"告知或同意条款"则无法使用平台，最后用户不得已而为之。以消费者同意数据被记录（或交换）为条件，换取平台的使用权。这一互换行为是不是交易行为？被记录的数据中的隐私信息是否会被清洗后使用？该数据被处理时，用户是否有知情权？这些问题表明，消费者以其个人数据换取平台使用权的行为，带有明显的被强制色彩，[2]其实质就是数字企业滥用其市场支配地位直接从消费

---

〔1〕 Ocello E., Siödin C., Subočs A., What's Up with Merger Control in the Digital Sector? Lessons from the Facebook/WhatsApp EU Merger Case, *Competition Merger Brief*, Vol. 1, 2015, pp. 1-25.

〔2〕 徐明："大数据时代的隐私危机及其侵权法应对"，载《中国法学》2017 年第 1 期。

者处攫取垄断利润，以强加不公平商业条件、义务给相对人。而那些晦涩难懂的交易规则（同意条款），并不能从实质上保护消费者的权益，反而使得数据企业更加自由地利用消费者的个人数据实现盈利。[1]

　　法国与德国竞争执法部门认为，[2]数据的储备程度也可能是市场支配地位形成的重要来源，特别是数据被作为进入市场的门槛时，拥有大量的数据是具有市场支配力的表现，而算法（数据控制驱动因素）决定了市场支配地位。此时，该企业收集数据的行为明显违反了数据保护法，且该收集行为是以其具有市场支配地位为前提的，则隐私保护度的削弱可能涉及市场支配地位的滥用。[3]另外，美国政府在对全世界最大的网络广告公司之一的 Google、Facebook 进行反垄断调查时，发现以上公司为了提高广告点击率和精准度，以最大限度（重复）采集消费者个人隐私，从而匹配广告主的营销信息行为，作出"如果 Google 和 Facebook 等公司未来再次因为市场竞争需要处理用户的个人数据，美国政府将对它们进行处罚"的决定。美国政府认为如果重复违反个人信息保护法，则推定其具有滥用市场支配地位的主张。

　　从比较法的角度来看，尽管在这一时期，欧美地区在对数据企业进行反垄断调查时，很少使用剥削性滥用规制对该企业是否有侵犯隐私权的行为进行界定，但是以消费者隐私保护程度的削弱作为一项认证指标已经成为共识。直到 2019 年 2 月，德国联邦反垄断局（BKA）对 Facebook 滥用市场支配地位案件的裁决中，明确表示：Facebook 未经用户同意收集用户信息的行为，是"剥削性滥用"行为，违反了欧洲数据保护原则，这是欧洲历史上第一次将数据保护法和竞争法同时应用在同一宗案例上。[4]在反垄断评估中，Facebook 利用占据的市场支配地位，收集消费者数据，并阻碍其他竞争对手获取数据的行为，是对消费者与竞争对手同时构成了剥削性滥用的行为。这种裁决方式不仅进一步认定了剥削性滥用规则对于数字市场中新型问题的新型规制的

---

　　〔1〕　George J., Stigler Center for the Study of the Economy and the State, Market Structure and Antitrust Subcommittee's Report, Stigler Committee on Digital Platforms, Vol. 9, 2019, pp. 23-138.

　　〔2〕　493 FTC File No. 071-0170Google/DoubleClick 企业合并案。

　　〔3〕　韩伟、李正、沈罗怡："法德《竞争法与数据》调研报告介评"，载韩伟主编：《数字市场竞争政策研究》，法律出版社 2017 年版，第 20 页。

　　〔4〕　2019 年 Bundeskartellamt 发布 Facebook, Exploitative Business Terms Pursuant to Section 19（1）GWB for Inadequate Date Processing 2019。

合理性，[1]也符合执法部门适用《欧盟运行条约》第 102 条的规定，[2]剥削性滥用体现为不公平的价格、附加不公平的交易条款，即不但过高的价格，而且不恰当的合同条款和条件同样构成剥削性滥用（前文提到所谓的交易规则）。就侵犯隐私的剥削性滥用行为的认定而言，平台企业的交易规则可成为一项有效的评估标准，尤其是在大多数消费者并不了解服务条款和隐私政策的情况下。[3]欧盟竞争政策似乎正在转向更为积极主动、更关注消费者利益的执法风格，将侵犯数据隐私的行为认定为滥用市场支配地位，也契合这一发展趋势。[4]

2. 排他性滥用界定

根据传统竞争法结构规制主义原理，排他性滥用主要关注占市场支配地位的企业通过排除或迫使竞争对手退出市场以维持或增强其市场地位的反竞争行为，如通过数据企业间签订的排他性协议等非法方式阻止其他经营者收集相同或类似数据的行为，限制了数据的正常流通与共享，[5]形成市场进入壁垒。实务中多是通过数据企业间的合并形成数据集中，进而通过网络效应提高市场进入壁垒构成排他性滥用行为。因为数据驱动的网络效应可以通过"用户反馈回路"和"货币反馈回路"予以实现，[6]即拥有大量用户的企业能够收集更多的数据用以提高服务质量，从而又吸收更多新用户；也可以通过大量数据提高算法的精准度以及服务的货币化水平，获得更多的资金，从而又能提高企业技术水平与收集更多数据，以此形成循环。该企业将在数据储备量、技术水平、资金实力和市场地位等方面进一步拉开与其他企业间的

---

〔1〕 Shiraishi T, The Exploitative Abuse Prohibition: Activated by Modern Issues, *The Antitrust Bulletin*, Vol. 4, 2017, pp. 737-751.

〔2〕 韩伟："数字经济中的隐私保护与支配地位滥用"，载《中国社会科学院研究生院学报》2020 年第 1 期。

〔3〕 韩伟、李正、沈罗怡："法德《竞争法与数据》调研报告介评"，载韩伟主编：《数字市场竞争政策研究》，法律出版社 2017 年版，第 21 页。

〔4〕 Volmar M., Helmdac K., Protection Consumers and Their Data Through Competition Law? Rethinking Abuse of Dominance in Light of the Federal Cartel Office's Facebook Investigation, *European Competition Journal*, Vol. 14, 2018, pp. 195-215.

〔5〕 殷继国："大数据市场反垄断规制的理论逻辑与基本路径"，载《政治与法律》2019 年第 10 期。

〔6〕 贾晓燕、封延会："网络平台行为的垄断性研究——基于大数据的使用展开"，载《科技与法律》2018 年第 4 期。

距离，从而形成规模经济效应。

事实上，根据法律规定，经营者具有市场支配地位并不违法，但是在其合并过程中（以获取或巩固市场支配地位为目的），如果有实施控制数据、阻止竞争对手获取数据等排他性行为或者阻止用户数据可移植权利的实现等行为的"企图"，属于滥用市场支配地位的排他性行为，应被认定违法。[1]而数据企业间的并购往往无法适用现行规范规定的横向、纵向和混合并购分类，竞争执法机构在界定数据企业合并所形成的排他性垄断行为时是否需要考察该企业有没有对消费者数据构成侵犯，该考察行为是否需要作出竞争规制的新型转化。以"企业合并是否会导致合并后的企业具有市场支配地位"为传统理论依据；以"侵犯消费者隐私权与产生实质性竞争限制是否会有关联"为传统理论的新型转化。

一方面，如何判断侵犯隐私与产生实质性竞争限制会有关联。从世界范围来看，适用竞争法保护隐私的主张，从理论上的冲突，持续到执行上的冲突，即竞争主管机关如何执行竞争法进行数据保护，或者以数据保护规则判断市场垄断行为。传统上使用假定垄断者测试（SSNIP）对经营者进行相关市场界定，[2]即商品市场只有在顾客能够购买（when selling）商品或服务时才存在相关产品市场。而基于数据市场存在"免费服务"的特殊性，无法准确地对其进行市场界定。尤其当数据驱动企业进行企业合并时，经营者一旦通过算法共谋[3]行为创建利润最大化，根据传统竞争法中的"有意识的平行行为原则"，难以证明价格操控层面的"意识"，所以难以揭露其进行的违法行为，进而没有法律依据对进行算法设计的计算机编程人员进行追责，所以在

---

〔1〕 Ewing K, *Competition Rules for the 21th Century: Principles from America's Experience*, Netherlands: Kluwer Law International, 2003, p. 46.

〔2〕 SSNIP："小而显著的非暂时性价格上涨"（small but significant & nontransitory increase in price）。

〔3〕 经济合作与发展组织（OECD）于2017年6月归纳了四种可以作为合谋工具的算法，主要包括监督算法、平行算法、信号算法以及自我学习算法。监督算法意在发现其他合谋者的背叛行为，从而启动对其的惩罚，即通过监督算法检测对手的定价行为，一旦发现其违约，就自动启动价格战，主要是为了保障合谋战线的统一。平行算法，意在自动为所有合谋企业设定最优价格，合谋企业采用一种动态定价算法，帮助提供同类产品或服务的企业在动态市场上进行平行定价。信号算法是指为合谋者设置信号，借助先进的信息网络技术手段，向其他合谋者不断发出瞬时的、极其复杂的定价信号，只有使用了同类算法的合谋者才能接受和解读。自我学习算法意指在为企业选择一个在市场最优的价格，企业可能利用人工智能创造利润最大化的定价算法，通过深度学习后，造成其他企业的默契共谋。

保护消费者数据方面，存在法律缺失。此时，德国《竞争法》（GWB）提供了一个很好的规制模式，[1]根据该企业直接或间接的网络效应、数据的可访问性等，将个人数据与相关市场界定结合起来，为竞争规制工具的有效使用提供法律依据。使用消费者数据的相对方为经营者，如果消费者数据成为与经营者间的交易合同对价条件，则以经营者对消费者数据的处理方式进行界定；如果数据直接被销售给第三方，则提供该数据的相关产品市场业已构成，因为产生了以金钱为对价的交易关系；如果是以提供数据换取服务条件（提供免费服务），则为非金钱性的对价交换，此时以 SSNDQ[2]进行质量下降测试，这里的质量包括对消费者数据的隐私保护级别，因为边际质量测量的方案通常被接受并且应该是可量化的。如 2017 年德国联邦反垄断局（BKA）在调查 Facebook 是否违反个人信息保护法滥用市场支配地位时使用了该种测量方式，[3]最终在 2019 年确定了其关联产品市场为社交网络，关联地域市场为德国全境。[4]

另一方面，排他性滥用的新型规制。竞争执法机构经常需要预测企业合并后的竞争效果，以此来判断合并后的企业是否会具有市场支配地位以及行使垄断性行为的能力。按照竞争规制，将会形成垄断的合并是非法的，即便公司承诺不行使市场势力（以合并后企业的服务质量保持在消费者期待的水平以下的方式行使市场势力）。比如，Facebook & WhatsApp 合并后，能够赋予新实体大规模的数据。该公司向竞争执法机构、消费者承诺不发布这些数据，或者承诺不将这些数据用于广告行为等，但如果合并提升了其市场势力，该企业就能够背弃自己的隐私承诺，而无需担心会受到竞争约束，因为合并

---

〔1〕 2017 年 3 月德国为适应数字市场而修改德国《竞争法》（Gesetzgegen Wettbewer Bsbeschräng-kungen，GWB），该法第 18 条规定，就算存在免费服务，也可能存在相关市场。市场的存在并不排除提供免费服务的情况，说明即使提供免费服务，也不排除有市场的存在；另外，判断经营者是否具有市场支配地位的标准为（特别是在多边市场和网络的情况下）：对公司市场地位的评估应考虑以下因素：（1）直接和间接网络效应；（2）切换用户同时使用的多个服务和服务提供商的成本；（3）与网络效应相关的规模经济；（4）访问与竞争相关的数据；（5）竞争压力促使技术创新。其规制目的在于，企业通过"不提供数据就拒绝提供免费服务"的方式，获得了在正常竞争情况下不会获得的收益，重要的是要判断追求数据依赖型商业模式的企业的市场力量。

〔2〕 SSNDQ："小但重要且质量暂时性下降"（small but significant non-transitory decrease in quality）。

〔3〕 BKA, Working Paper：The Market Power of Platforms and Networks, *Executive Summary*, 2016.

〔4〕 2019 年 Bundeskartellamt 发布 Facebook, Exploitative Business Terms Pursuant to Section 19 (1) GWB for Inadequate Date Processing 2019。

之后的数据集中提升了的市场势力，可能引发排他性的垄断行为，同时该行为有潜力损害个人拥有的与隐私期待相关的内心平静和舒适。美国联邦最高法院认为，在决定是否构成垄断时，必要的考虑不在于是否已经提高了价格或者实际排除了竞争，而在于其如果想要提高价格或排斥竞争就能这么做的能力，即合并后的企业是否取得了市场支配地位并不是认定垄断的必要条件，而是存在这样的势力就足够了。[1]而事实上，合并后的 Facebook 在即时通讯领域的支配地位进一步增强，通过调取其内部文件证实了 Facebook 并购 WhatsApp 的目的就是继续维持其市场支配地位。北美消费者保护机构认为该并购的实际效果是降低消费者的隐私保护，将个体暴露于更严重的追踪和数据收集之中。[2]因此，如果并购赋予企业可以使用的数据范围或者程度扩大，即认为该企业具有提高价格或降低消费者福利质量的能力，该企业就是非法的，即便该企业实际选择了进行合理定价。

二、个人信息的保护与利用

在数字经济的利益衡量格局下，希冀取得数据市场化交易和个人信息保护上的平衡（两头平衡）是世界难题，立法首先要平衡各方利益，在立法价值上应注重平衡各方之间的关系，个人信息保护与隐私权的关系，数据的有效保护与开发利用之间的关系，个人安宁和社会发展之间不同利益主体（国家、社会、企业、个人）之间的关系。[3]因此，可以说在国家政策指引下，数据贸易与个人信息的保护横跨民法、行政法、国际法等不同的法律部门，关涉科技、商业和国际政治等不同领域，需要立体、综合运用民事、行政、刑事及科技等手段予以保护。

（一）对个人信息和隐私权进行区分

传统隐私权保护法主要考虑的是隐私权人与其他人（义务主体）在隐私保护与言论表达自由、知情权实现等方面的利益衡量问题，尽管公共利益是重要的制约因素，但国家尚未以利益主体的身份登场，立法政策倾向于对个

---

〔1〕　American Tobacco Co v. United States，328 U. S. 781，811，66 S Ct 1125.

〔2〕　张占江：“个人信息保护的反垄断法视角”，载《中外法学》2022 年第 3 期。

〔3〕　张彤：“论民法典编纂视角下的个人信息保护立法”，载《行政管理改革》2020 年第 2 期。

人隐私提供"绝对"的保护。[1]但在数据要素为生产力的数字经济中，以促进数字贸易的流动和个人隐私权保护为原则，国家从单纯的治理者身份转变为协调者、维护者以及利用者，数据驱动企业成为数字贸易中重要的独立的主体，个人隐私权的有效保护则成为经济发展中的关键环节（要么是桎梏，要么是促进）。

博登海默指出："法律的基本作用之一乃是使人类为数众多、种类纷繁、各不相同的行为与关系达致某种合理程度的秩序，并颁布一些适用于某些应予限制的行动或行为的行为规则或行为标准。"[2]在法律上对个人信息权与隐私权进行分开保护在理论上有充分的依据，且根据我国的实践经验，也具有充分的可行性。更重要的是，在明晰个人信息权和隐私权界分的基础上，设置有关个人信息保护的法律规则，对个人信息的收集、利用、存储、传送和加工等行为进行规范，从而形成个人信息保护和利用的良好秩序，既充分保护权利人自身的个人信息权利，也能有效发挥个人信息的价值。[3]

《民法典》在"人格权编"明确界定了"隐私"和"个人信息"的概念，同时在第1034条第3款中对隐私权保护和个人信息保护的法律适用冲突问题作出了规定，即"个人信息中的私密信息，适用有关隐私权的规定；没有规定的，适用有关个人信息保护的规定"，具有开创性意义。[4]根据《民法典》第1032条，隐私是自然人的私人生活安宁和不愿为他人知晓的私密空间、私密活动、私密信息。自然人享有隐私权，任何人不得侵害他人隐私权。《民法典》第1034条第2款规定，个人信息是以电子或者其他方式记录的能够单独或者与其他信息结合识别特定自然人的各种信息，包括自然人的姓名、出生日期、身份证件号码、生物识别信息、住址、电话号码、电子邮箱、健康信息、行踪信息等。如前所述，既然个人信息权与隐私权之间存在诸多区别，

---

[1] 张新宝："从隐私到个人信息：利益再衡量的理论与制度安排"，载《中国法学》2015年第3期。

[2] ［美］E.博登海默：《法理学 法律哲学与法律方法》，邓正来译，中国政法大学出版社1999年版，第484页。

[3] 王利明："论个人信息权的法律保护——以个人信息权与隐私权的界分为中心"，载《现代法学》2013年第4期。

[4] 高志宏："隐私、个人信息、数据三元分治的法理逻辑与优化路径"，载《法制与社会发展》2022年第2期。

因此，不应将个人信息权理解为是隐私权的一部分。二者之间存在明显区别，在法律上对隐私权的法律规则进行细化，既有利于清晰界分二者之间的关系，保护人格权法内在体系的一致性，也有利于实现对个人信息的保护。[1]

在区分隐私和个人信息后，以充分发挥生产力的促进作用为主对数据贸易进行规制。再将个人信息数据进行级别区分，比如重要数据、一般数据和敏感数据等。一般数据，可在匿名化的情况下上市交易；重要数据，即金融、行政等数据，可能会威胁公共安全，要特殊对待，予以重点保护；敏感数据，如性数据、基因数据等，较一般数据、重要数据而言，敏感数据与隐私权有着更加密切的联系，[2]不得交易。总的来说，对个人信息进行分级的标准为"经济利益""公共利益"与"人格权益"规则的适用。而将个人信息与隐私权进行区分的手段需要由国家强制力保证实施，由中央政府政策进行指引，以高层级的法律进行制度规制。

（二）个人隐私权保护的法治模式

《民法典》将"隐私权和个人信息"进行专章规定，是因为隐私权和个人信息保护领域存在突出的问题，故而，需要在现行法律规定基础上，从多层次入手构建个人信息保护法律体系。总的来说，以民法典构建个人隐私权保护的基本依据，以个人信息保护法构建个人隐私权保护的具体细则，以行政法、刑法等构建个人隐私权保护的救济途径，并在其他相关法律法规中进行衔接条款编制，如《网络安全法》《电子商务法》等。

个人隐私权保护需要采取私法与公法并重的综合性、立体性的保护方法，二者不可偏废，既要从民法的角度认可自然人就个人信息享有相应的权利，如是否同意个人信息数据被收集的权利、在个人信息发生危害行为时要求删除和更正的权利，也要从公法的角度明确各类主体从事收集、存储、分析、使用个人信息等行为应当遵守法定义务等；既应当允许自然人基于其个人信息上的民事权益，请求侵害个人信息的侵权人承担赔偿损失、赔礼道歉等相应的民事责任，也应当对违反公法上个人信息保护义务的违法犯罪行为给予

---

〔1〕　王利明："论个人信息权的法律保护——以个人信息权与隐私权的界分为中心"，载《现代法学》2013年第4期。

〔2〕　田野、张晨辉："论敏感个人信息的法律保护"，载《河南社会科学》2019年第7期。

行政处罚甚至施加刑罚。[1]

首先,《民法典》规定隐私权与个人信息保护,不仅奠定了个人信息与隐私权享受保护的正当性基础,也为个人信息保护立法提供了基本法律依据,同时为公法对任何组织收集、存储、使用个人信息等行为加以规制,并确定相应义务。否则,没有民法对个人信息保护或者隐私权提供法律依据,则行政法、刑法、竞争法对于违法违规使用个人信息,或者侵犯隐私权的行为进行规制、处罚,都将失去民法权益上的请求权基础。并且,依据《宪法》第38条、第39条确立的保障公民人身权利和财产权利的精神与原则,必须通过民事法律予以体现和落实的立法精神。《民法典》作为市民法,是市民社会的基本法,是民事领域规范人身关系和财产关系的基础性、综合性法律,涉及社会和经济生活的方方面面;对于数字经济社会具有现实的促进作用,将人身自由与人格尊严体现落实在数据权益中,真正受到法律的保护,并随着新型数字社会生活的变迁,持续发展新型人格权益的功能。

其次,中国隐私权与个人信息保护混乱的根源,在于法律规定的碎片化和分散化。没有专门的可以让个人信息主体和数据驱动企业等组织以及政府监管部门都能有法可依的统一立法。统一的立法可以对基本原则进行具体化解释,设立各方利益主体的权利、义务,规定责任承担方式、救济途径,使法律具有可操作性,体现的是一种基本价值引导。而对于个人信息在《民法典》中并没有使用"个人信息权"的表述,而是以"个人信息保护"进行规范,这意味着,立法机关没有将个人信息作为一项具体的人格权利,[2]而是认为自然人的个人信息应当受到法律的保护。立法者对该条采取了行为规制模式而非权力化模式来保护个人信息,即通过他人行为加以控制的角度来构建利益空间,维护利益享有者的利益。[3]这为未来个人信息法律规范如何在利益上兼顾财产化与数据经济的发展的平衡关系配合预留了一定的解释空间。[4]另外,在肯定了自然人对其个人信息存在保护之必要的独立利益之后,需要

---

[1] 程啸:"民法典编纂视野下的个人信息保护",载《中国法学》2019年第4期。

[2] 王利明主编:《中华人民共和国民法总则详解》(上),中国法制出版社2017年版,第465页。

[3] 叶金强:"《民法总则》'民事权利章'的得与失",载《中外法学》2017年第3期。

[4] 龙卫球、刘保玉主编:《中华人民共和国民法总则释义与适用指导》,中国法制出版社2017年版,第404页。

讨论的是对该利益究竟应给予何种救济方法。如前所述，个人对于个人信息只享有被保护的权益，对于这种权益无法像赋予物权一样的绝对权与支配权的保护，此时只能在个人信息被侵犯时，才有权获得救济。我国《民法典》中人格权编与侵权责任编均独立成编，基于各编的侧重点不同，可以对个人信息侵权责任的成立和承担作出一般性规定与特殊性规定的二元制垂直保护规范。但是，基于数据的特殊性，鼓励数据流动的前提一定是做好数据保护，对于违法行为的打击力度一定要加强。这方面中国如仅依据民法给予的救济措施，目前的处罚力度还很不足，与欧美差距较大，欧盟《通用数据保护条例》（GDPR）中最低一档的最高处罚金额也达到 1000 万欧元或公司全球 2% 的营收。中国面对个人数据的侵害必须提高违法成本，仍需要《个人信息保护法》提高对违法违规行为的惩处力度以缓解民法救济的不足。

最后，由于《民法典》和《个人信息保护法》不可能面面俱到，从而将所有个人信息方面的问题进行万无一失的规定，而只能是从民事和行政方面明确个人信息保护的基本原则、基本制度、基本行为规范和法律责任。因此，开展个人信息保护的立法工作仍然需要在国家政策指导下梳理、整合、修改和补充原有的法律规范，消除其间的矛盾和混乱，建立集合民事、行政和刑事等法律保护的综合性、立体化的立法模式。个人信息保护事关公民的切身利益，国家信息安全，事关数字经济发展。按照党中央的决策部署，全国人民代表大会及其常委会在制定、修改网络安全法、刑法、电子商务法等法律中，对个人信息权益、个人信息处理规则、个人信息安全保护措施等作出规定，不断完善个人信息保护相关法律制度。随着大数据、人工智能等新技术的发展，个人信息的收集、应用更加广泛，加强个人信息保护的任务更加艰巨，党中央将对进一步加强个人信息保护立法提出新的更高要求。

2021 年 8 月 20 日第十三届全国人民代表大会常务委员会第三十次会议表决通过了《个人信息保护法》，并自 2021 年 11 月 1 日起正式施行。这标志着中国个人信息保护法治建设进入新的阶段，公民的个人信息迎来了系统的法律规定保护。

（三）数字贸易与隐私保护的平衡

数据流通与个人信息权利保护之间存在一定的冲突与矛盾，主要表现在数据分享的效率和个人信息保护之间存在此消彼长的关系：从制度安排上来看，过度鼓励共享，可能对个人隐私、个人信息等人格权保护带来冲击，数据隐私丧失也会导致不信任感，阻碍数据的分享和使用；而过度保护个人信息、数据权利，严格限制数据流通，也会对经济形成障碍，降低消费者所能分享的由此产生的福利，[1]不利于发挥个人信息、数据的经济效用。[2]从世界范围来看，如何妥当协调和处理二者之间的关系，是各国法律制度所面临的共同难题。根据前文所述，欧盟更注重个人信息的保护；美国法更注重个人信息利用，以提升数据产业的优势地位。但在数字经济的促进中，两大法系共同的趋势是日益重视对个人信息权利的保护。[3]百度公司董事长兼首席执行官李彦宏曾经指出，"中国的消费者在隐私保护的前提下，很多时候是愿意以一定的个人数据授权使用，去换取更加便捷的服务"。[4]这种以隐私换效率的行为很多情况下是个人对个人数据的授权使用，允许数据驱动企业对其个人信息进行收集、存储、使用等，有利于促进数字贸易的发展。但不断爆发的数据驱动企业隐私泄露的现象，也反映了这一问题的严重性。所以，为了推进信息数据的流通必须实现个人隐私权利的保护。数字要素政策的提出对促进数字贸易和加强个人隐私保护提出了全新的发展理念和要求，发展数据贸易应当在两者之间找到一个平衡点，使得既能保证企业运用正常收集的数据开展商业活动，又能保护用户的隐私信息不被泄露，保障其正当权利受到侵害时可以得到维权救济，而平衡的实现需要由国家主导、企业自律与个人参与进行具体构建。

1. 国家主导

国家在促进数字经济发展和个人隐私权保护的进程中起着主导地位的作用。主要体现在立法与监管两个方面：一方面，根据我国数字产业形成和发展的基本国情，以数据要素政策为指导方针，推动整个新型法律体系的构建。数字经济中的新型权利具有跨法律部门、多元特征混合、公法私法融合等特点，我国对于现行法律规范进行了新型范式解读，并进行了相关修订，如

---

〔1〕 张占江："个人信息保护的反垄断法视角"，载《中外法学》2022年第3期。

〔2〕 王利明："数据共享与个人信息保护"，载《现代法学》2019年第1期。

〔3〕 张礼洪："人格权的民法保护及其理论的历史发展——兼议我国的立法模式选择"，载《中国政法大学学报》2018年第4期。

〔4〕 李彦宏："中国用户很多时候愿意用隐私来换便捷服务"，载新浪网，https://tech.sina.com.cn/i/2018-03-26/doc-ifysqfnf7938663.shtml，最后访问时间：2018年3月12日。

《民法典》《刑法》《消费者权益保护法》《反不正当竞争法》等，均在数据经济形成、发展过程中进行了修订；制定了新法保护新型权利，规制新型违法行为，如《电子商务法》《网络安全法》等，为数字经济的发展保驾护航；制定了统一的《个人信息保护法》，作为保护个人隐私权的基本法律，协调公法与私法领域内的各项法律规范的衔接与适用。"制定法权威性、强制性与普遍适用性等优势是自律规范等非正式制度无法企及的，它能够为机构和个人建立稳定的预期，从而更加有效地规制其行为。"[1]尤其在我国，数字经济正处于高速发展的初期，更需要把握住国家的立法趋向，个人信息保护与数字市场发展的平衡才有制度保障。

另一方面，法律的有效性体现在法律的有效实施上。不论是在欧盟模式还是在美国模式下，个人对于个人信息的保护核心均在于信息主体对于自己信息的控制权，包括知情权、修改权、删除权、可携带权、被遗忘权等。只要《个人信息保护法》加以明确规定，权利主体就享有这些具体的控制权利。基于民事权利的性质，主要的保护手段是事后救济以及相应的侵权赔偿，责任形式只能是诸如停止侵害、排除妨碍、消除危险、赔偿损失、消除影响、恢复名誉、赔礼道歉等民事责任，并且需要进行有效举证。但是在数字时代，这种事后救济机制既无法预防泄露、滥用个人信息行为的发生，也无法有效惩罚、威慑违法者。国家有义务建立有效的事前、事中政府监管与行政执法制度，除一般的民事侵权行为，可以依靠民事侵权赔偿机制达到保护私权利的目的之外，在公法权利框架之下构建监管机制，有效预防损害的发生，保护公民所享有的权利。[2]

同时，在全球数字经济一体化背景下，国家政策、法律的制定有利于提升国内的数据保护标准，对数据驱动企业境内外业务的发展起到推进作用，更好地参与国际合作，有助于提升我国的国际地位，掌握主导国际数据贸易规则的话语权。

2. 企业自律

企业在数字经济生活中发挥着难以替代的作用，它们是促进数字贸易发

---

[1]　James G. Match, Johan P. Olsen, Rediscovering Institutions: The Organizational Basis of Politics, New York: The Free Press, 1989, p. 178.

[2]　周汉华："个人信息保护的法律定位"，载《法商研究》2020年第3期。

展的主力军，推动塑造新的社会规范。[1]在泄露隐私的案例中，企业多为案件的责任承担者，往往在数据流通与个人信息保护之间失之平衡，因此企业需要增强自身数据合规意识。《网络安全法》第 42 条第 1 款规定企业未经被收集者同意，不得向他人提供个人信息；经过处理无法识别特定个人且不能复原的不属于限制范围，也就是依照现有法律，经过匿名化处理的数据其实是可以交易的，因为这时已经是商业化的数据了，不再涉及个人信息。随着数字市场的优胜劣汰，少数数据驱动企业平台占据了市场的绝大多数份额，如百度、腾讯、阿里巴巴等，这些超级平台具备了强势的市场支配地位，以排他性竞争、差别待遇等行为，采用数据驱动型策略获取和维持竞争优势。伴随数据经济扩张趋势，大企业越来越大，控制过多消费者日常活动的个人数据，以及各类企业间的合并也可能导致个人数据被动流出。从长远来看，增强企业保护个人隐私的意识有利于企业自身的发展，符合企业的利益，因为如果忽视对个人隐私的保护，则企业可能会失去用户的信任从而流失用户、无法持续获得数据，那么该企业的市场竞争力就会减弱；对个人用户来说，允许企业在一定范围内（个人控制下）合法使用一部分数据是其获得更加精确服务的对价，如果全然不允许企业使用用户的个人信息，则当前许多个性化的服务将不复存在。[2]并且在法律上，加大企业违法成本，强化其违法获取、使用或泄露个人隐私数据时的法律责任。这样一方面以国家强制力保障法律的实施，另一方面由企业自身通过风险合规机制的构建，形成内部的数据流通管理风险管控，与外部的法律规范形成内外的有机统一，以弥补国家法律实施过程中所缺乏的灵活性与具体性。企业的自律，是保护个人隐私权必不可少的坚实后盾。

3. 个人参与

个人是数据的来源，是数据驱动企业进行算法识别的数据提供者，是国家制定数据政策、数据法律提供数据规制的权利主体。提高个人的隐私保护意识能够促进数字经济的高质量发展，有助于在数据贸易发展与隐私保护之

---

〔1〕 Jeffrey Rosen, the Deciders, The Future of Privacy and Free Speech in the Age of Facebook and Google, *Fordham Law Review*, Vol. 80, 2012, p. 1535.

〔2〕 王叶刚：“论网络隐私政策的效力——以个人信息保护为中心”，载《比较法研究》2020 年第 1 期。

间寻找到最能实现各方利益均衡的平衡点。[1]目前，个人对于个人数据隐私维权的意识淡薄，虽然隐私泄露事件频发，数据画像、大数据杀熟、广告定投等事件成为网络上的热点，但却鲜有人愿意拿起法律武器维护自己的权利。一方面与数字驱动企业相比，个人在收集证据、举证能力方面都处于绝对的弱势地位。所以很多情况下，类似案件都不了了之。2020年5月，脱口秀演员王越池因中信银行泄露其个人账户交易明细的行为而到网上发文，引起国家有关部门的重视。中国银保监会消费者权益保护局通报称中信银行相关做法，违背为存款人保密的原则，涉嫌违反《商业银行法》和银保监会关于个人信息保护的监管规定，严重侵害消费者信息安全权，损害了消费者合法权益。事件最终以中信银行公开道歉、支行行长被撤职、中信银行被判罚450万元结局。即使根据《消费者权益保护法》等法律法规，本案中的损失比较难举证，但金融机构最看重的就是公众的信任，此次事件的解决也表明银行业监管部门对加强客户隐私保护工作的高度重视，旨在向社会公众传递一种积极信号。[2]

另一方面，法律制度尚不健全。应该强化个人在使用网络产品时对个人数据的自决权，增加同意规则的授权难度。[3]《通用数据保护条例》（GDPR）对同意作了要求，默认同意被视为无效、需要经过用户同意才能与第三方共享数据等，用以实现个人对于数据的控制权。在进行数字经济市场化配置时，个人数据要素区别于传统要素资源的特点是虚拟化的要素更易泄露。我国在《民法典》《个人信息保护法》《数据安全法》中，已经明确个人对于个人信息的控制力是个人信息保护制度中的关键环节，需要以法律进行规制。做好数据安全保护才能推动数据要素资源更有效配置。如果没有对个人隐私数据的充分保护，就会导致市场失灵，市场配置资源就不能实现对数据要素的最优配置。目前市场上数据要素流通技术的难点在于缺乏统一技术标准，导致技术难以实现大规模应用。因此需要合理通过"开源、开放、共建、共享"

---

〔1〕　戴龙："论数字贸易背景下的个人隐私权保护"，载《当代法学》2020年第1期。

〔2〕　曹会杰："'池子 vs 中信银行'事件的法律思考"，载金融监管院，https://mp.weixin.qq.com/s/YtUaCHlotrI_ kIpgjW2RVg，最后访问时间：2022年7月4日。

〔3〕　国瀚文："互联网企业数据识别反垄断法律监管规制"，载《重庆邮电大学学报（社会科学版）》2019年第2期。

的方式，鼓励政、企、研、高校等各方机构参与到数据要素流通关键技术的创新发展中，从算力、模型、算法、场景应用、互联互通、隐私计算、数据空间、数据元件等跨领域、多维度共同推动自主可控的数据要素流通技术。数据安全是数据要素流通的基本保障，从基础制度建立到技术实现与保障，都需要进一步完善与强化。[1]

三、竞争法的范式转化

（一）以反垄断法重构平台交易预设问题

平台交易虽然有别于传统交易，但同样是在市场中完成的，其主要体现在平台企业间以数字技术及数据的占有量作为支撑，在平台上完成交易，对于该数字市场秩序的法律维护路径主要体现在反垄断法的重构规制上。从世界范围看，当平台企业间的并购无法适用现行规范规定的横向、纵向和混合并购分类时，竞争执法机构在界定平台企业合并所形成的排他性垄断行为时是否需要考察该企业对用户数据构成侵犯与否，该考察行为是否需要作出反垄断规制的新型转化。根据平台交易法律模型，可以"企业合并是否会导致合并后的企业具有市场支配地位"为传统理论依据；而以"侵犯消费者隐私权与产生实质性竞争限制是否会有关联"为传统理论的新型转化。实践中，要以"传统法律的适用障碍的解决"作为平台交易法律模型的预设问题，有必要在竞争规制中引入反垄断的事前监管措施，比如前文所述的通过法律模型设置平台企业的垄断风险点，实现预防性反垄断监管。同时，法律规范以及监管执行机关也需要同步跟进。比如，德国关于《反限制竞争法》第十次修订的草案起草者解析与重构了关于数字平台企业市场地位的评判标准，并细化区分与个别规制由数字平台企业实施的"滥用市场支配地位行为""滥用市场相对优势地位行为""滥用在多边市场的显著竞争影响力的行为"，以达至反垄断法律制度与数字经济时代反垄断需求之间的契合性。

契约理论是研究在特定交易环境下分析不同人之间的经济行为与结果，往往需要通过假定条件在一定程度上简化交易属性，建立模型来分析并得出理论观点。平台经济的活跃使算法技术达到一个新的水平，在平台交易中，

---

[1] 王蒙燕："我国数据要素统一大市场构建的问题与对策"，载《西南金融》2022 年第 7 期。

算法活动也是一种法律行为，当引入法律模型时，算法行为将算法设计者的意志行为引发成为法律关系，对人类的行为作出预测和决策，平台企业通过数据分析获得消费者的偏好与需求，获得竞争优势。同时算法也带来了共谋风险，其可以成为共谋的工具或本身成为"共谋者"，它们可以使平台间在算法指引下更容易达成并维持共谋行为，并经过机器学习提高算力，通过算法监视、预测和分析竞争对手目前或未来的价格，实现对竞争对手定价的跟踪，这为协同定价创造了条件。且为了维护共谋的稳定性，平台企业利用监督算法排斥不执行垄断协议的企业，这无疑会加剧业已存在的寡头垄断问题。而且算法不仅被普遍运用，还会不断完善和优化，算法默示共谋乃至一般意义上的默示共谋可能引发共同市场支配地位制度的问题。[1]传统的监管方式已经无法满足数据要素市场发展的需要。由于数据处理行为不仅发生在数据采集的初始阶段也发生在后期的数据使用阶段，对于以前的"轻事前监管，重事后监管"监管范式进行调整，将具有流量垄断、市场优势地位以及具有合并可能的平台企业纳入事前监管规制，并相应地加强事后的管制措施，以相适应的处罚措施提高法律的威慑力，据此使反垄断法监管体系得以重构。

（二）明确相关市场界定规则

互联网产品的相关市场界定是该领域反垄断执法的出发点。[2]市场定义有助于理解商业行为的约束条件，并有助于评估与评估实践相关的竞争格局。[3]要解决互联网产业相关市场界定的难题，需要充分分析双边市场条件，客观对待平台企业所提供产品（服务）功能的差异，基于利润来源确定相关市场的范围，并考虑双边市场的交叉网络外部性对垄断力量的传递效果。[4]大数据交易中数据产品作为信息交换类产品的市场界定，[5]需重视纵向互联网行业内同类产品的竞争关系。非合并案件中相关市场界定可作为确认供应

〔1〕　时建中："共同市场支配地位制度拓展适用于算法默示共谋研究"，载《中国法学》2020年第2期。

〔2〕　仲春："互联网行业反垄断执法中相关市场界定"，载《法律科学（西北政法大学学报）》2012年第4期。

〔3〕　David S. Evans, Two-Sided Platforms and Analysis of Singlefirm Conduct, 2006.09, p. 8.

〔4〕　蒋岩波："互联网产业中相关市场界定的司法困境与出路——基于双边市场条件"，载《法学家》2012年第6期。

〔5〕　王文平："大数据交易定价策略研究"，载《软件》2016年第10期。

商市场垄断地位的间接认定方法，不应阻碍对直接损害竞争证据的考虑。界定相关市场的方式一般为需求替代性分析，这种界定方式是在一个经营者向消费者销售商品或者服务的有形市场中，消费者会对不同商品或者服务产生需求性替代。而在大数据市场中，只要一个企业收集的个人信息没有出售给客户，就无法满足这种测试的要求，因为没有销售、没有客户、没有产品替代，就无法替代。[1]

对此，有的观点认为应对这种大数据交易界定一个假设的大数据相关市场。如美国联邦贸易委员会（FTC）委员 Pamela Jones Harbour 在 Google 收购 DoubleClick 案提出由于数据集中则可能存在竞争问题，通过假定的大数据相关市场，单独为大数据界定市场才能反映出企业从大数据中获得价值的可行性，从而有助于评估数据作为原材料对未来竞争的影响。[2]也有观点提出界定假定的数据市场可以通过数据的替代性来判断，如区分为线上数据与线下数据，线上数据又可能进一步分为搜索数据、社交数据或电商数据等。[3]

另外，单一价格标准方法在互联网产品市场界定中具有局限性，应注重创新因素的考量以及时间市场的界定，着重进行供给替代分析，并寻求市场界定可能的替代性方法。一般而言，相关产品市场包括许多存在合理的使用替代性（Interchangeability of Use）及需求交叉弹性（Cross-elasticity of Demand）的产品或者服务集合。但是，在某些情况下，一个品牌可以单独构成一个相关市场。[4]

具体而言，在大数据交易市场进行相关产品市场界定时，当出现大数据交易时（买卖行为发生时），可以依据双边市场的特征分为两种标准进行。

一是从需求替代角度对大数据交易相关市场进行界定。[5]从需求层面看，

〔1〕 Darren S. Tucker, Hill B. Wellford, "Big Mistakes Regarding Big Data", *Antitrust Source*, 2014.12, p. 4.

〔2〕 Pamela Jones Harbour, Tara Isa Koslov, "Section 2 in a Web 2.0 World: An Expanded Vision of Relevant Product Markets", *Antitrust Law Journal*, 2010, pp. 783-789.

〔3〕 Inge Graef, "Market Definition and Market Power in Data: The Case of Online Platforms", *World Competition*, Vol. 38, No. 4, 2015, pp. 489-505.

〔4〕 Tanaka v. University of Southern Califomia, United States Court of Appeals, *Ninth Circuit*, 2001.07, https://caselaw.findlaw.com/us-9th-circuit/1430074.html.

〔5〕 王东东："我国互联网行业反垄断中相关市场界定方法研究"，载《赤峰学院学报（汉文哲学社会科学版）》2015 年第 8 期。

需求者可在具有密切替代性的商品或服务之间进行选择，那这些具有密切替代性商品或服务之间就存在竞争关系。[1]大数据产品按照类别来区分，既可能与其他大数据产品相互替代，也可能与传统线下产品发生功能替代。以百度案为例。对搜索引擎简略分析可以发现，由于创新速度加快，典型的大数据交换型互联网产品和传统市场上的信息交换型产品纳入同类产品市场的可能性不大。这主要源于两者价格和效能上的巨大差异。因此，对于这类产品，相关市场界定的重点应放在狭义互联网产品之间的竞争。搜索引擎产品的相关市场界定在国外已有先例。Google 是优秀的搜索引擎产品，并占据了欧美市场的大多数份额。在 2007 年的 Google 与 DoubleClick 合并案件中，美国联邦贸易委员会（FTC）经过认证，认为搜索广告和展示广告、在线广告及其他媒体广告有显著不同，而将相关市场认定为搜索广告市场（Search Advertising Market）。[2]而在 Google 对 AdMob 收购案中，由于 AdMob 是全球最大的手机广告平台，主要从事的是移动广告业务，美国联邦贸易委员会（FTC）将相关市场认定为移动广告网络市场（Market for Mobile Advertising Networks）[3]。因此，搜索广告在功能上和这些传统广告有着极大的性能差异，将百度案的相关市场界定为"商品广告"过度简单化，而进一步细分为"搜索广告"更为贴切。

二是从供给替代角度进行相关市场界定。[4]从供给层面看，其他经营者若在进入相关市场时能提供具有紧密替代性的商品或服务，对现有相关商品或服务的经营者形成约束，就应当纳入竞争者的范围。[5]2010 年 5 月 21 日美国联邦贸易委员会（FTC）批准 Google 收购 AdMob 时强调，虽然之前一直担心本次收购将使得 Google 在互联网搜索市场的统治性优势延伸至无线设备领域，但考虑到 Apple Inc. 进入该市场并推出了自己的竞争性移动广告网络系

---

〔1〕　陈兵、赵青："平台经济领域个人信息保护的反垄断法必要及实现——以德国脸书案为例的解说"，载《兰州学刊》2022 年第 2 期。

〔2〕　王先林主编：《中国反垄断法实施热点问题研究》，法律出版社 2011 年版，第 324~325 页。

〔3〕　FTC Close its Investigation of Google AdMob Deal, FTC File No. 101 - 101 0031, 2010. 10, https://www. ftc. gov/news-events/press-releases/2010/05/ftc-closes-its-investigation-google-admob-deal.

〔4〕　蒋岩波："互联网产业中相关市场界定的司法困境与出路——基于双边市场条件"，载《法学家》2012 年第 6 期。

〔5〕　陈兵、赵青："平台经济领域个人信息保护的反垄断法必要及实现——以德国脸书案为例的解说"，载《兰州学刊》2022 年第 2 期。

统；同时，一批公司正在发展自己的智能手机平台来更好地同 Apple Inc. 的 iPhone 以及 Google 的 Android 竞争，因此，美国联邦贸易委员会（FTC）最终以 5∶0 的投票结果同意结束对该交易的调查。[1]该案充分体现了供给替代状况分析对反垄断案件的影响。一般来说，一个市场的进入门槛越低，政策与市场障碍越小，意欲进入该市场的经营者越多，供给替代的状况就越良好。原则上，其他经营者对生产设施改造的投入越少，承担的额外风险越小，能够提供紧密替代商品的速度越快，则供给替代程度就越高。行业与行业之间的区别也体现在进入要求的区别上。就互联网行业而言，市场的进入门槛主要集中在政策与法律门槛、资金门槛、技术门槛和知识产权门槛上。

大数据产品地理市场界定。反垄断执法中设定地理市场概念是为了进一步精准市场界定，[2]框定竞争者范围。但如字节跳动公司在美国被要求强制下架的事件，凸显出国内数字平台面临复杂的国际竞争环境。在数字空间中，国内与国外的边界变得相对模糊，国际范围内已经形成了数字世界的经济循环。[3]因为在现实世界中，地理的远近对商品或服务的价格与送达的影响是巨大的，互联网却不存在这样巨大的限制。价格、送达对于寄托于互联网之上的信息类产品都不再是问题，互联网之上的同类产品几乎都可以在功能上进行替代，需要考虑的往往是政府法律与政策的规定以及语言和使用习惯的限制。然而，互联网作为一个庞大的、无边际的网络，将其界定为地理市场对反垄断执法的意义不大。有意义的做法是可以按照这类产品的使用者所在的地理位置来界定该类产品的地理市场。如德国联邦反垄断局（BKA）在对 Facebook 是否违反个人信息保护法滥用市场支配地位调查时，将其关联地域市场定位于德国全境。[4]

中国最新修正的《反垄断法》第 1 条将"鼓励创新"写入其中，进一步

---

〔1〕 FTC Close its Investigation of Google AdMob Deal, FTC File No. 101 - 101 0031, 2010. 10, https：//www. ftc. gov/news-events/press-releases/2010/05/ftc-closes-its-investigation-google-admob-deal, 2019. 05.

〔2〕 尚明：《对企业滥用市场支配地位的反垄断法规制》，法律出版社 2007 年版，第 53~54 页。

〔3〕 杨东、臧俊恒："数字平台的反垄断规制"，载《武汉大学学报（哲学社会科学版）》2021 年第 2 期。

〔4〕 "德国反垄断当局考虑处罚 Facebook 因滥用个人信息"，载财经网，http://industry. caijing. com. cn/20180103/4388367. shtml，最后访问时间：2018 年 1 月 15 日。

丰富了我国反垄断法的立法目标。[1]本书认为合理的做法是承认市场界定的固有不确定性。对于以创新为特征的市场来说，为尽可能避免妨碍创新，[2]建议反垄断执法当局无需执着于清晰的市场边界的划定，而应更加关注对价格和创新竞争的可能影响。对于在互联网上销售的传统产品，可以在先界定传统产品的基础上，将互联网引入的竞争加以考量。[3]适当模糊市场界限本身可能是避免执法失误的重要途径，而错误执法中的阳性错误，也就是弗兰克·伊斯特布鲁克在其著作《反垄断法的局限》中提到的"False Positive"，往往影响更加深远，造成的损失也难以逆转。因为市场经济的自我纠错机制能够减轻后者的影响却无法减轻前者。[4]

（三）明确市场支配地位构成要件

美国经济学家道格拉斯·诺斯指出："有效率的组织需要制度上作出安排和确立所有权以便造成一种激励，将个人的经济努力变成私人收益接近社会收益率的活动。"[5]法律的滞后性凸显出了新技术革命与旧制度间的立法空白，中国已经出台了《网络安全法》及相关配套制度，专项性的法律法规如《个人信息保护法》《数据安全法》《反电信网络诈骗法》业已出台，在国家安全观的统领下构建了互联网安全规范体系，但仍需尽快完善补充互联网法律规范体系的构建，并且仍需细化落实已出台法律的实施，如《反垄断法》的最新修正中设置了专门的"国务院反垄断执法机构"，规定要"强化反垄断监管力量""加强反垄断执法司法"，在立法层面充实了未来反垄断执法司法配置的顶层设计；[6]有利于避免大数据交易风险、规范大数据交易行业，为中国大数据交易市场的发展营造健康安全的环境；还应在实务中明确监管范

---

〔1〕　时建中："新《反垄断法》全面解读"，载中国法律评论，https://mp. weixin. qq. com/s/7MLM9MqSxUaLid4k0M3IxA，最后访问时间：2022 年 6 月 30 日。

〔2〕　OECD, Merger Review in Emerging High Innovation Markets, DAFFE/COMP（2002）20. 2003. 01，p. 9. http://www. oecd. org/dataoecd/40/0/2492253. pdf.

〔3〕　Charles Carson Eblen, Defining the Geographic Market in Modern Commerce: the Effect of Globalization and E-Commerce on Tempa Electric and its Progeny, *Baylor Law Review*, Vol. 56, No. 1, 2004, pp. 49-88.

〔4〕　Frank H. Easterbrook, The Limits of Antitrust, *Texas Law Review*, 1984, p. 1.

〔5〕　［美］道格拉斯·诺斯、罗伯特·托马斯：《西方世界的兴起》，厉以平、蔡磊译，华夏出版社 2009 年版，第 1 页。

〔6〕　邓志松、戴健民："《反垄断法》修订律师实务评述：9 大方面+23 处调整"，载大成律师事务所，https://mp. weixin. qq. com/s/0Kd5WYVggnBshomYRT57Jg，最后访问时间：2022 年 7 月 2 日。

围，明确法律与行业规范的边界，授权大数据交易平台通过制定平台交易规则等行业规范的方式实行具体监管。[1]《电子商务法》第 35 条规定实质上规制了平台企业滥用市场支配地位行为。当平台经营者拥有规则制定权时，其实际上拥有相当的市场力量；当平台经营者的力量越来越强大时，就容易滥用此种地位，对平台内经营者科以不公平的义务。根据传统竞争法结构规制主义原理，滥用市场支配地位主要关注占市场支配地位的企业通过排除或迫使竞争对手退出市场以维持或增强其市场地位的反竞争行为，限制了数据的正常流通与共享，[2]形成市场进入壁垒。又如新《反垄断法》在第三章"滥用市场支配地位"部分新增规定"具有市场支配地位的经营者不得利用数据和算法、技术以及平台规则等从事前款规定的滥用市场支配地位的行为"。[3]实务中，平台企业会基于其交易内容、商业秘密等因素需要对所持有的数据进行排他性保护。美国的 Apple Inc. 电子书案表明，即使是不具有市场支配地位的平台经营者，如果实施了含有 MFN（最惠国待遇）条款的排他性保护，则该平台经营者也可以被认定为垄断协议的组织者。[4]拥有大量用户的企业能够收集更多的数据用以提高服务质量，从而又吸收更多新用户；也可以通过大量数据提高算法的精准度以及服务的货币化水平，获得更多的资金，从而又能提高企业技术水平，收集更多数据，以此形成循环。[5]通过平台企业间的合并形成数据集中，进而通过网络效应提高市场进入壁垒构成排他性滥用行为。[6]因为数据驱动的网络效应可以通过"用户反馈回路"和"货币反馈回路"予以实现，从而形成规模经济效应。特别是在全部商品都是免费提供给消费者的通讯服务领域，其从市场占有率自身直接判断有无市场支配地位是不适当的。因为在平台之间的竞争愈加激烈的情况下，"有无市场支配

---

[1] 张敏："交易安全视域下我国大数据交易的法律监管"，载《情报杂志》2017 年第 2 期。

[2] 殷继国："大数据市场反垄断规制的理论逻辑与基本路径"，载《政治与法律》2019 年第 10 期。

[3] 《反垄断法》第 22 条第 2 款。

[4] 顾正平、黄斯嘉、赖丹妮："不待扬鞭自奋蹄！《反垄断法》首次修订，反垄断合规迫在眉睫"，载法商实验室，https://mp. weixin. qq. com/s/G6wW7dum2QOHo71ivwiR5g，最后访问时间：2022 年 7 月 1 日。

[5] OECD, Big Data: Bringing Competition Policy to the Digital Era, https://one. oecd. org/document/DAF/COMP （2016）14/en/pdf.

[6] 王先林："电子商务领域限定交易行为的法律适用"，载《中国市场监督管理》2019 年第 11 期。

地位"需要依据质量与技术创新等非价格变量进行。《电子商务法》第35条在《反垄断法》修正之前，就对电子商务平台经营者滥用相对优势地位作出了专门规定。该条具有完整的行为模式和法律后果，与法律模型的构建模式基本一致，同样可以适用《反垄断法》重构下的市场支配地位规制模型的构建。在最新修正的《反垄断法》中，就体现了该条的规制重构理念。数字市场中，平台企业间的竞争，与其说是在市场中竞争，不如说其更多是为了争夺市场本身的竞争，从而出现"胜者独食"的局面。[1]因此，需要设立评价市场支配力的新的市场治理标准，对滥用市场支配地位行为的法律构成要件，需要根据具体交易内容进行区别把握。不同市场条件下不同的交易内容所引起的违法行为的界定条件也不尽相同，比如平台交易中的大数据杀熟行为、价格歧视等差别待遇行为，在进行认定时，考量的变量不仅需要传统反垄断法提供规则框架，还需要了解平台企业的定价规则、算法机制等，并且如前文所述，消费者举证证明存在该行为的成本极高，这就需要反垄断执法机关运用公权力借助技术手段加以解决，[2]仅仅依靠法律规范提供规制的保障能力有限。

虽然从2021年国家市场监管总局处罚禁止虎牙公司与斗鱼合并案和腾讯收购中国音乐违法实施经营者集中案的分析思路看，市场份额仍然是认定市场支配地位的重要考量因素，[3]但考量平台企业的市场支配地位，不能只依靠市场份额来判断，还需考虑企业数据掌握情况、创新形式等。例如有足够证据证明大数据所有者在进行大数据交易之时，无合理理由，交易价格明显超出或低于原价格30%之上，就应该认定具有滥用市场支配地位的行为。[4]但是界定大数据企业滥用市场支配地位的构成要件还要结合以下两个方面进行。

首先，把握大数据平台市场的特征是关键。平台掌握很大的客户量，如果企业通过平台在相关市场占有很高的市场份额，又存在市场进入障碍时，就可以认定其具有市场支配地位。通过明晰大数据交易平台的特征，一方面

〔1〕 德国联邦交易厅，BKA 审查报告书（preliminary assessment）2017 年版。

〔2〕 王先林："平台经济领域垄断和反垄断问题的法律思考"，载《浙江工商大学学报》2021 年第 4 期。

〔3〕 顾正平、黄斯嘉、赖丹妮："不待扬鞭自奋蹄！《反垄断法》首次修订，反垄断合规迫在眉睫"，载法商实验室，https://mp.weixin.qq.com/s/G6wW7dum2QOHo71ivwiR5g，最后访问时间：2022年 7 月 1 日。

〔4〕 邹开亮、刘佳明："试论大数据垄断的法律规制"，载《大庆师范学院学报》2017 年第 4 期。

可以凸显大数据交易平台与数据经纪商的不同，进一步优化数据流通中介层的结构。[1]例如，在"3Q 大战"一案中[2]，腾讯（QQ）在即时通讯市场占有很高的市场份额，根据上面的分析，实际已经存在很大的市场进入障碍。但法院判决认为，市场进入障碍低，转换容易，可以转到其他即时通讯软件上。另外，腾讯依靠创新在市场当中提供了非常好的产品，依靠多种产品抓住用户。除了腾讯（QQ）提供文本、语音和视频三种传输服务，还有其他诸多功能在这个平台上都能实现。但旺旺等即时通讯工具只有部分功能，并且其部分功能的性能与腾讯是无法比拟的。因此，理性的消费者不会选择仅能实现部分功能的产品。[3]另外，案件判决中指出，有证据表明某些消费者转向了 MSN。用这一证据会低估用户放弃腾讯（QQ）的转换成本，低估腾讯（QQ）的市场支配地位。所以，法院在该案中的认定不是特别合理。

其次，根据平台的竞争力进行判断。依据中国现状，一方面，为了收集数据，企业可能需要进行相应投资，有时是大额投资。在利益的追求中，企业家又会不断改进所采取的生产函数，使获取的利益尽量最大。[4]而在企业规模上占有优势的企业，在研发资金上才有能力投入，而且能在多种产品研发中相互受益而弥补失败成本的绩效收益。[5]大型数据中心的出现和发展表明，为收集和开发大规模数据所需投资的固定成本很高。这一成本负担可能让小企业和新的市场进入者难以充分获得市场上的领先企业拥有的相同规模或种类的数据。另一方面，大数据经常是在用户使用产品或者服务时收集的，为了直接获得该类数据，新的市场进入者可能需要建造能够向大量用户提供相同或类似服务的平台，这也需要大量投资。所以根据大数据的特性，当假设界定大数据的相关市场的边界具有模糊性时，要想界定大数据拥有者是否拥有企业的市场支配地位：不能按照有形商品企业一般对固有的市场进行分

〔1〕 雷震文："以平台为中心的大数据交易监管制度构想"，载《现代管理科学》2018 年第 9 期。

〔2〕 "3Q 大战"，即奇虎（360）与腾讯（QQ）反垄断诉讼案，中华人民共和国最高人民法院民事判决书，（2013）民三终字第 5 号，2014 年 2 月。

〔3〕 于左："互联网大数据平台的市场支配地位认定与反垄断政策"，载《竞争政策研究》2017 年第 5 期。

〔4〕 侯彬、邝小文："熊彼特的创新理论及其意义"，载《科学社会主义》2005 年第 2 期。

〔5〕 ［美］约瑟夫·熊彼特：《资本主义、社会主义和民主主义》，绛枫译，商务印书馆 1979 年版，第 24~30 页。

析，在一些案件中，当市场份额并不能作为企业市场支配力或反竞争效果的证明，却有充分的证据证明反竞争效果时，市场界定的作用是微小的，而当市场边界难以划清时，此时的市场集中度统计数据几乎是任意的；[1]而是要由大数据的非排他性结合具体案件所涉及的相关市场，来判断大数据拥有者是否具有市场支配地位。并且大数据拥有者对大数据的保护，会基于法定要求或商业目的，通过一些措施对其获取的数据实施保护。这些措施会在一定程度上降低数据的可获得性，即导致他人无法获得，则可判断该企业具有市场支配地位。例如，美国上诉法院第二巡回法院指出：“如果原告可以证明被告的行为对竞争产生了直接的不利影响……这可以说是比复杂市场份额计算来证明市场力量的更直接证据。”[2]

（四）完善滥用市场支配地位行为机制

1. 完善滥用市场支配地位行为责任追究机制

大数据交易在中国发展迅速，而立法的滞后导致执法的困难。[3]根据我国《反垄断法》的最新修正，可以预见平台经济领域未来将是反垄断执法的重点领域。鉴于法律的稳定性和现实的多变性，中国应尽快通过行政法规的形式，建构大数据交易的法律监管制度并加强反垄断执法机关对大数据垄断行为的执法力度。大数据交易中存在着因交易主体、交易范围、数据质量不明确所导致的各种垄断行为存在的交易风险。[4]因此对大数据交易既要加强监管，还要制定专门的责任追究机制，对大数据交易中未来易出现的垄断行为责任主体给予实质性的处罚，以增强法治的威慑力。必须有效地改善当前我国执法部门对于大数据信息垄断行为的有效管控，使其能够积极地参与到相关的执法行为中去。对于一些市场主体所产生的垄断行为，执法部门必须加强预警机制的建立，并且要加大对于大数据的审核力度，从而避免产生严重的后果，扰乱市场的正常运行。对于当前大数据所有者们所产生的垄断行

---

〔1〕 Jonathan B. Baker, "Market Definition: An Analytical Overview", *Antitrust Law Journal*, Vol. 74, Issue 1, 2007, pp. 169-174.

〔2〕 Todd v. Exxon Corp. United States Court of Appeals, Second Circuit. 275 F. 3d 191. 206（2d Cir. 2001）. Dec 20, 2001.

〔3〕 黄道丽、张敏：“大数据背景下我国个人数据法律保护模式分析”，载《中国信息安全》2015年第6期。

〔4〕 张敏、朱雪燕：“我国大数据交易的立法思考”，载《学习与实践》2018年第7期。

为，行政执法部门还要通过发布强制性的命令对其进行约束。通过密切关注大数据交易市场的竞争动态，对涉嫌垄断行为及时启动反垄断调查，着力查处市场交易主体之间不正当交易行为，以及其达成垄断协议、滥用市场支配地位和政府部门滥用行政权力对公共数据限制竞争等垄断行为。

同时，在规制大数据反垄断行为立法时，引入对发起垄断行为主体的惩罚机制，根据垄断行为所造成的损害设置追责机制。例如，行政处分、惩罚性赔款或者刑事责任等追责形式。结合时代发展特征，综合运用各级行政体制、部门法律对违法主体进行惩治，增强法治的威慑力，保障大数据交易市场的正常运行。另外，想要避免大数据行政垄断现象的存在，政府相关的职能部门应该将其所具有的重要作用充分地发挥，从而保证大数据信息得到有效共享和合理利用，促进中国社会的快速发展与进步。与此同时，也要赋予经营者"抗辩权"。企业若可以证明自己具备正当理由，可反向证明自己没有限制、排除竞争，即使具备市场支配地位，也不涉及滥用市场支配地位的行为，不构成恶劣影响即可免受处罚。如此，一定程度上可以避免法律对企业过于严格的监管，避免类似于韩国的法律影响科技行业发展的现象发生。

2. 维护消费者合法权利

在互联网时代，双边市场的特性决定了企业与消费者的关系是不可分割的。在传统市场中，商品交付即是企业与消费者接触行为的终点。进入互联网时代，商品交付则成为一个重要的起点，成为企业与消费者建立关系的开始。互联网科技的发展缩短了企业和消费者的距离，同时也抬高了获得消费者的成本。[1]比如说，今天，消费者如果需要某项产品和服务，可以通过多种途径获取信息，不仅可以比较产品的价格和功能，而且可以了解其他消费者对产品的体验和评价，信息更加对称。而平台企业创新创造的出发点和落脚点应该是满足用户日益增长的物质和文化需求，以更低的成本提供更高质量的产品和服务，最终代表广大用户的核心利益。平台企业可以使用互联网思维，搭建线上、线下互动，借助合适的思维与方法，形成全民联动的参与机制，以及全民参与、全员监督、各尽其责的动员机制。监督者需要做好舆论引导，回应社会的关切，传递有利于加快完善主要由市场决定价格机制、

───────────

〔1〕 邓钦文："电子商务对消费者的影响"，载《商情》2013年第9期。

推动经济转型升级的好声音和正能量，积极营造良好舆论氛围；加大对全面深化价格改革、规范政府定价、强化市场价格监管与反垄断执法等方面的宣传报道力度，推进反垄断改革。同时，大数据可以为消费者提供更充分的信息，降低信息不对称性，[1]使消费者具有更充分的知情权和选择权，所以应该对数据集中的正反面效果进行权衡，是否将隐私保护纳入考虑因素应结合个案分析。[2]

通常反垄断法是解决竞争问题而非隐私保护问题，但是如果隐私保护是企业开展竞争的重要手段，则隐私保护与竞争产生联系。[3]降低隐私保护的程度也被视为是因竞争弱化而对消费者产生的不利后果，此时反垄断法也可以成为一项重要的救济手段。最后，在数据驱动下，未来的交易市场将变得越来越透明，企业以算法为工具结合大数据的使用在价格策略、促销策略等商业决策方面将变得越来越快速化和智能化，这为企业达成和实施更加隐秘的共谋提供了市场条件和技术条件。判断企业是否通过算法甚至人工智能从事共谋需要参考传统的反垄断分析要件，[4]企业的技术手段更新不会彻底推翻反垄断法基本分析框架和规则。平台企业中大数据交易平台的行为也是一把双刃剑，[5]在给企业和消费者带来便利的同时，也存在一定的风险。一方面，其提供的产品有助于帮助预防诈骗、提高产品供应、实现广告精准投放；另一方面，其到处收集用户信息的行为也在一定程度上侵犯了用户的个人隐私，且其掌握的大量数据一旦泄露，将造成难以弥补的伤害和损失。因此，中国相关机构应重视建立健全大数据交易机制，不仅要确保数据安全，也要考虑促进产业发展，避免落后于其他国家。

---

[1]　张莉艳、齐永智："大数据背景下零售经营要素变革研究"，载《技术经济与管理》2015年第7期。

[2]　韩伟："数字经济时代中国《反垄断法》的修订与完善"，载《竞争政策研究》2018年第4期。

[3]　Behavioral Advertising, Tracking, Targeting, and Technology: Town Hall Before the FTC, (Oct. 18, 2007) (testimony of Peter Swire, Professor, Moritz College of Law of the Ohio State University), http://www.americanprogress.org/issues/ regulation/news/2007/10/19/3564/protecting - consumers - privacy - matters-in-antitrust-analysis/.

[4]　韩伟："算法合谋反垄断初探：OECD《算法与合谋》报告介评（上）"，载《竞争政策研究》2017年第5期。

[5]　"大数据也是一把双刃剑——大数据与信息安全"，载搜狐网，http://www.sohu.com/a/219371914_ 100108058，最后访问时间：2018年7月21日。

另外，意识是行为的先导。要想从根本上解决大数据交易中的法律问题，就要从消费者的思想层面着手来强化其对大数据交易行为合法性的认同，使其对非法大数据交易行为可能产生的法律风险有一个清晰的认识，从而权衡非法交易行为给自己带来的利益和损失，警惕相关的非法交易行为。

提升大数据交易行为人的法治意识的途径比较多。例如，通过对相关的法律法规中关于大数据交易的内容进行宣传教育，提升法律的普及度；通过社会舆论的影响力，对一些非法交易大数据行为的处理结果通过舆论的方式进行传播，进而使大家认识到非法进行大数据交易是一种严重的违法行为，要承担相应的法律责任。只有从法治意识层面让大数据交易行为人充分认识到大数据交易的社会危害性，才能够提升每个人大数据交易行为的守法、合法意识，进而规范大数据交易的合法行为。为了维护消费者的权益，可以对电子商务平台进行立法监管，[1]例如，一是使消费者能够轻易识别哪个平台可能拥有关于他自身的数据，[2]并赋予消费者对该信息进行访问的权利以及行使退出权。如建立一个门户网站，平台可以在网站上描述收集和使用信息的情况，并提供访问数据及行使退出权的链接。二是应当考虑要求平台向消费者明确披露他们不仅使用了未加工的原始数据（如消费者的姓名、地址、收入范围），而且他们会对特定数据进行分析。[3]三是应当要求平台披露其数据来源的名称和类别，使消费者能够更好地决定是否需要对原始公开的数据记录进行修改。四是应当要求面向消费者的企业实体提供显著的通知，向消费者说明他们可能会向某些数据平台分享消费者数据，并向消费者提供选择权，如允许消费者拒绝将他们的数据分享给第三者。五是应当考虑保护敏感信息，如健康数据，[4]可以要求面向消费者的数据源提供者在收集敏感信息之前要征得消费者的明确同意。

---

〔1〕 吕来明、董玫："我国电子商务监管体制改革思路及立法建议"，载《中国工商管理研究》2015 年第 2 期。

〔2〕 刘耀华："美国数据经纪商的发展状况及监管趋势分析"，载搜狐网，http://www.sohu.com/a/158636264_735021，最后访问时间：2018 年 10 月 13 日。

〔3〕 国瀚文："互联网企业数据识别反垄断法律监管规制"，载《重庆邮电大学学报（社会科学版）》2019 年第 2 期。

〔4〕 汪全胜、方利平："个人敏感信息的法律规制探析"，载《现代情报》2010 年第 5 期。

3. 强化反垄断执法机构执行力

反垄断执法需要丰富的执法资源，《反垄断法》的最新修正体现了国家顶层设计的高度重视。然而徒法不足以自行，还需要有效和有权威的执法机关，健全反垄断法治，促进中国反垄断法现代化，除了立法层面的完善，更需要继续巩固竞争政策在资源配置中的基础性地位，提高反垄断执法的独立性和权威性。[1]按照中国原先的反垄断执法机构设置，当两个部门面对同类案件时，基于各自管辖权不同，在认定结果上难免存在差异。机构整合后具体案件属于哪种性质的行为，会给出一个相对统一的结论，这对于执法的统一性乃至处罚结论的专业性和权威性具有重要意义。同时，为了强化新机构的执行力，需要细化、统一执法标准。以《反垄断法》关于滥用市场支配地位和执法程序有关内容为基础，整合国家相关规定，并参考《关于平台经济的反垄断指南》有关内容，制定相关执法规定。出台有关反垄断执法的规定，利于构建统一的执法规则体系，加强依法行政以及执法的透明度，给市场以明确的信号。而规定细则，则既能给企业以明确指引，也能给执法机关以明确依据。加快完善行业自律机制，加强行业监督。在社会经济领域，自律是指"一个组织或者行业依据自身制定的规则和标准进行自我控制、自我管理或者自我支配"。[2]得益于大数据产业市场前景广阔、新型行业进入壁垒较低的发展现状，在不同省市的政府与商界的推动下，许多大数据交易平台性质的企业机构纷纷挂牌成立，交易平台一时炙手可热。[3]根据中国现状，可以以大数据交易平台来规范数据交易行为。以大数据交易所（中心）为基础推进数据交易，大数据交易所（中心）的交易模式是目前我国大数据交易的主流建设模式。该模式主要采用国资控股、管理层持股、主要数据提供方参股的混合制方式。例如，作为贵州、贵阳大数据产业发展的重要一环，贵阳大数据交易所自成立以来承担着重大使命，旨在推动政府数据公开、行业数据价值发现，通过清洗、脱敏、分析、建模等技术手段规范大数据交易，驱动贵州乃至全球大数据产业发展。此外，贵阳大数据交易所发布的数据要素流通交

---

〔1〕　王晓晔："我国《反垄断法》修订的几点思考"，载《法学评论》2020年第2期。

〔2〕　Bryan A. Garner, Black's Law Dictionary（Ninth Edition），West, a Thomson Business, 2009, p. 1398.

〔3〕　何培育、王潇睿："我国大数据交易平台的现实困境及对策研究"，载《现代情报》2017年第8期。

易规则、数据产品成本评估指引、数据产品交易价格评估指引、数据资产价值评估指引、数据交易合规性审查指南、数据交易安全评估指南、数据商准入及运行管理指南等一系列文件，目的在于从核心上探索解决"数据确权难""数据定价难""数据监管难"等难题。[1]大数据交易所是大数据产业链条上的一个至关重要的环节，由此形成企业数据中心集群，云上系统平台聚集政府数据，通过政府招商不断引入当地的各类大数据技术公司负责数据生产，而交易环节由交易所承担。这种模式既保证了数据的权威性，扩大了参与主体范围及领域范围，也激发了数据交易主体的积极性和交易市场的活力，并且可以有效促进大数据资源整合、规范交易行为、降低交易成本、增强数据流动性，推进以数据交易所（中心）为基础的大数据交易，是促进大数据流通的重要举措。另外，有学者梳理了各交易平台制定的交易规则，认为大数据交易平台的法律地位既有自律性法人，也有非自律性法人，[2]其具有市场监管主体和监管对象的双重身份。[3]相关部门要从数据交易平台的合法化发展方面着手来进行大数据交易的法律建设，为大数据交易提供导向，从数据交易平台日常运营的合法性方面进行严格要求，对其成立的资质、日常运营情况以及相应的数据甄别系统和交易流程进行监督和把控，[4]从数据的进口和出口两个方向严格把控，避免非法数据进入交易环节，通过对数据的出口进行把控，防止一些垃圾数据大量充斥到市场中，扰乱交易市场的良性化发展。另外，要通过信用评级的方式对数据交易平台进行诚信度考核，对于诚信度比较低的平台予以淘汰，取消其数据交易平台资格，为市场提供更加权威、可靠的数据交易平台。

四、构建中国语境下的大数据交易反垄断法体系

数字平台生态系统是多方面利益的集合体，监管决策往往是各类成本收益权衡的结果。基于我国现实情况，对于数字平台的监管需要在参考国际情

---

〔1〕 全国首套数据交易规则体系由贵阳大数据交易所于 2022 年 5 月发布，涉及数据资产价值评估指引、数据交易合规性审查及安全评估指南。

〔2〕 张敏："交易安全视域下我国大数据交易的法律监管"，载《情报杂志》2017 年第 2 期。

〔3〕 雷震文："以平台为中心的大数据交易监管制度构想"，载《现代管理科学》2018 年第 9 期。

〔4〕 张学松等："电力市场交易运营系统中的数据监控平台功能及实现"，载《电网技术》2008 年第 52 期。

形以及未来发展方向上考虑一条中间道路。但在我国传统的竞争规制规范中，平台中立性缺乏指导性作用，比如在铁路、水、电等具有公共基础性的部门，相关政府机关在市场规制执法实践中，依然存在对规制对象的差别性和歧视性做法，这种做法不仅破坏市场经济核心竞争机制的正常运行，而且不利于我国市场与国外市场的有效对接。[1]随着数字经济的深入发展，市场规制正在经历着深刻的数字化重塑，打破了传统上基于垄断、信息不对称、外部性、公共产品、信息安全等因素而产生的政府规制需求。[2]

数字市场中的各项规制政策依旧是以维护竞争自由、有序、公正为目标，所以平台中立原则应成为反垄断监管政策的指导性原则，对于既有公共性质的竞争秩序又有个人私权性质的消费者福利，需要按照反垄断法保护的核心要旨进行差异化治理，完善中国语境下的平台反垄断法治理体系构建。

（一）　以法律确认大数据交易的竞争法规制原则

解决数字经济时代由于立法的滞后性带来的传统法律无法适用的情况，平台中立性为竞争主管机构监管数字平台运营商提供了法理支撑与法律依据。

首先，从网络中立到平台中立的中立概念的扩展是信息通信产业的结构性变化的结果，通过与已经在中立性规范化上获得整体和部分成功的网络中立性的比较，控制通信网络的互联网服务提供商（ISP）在行业中的重要性被削弱，平台运营者的作用反映了变化趋势。与网络中立进行比较，平台享有更多的控制力的性质，拥有更多支配权被滥用的方式。对比我国的《反垄断法》，目前除其第26条对"经营者集中"有明确规定外，对于其他垄断行为基本都是侧重于事后监管规制。囿于执法机构的技术监管水平与法律的滞后性，为有效减少平台垄断带来的竞争损害（基于网络效应的迅速反映），需要以平台中立来预防平台的垄断行为。在反垄断法的适用方面，对于平台中立原则在内容上包括非歧视性义务，如果将该概念作为判断不正当性的法理加以援引，需要像必要设备论一样通过立法的方式将其制度化或有助于加强对

〔1〕　参见孙晋、阿力木江·阿布都克尤木、徐则林："中国数字贸易规制的现状、挑战及重塑——以竞争中立原则为中心"，载《国外社会科学》2020年第4期。

〔2〕　戚聿东、李颖："新经济与规制改革"，载《中国工业经济》2018年第3期。

平台的竞争政策。[1]2007 年，韩国大法院在浦项制铁公司（POSCO）[2]案中，以限制竞争效果作为判断不当性的基础，认为对比数字平台滥用市场支配地位不当性判断方面，也可以遵循这种判断方式。所以，未来可以参考韩国信息通信相关法律规范，将与通信运营商相类似的平台运营商加以事前规制的义务，规定在某些情形下可参考韩国关于基础通信运营商的相关规定，在我国的数据交易中加入预防反垄断判断标准等，以缓解现行法律规范的滞后性。其次，在事后监管方面，以平台中立性作为判断限制竞争的法理基础，对平台运营商赋予特殊义务，进一步完善我国新《反垄断法》指引下的大数据交易监管规制。平台运营规制的构建以算法技术等为主时，在以传统竞争规制难以划定和分析相关市场时，不能有效适用于判断限制竞争效果。但如果以平台固有的中立性和非歧视性内容作为交易规制的习惯规范，可以缓解反竞争判断限制性的困难。[3]一方面，平台中立原则提供的公共承运人的义务性规范，可以为切实有效地应对数字平台的歧视性规则作出有意义的贡献。比如，在算法默示共谋方面，可以拓展适用共同市场支配地位制度，[4]即以平台的天然属性填补法律规范的缺失，其实质是以习惯规则填补法律漏洞。毕竟数字市场也是市场，需要遵循市场的一般规则。另一方面，平台通过进入壁垒功能的交叉网络效应获取支配力，从而为平台提供生产和积累数据的机制，以急剧增强其支配力。由于竞争规制所依据的是一种管制体系，虽然持有滥用市场支配地位的怀疑，但不应将支配力的急剧增加视为反竞争行为，基于其滥用可能性的担忧增加，可对其赋予承担更高义务的监管要求。在司法实践中，法官可将中立性原则视为一种倡导性的规范，作为说理基础。根

〔1〕 参见丁晓东：“网络中立与平台中立——中立性视野下的网络架构与平台责任”，载《法治与社会发展》2021 年第 4 期。

〔2〕 浦项制铁公司（POSCO）是韩国政府为了使作为现代产业社会国力象征的钢铁能够自给自足于 1968 年成立的。在浦项制铁公司（POSCO）事件中，韩国大法院判定“作为滥用市场支配地位行为的拒绝交易的不正当性，应根据促进垄断性市场竞争的立法目的进行解释”。2007 年韩国大法院第 8626 号判决。

〔3〕 2020 年 9 月韩国国会立法预告的《关于网络平台中介交易公平化的法律（案）》以事后监管为主线，主要从交易公平而非竞争限制性角度出发，以平台经营者与入驻企业之间的不公平交易行为为监管对象。

〔4〕 时建中：“共同市场支配地位制度拓展适用于算法默示共谋研究”，载《中国法学》2020 年第 2 期。

据民法解释学的各种法律漏洞补充方法，可将外国法律上的规定视为一项法理规则，既然是规则，当然可以予以引用来补充法律规范的缺失。[1]

（二）以数字平台差异化治理实现大数据的公正交易

数字平台竞争规制需要基于公正理由进行差异化的平台治理。数字平台具有很多特殊性，既存在调整市场秩序的需求并保护技术创新，又有消费者福利保护的问题以及劳资纠纷的问题。传统的平台中立原则的实施应根据数字平台企业的体量而定，由于平台对于信息传播的控制力较弱，因此，对平台施加中立性责任应当较为谨慎，不应一概而论地将平台视为公共基础设施，要求平台承担类似公共承运人的责任。

因为，根据"单一垄断利润"理论，具有公共基础设施的承运人本没有歧视独立产品与服务商的动机，因为它不能通过垄断互补产品市场来增加利润；[2]而根据"互补效率内部化"理论，[3]只有具有垄断地位者才会倾向于在二级市场对独立产品与服务商开放，因为开放将有利于垄断者在二级市场获得由此类产品与服务带来的互补效率。所以，很多网络非中立行为或纵向一体化行为不具有反竞争的动机与效应，平台中立的适用前提也存在一定的限制。

因此，竞争规制对于平台中立性应进行差异化地适用，不宜对平台中立作"一刀切"的强制性要求，而应根据不同平台的类型和功能进行规制。[4]具有市场支配地位的头部平台企业，监管机构可以根据平台的中立性结合反垄断法对其滥用行为进行非中立的判断；对不具备市场支配地位的中小型企业，为保护其创新能力，对其减少不必要的中立性判断。纵观世界各国的竞争法，其最终追求的目标多为消费者福利最大化的根本理念，数字平台的竞

---

〔1〕　法律漏洞的补充方法之一，比较法方法，将外国法律上的规定视为一项法律规则，是现代民法理论上公认的规则，当然可以引用来裁判案件。这就叫补充法律漏洞的比较法方法。例如，广州法院审理的敬修堂股份有限公司诉黄花印刷社电话费纠纷案。参见梁慧星：《裁判的方法》，法律出版社 2017 年版，第 36 页；王泽鉴：《民法学说与判例研究》（第二册），中国政法大学出版社 1998 年版，第 31 页。

〔2〕　Richard A. Posner, *Antitrust Law*, The University of Chicago Press, 2001.

〔3〕　Van Schewick, *Internet Architecture and Innovation*, MIT Press, 2012.

〔4〕　丁晓东："网络中立与平台中立——中立性视野下的网络架构与平台责任"，载《法制与社会发展》2021 年第 4 期。

争政策也需要秉承传统竞争法的法益保护需求。当平台行使治理权时，应设计符合实体公正与程序公正的规则进行监管，比如在数字平台实施封禁行为或区别对待时（禁止平台之间数据传输、控制发言、删除信息等），应提供合理理由，并遵守比例原则。封禁等行为本不符合互联网精神的本质，但如果确实存在不安全信息时，数字平台基于公共责任可以合理理由采取措施。

（三）以平台功能性区分大数据交易规制的合理监管

随着互联网平台的用户规模、市场份额和影响力不断提升，头部平台已经发展成为"自然垄断"，因此有学说认为应当将其作为公用事业设施进行监管，类似反垄断理论中的"必需设施理论"，[1]其理论基础也是基于网络中立原则。网络中立性的认定很大程度上归因于网络具有的特性，以及网络持有者所提供服务的特性和支配力的来源。以通信网络为例，在网络的设置过程中，公共投资占绝对比重，拥有和基础电信运营商相当的控制力，这为监管着眼于"网存者"的数字平台行业领域，实施非对称监管奠定了基础。[2]同样，在竞争法规制下，以有效防止基于网络拥有的滥用控制力，提供了对网络持有者赋予特殊义务的法理基础。[3]2001年韩国修订《垄断规制与公平交易法》施行令，在第5条第3款第3号及第4款第3号中从立法上反映了对于"必需设备"的监管规制，主要是受韩国《电气通信事业法》上必需设备论的影响。但是，数字平台并不具有如通信网络一般的不可替代性和不可复制性，即使在目前拥有统治地位的情况下也面临着源源不断的竞争。

一是差异性的用户群在平台的聚集多具有同质性，但同时也会带来具有高定向需求的广告商，久而久之，平台的集中度会降低；[4]二是平台间互联互通的便利性程度降低了平台市场的边际成本，消费者可以自由选择平台使用，也会降低平台的集中度；三是数字市场最核心的特质就是创新，比如网

---

〔1〕 MCI Communication Corp. v. AT&T, 708 F2d 1081（7th Cir. 1983）, pp. 1132-1133.

〔2〕 김윤정：《새로운 통신환경 하에서 플랫폼 중립성의 함의와 규제방법》, 경제규제와 법, 제6권 제1호, 2013.

〔3〕 根据2001年韩国《垄断规制法》施行令修订，其第5条第3款第3号及第4款第3号在立法上反映了必要设备论。홍명수，"필수설비론의 발전과 통신산업의 자유화"，비교사법，제11권 제2호, 2004, 695면 이하 참조.

〔4〕 Dixit, Avinash, Joseph Stiglitz, "Monopolistic Competition and Optimum Product Diversity", American Economic Review, Vol. 67, No. 3, 1977.

络社交领域：Facebook 出现后，曾在欧洲广泛使用的 VZ 程序以及美国的 Myspace 都在短时间内退出了市场。[1]又如电商领域，2015 年时，中国市场已经存在阿里巴巴、京东等综合类别的巨头，还有当当网、网易严选等细分领域的小巨头，而同年成立的拼多多却在 2020 年成为比肩巨头的万亿公司，另有抖音、快手等新兴巨头在进行扩张。这说明，一个企业的市场主导地位会随着经济和技术的发展不断变化。所以，诸如 Google、Facebook、阿里巴巴、腾讯等大企业的垄断地位不一定能够维持很长时间，而科技巨头们为维护其在相关市场的领导地位，必须不断地应对市场创新和潜在进入者，导致数字经济领域明显存在垄断趋势，[2]更应对其进行竞争规制。数字经济适用反垄断法，不是说头部平台凭借高科技而取得的垄断地位是违法的，而是要防范它们为维护其市场势力而不合理地排除和限制竞争。[3]头部平台作为有市场自治权利的主体，如这种"自治"是为了排除、限制竞争，就有可能违反了竞争政策。比如在搜索排名时，给予自身最优惠待遇，此时需要考虑相关市场或者支配地位等行为的合理性，要求其提供合理理由，否则可以认定为违反反垄断法。

（四）以多元协同共治实现大数据交易的竞争法规制

互联网平台生态系统是多方面利益的集合体，监管决策往往是各类成本收益权衡的结果。随着数字经济的深入发展，市场规制正在经历着深刻的数字化重塑，打破了传统上的因垄断出现的非中立现象——信息不对称、外部性、公共产品、信息安全等因素催生了政府的规制需求。但数字市场中的各项规制制度依旧是以维护竞争自由、有序、公正的目标，对于既有公共性质的竞争秩序又有个人私权性质的消费者福利以及新型劳动场景下的用工纠纷问题来说，需要按照反垄断法保护的核心要旨进行差异化治理。当传统竞争规制适用存在困难时，需要以平台的自身属性进行利益的衡量，但是由于互联网平台只是借用网络的优势进行发展，对其进行中立性责任认定时要较为

---

[1] Justus Haucap, Ulrich Heimeshoff, "Google, Facebook, Amazon, eBay: Is the Internet driving competition or market monopoli- zation?" *International Economics and Economic Policy*, February 2014.

[2] 王晓晔："数字经济反垄断监管的几点思考"，载《法律科学（西北政法大学学报）》2021 年第 4 期。

[3] 潘旦："互联网'零工经济'就业群体的劳动权益保障研究"，载《浙江社会科学》2022 年第 4 期。

谨慎，不能一概认为具有公共承运人的责任，应结合反垄断法对平台的市场力量进行区别对待；对于用户的消费者福利而言，应结合《消费者权益保护法》《个人信息保护法》《民法典》等相关法律，对其增加福利和减少福利的行为进行区别对待；对于零工经济下的劳务人员，因其与竞争规制市场不属于同一市场，应结合劳动法律规范对算法操纵和劳务纠纷等问题进行区别对待。[1]

竞争法是规范市场行为、维护市场竞争秩序的基本法。尽管世界各国（地区）反垄断法及其具体执法体制不尽相同，但其基本内容框架具有高度的一致性。大数据产业凭借其高增长、高效益、低消耗的优势逐渐成为世界许多国家和地区国民经济的基础产业、支柱产业或先导产业。迅速发展的大数据产业也随之遭遇"市场失灵"与"规制失灵"之间愈演愈烈的矛盾冲突，[2]引发诸多关涉大数据产业反垄断的典型案例的争议。在大数据产业侵犯隐私是否适用竞争法规制问题上，越来越多的学者认为不能回避，而要主动进行预防规制。[3]基于数字经济的特性，现有竞争法的基础理论和立法实践无法为解决个人信息竞争法保护问题提供充分的依据。本书立足于经济学原理和法学基本原理的基础之上，深入探讨了数字经济下大数据交易的竞争法保护的必要性、特殊性及复杂性。通过论述欧美地区数据法律体系的形成过程，通过案例对其适用现状进行论述；对于与中国历史、人文更相近的韩国则通过其数据法律体系的发展与适用现状进行立法反思。对中国，甚至是整个亚洲地区的大数据交易竞争法规制的未来走向，既有借鉴价值，又有警示意义。

---

〔1〕 王晓晔："数字经济反垄断监管的几点思考"，载《法律科学（西北政法大学学报）》2021年第4期。

〔2〕 李酣："从市场失灵到政府失灵——政府质量安全规制的国外研究综述"，载《宏观质量研究》2013年第2期。

〔3〕 陈兵："大数据的竞争法属性及规制意义"，载《法学》2018年第8期。

参考文献

一、中文文献

1. 贵院大数据交易所："中国大数据交易产业白皮书（2016）"，http://www.gbdex.com／website view／about Gbdex.jsp。

2. 漆多俊：《经济法基础理论》，武汉大学出版社 2006 年版。

3. 邵建东：《竞争法教程》，知识产权出版社 2003 年版。

4. 王晓晔：《反垄断法》，法律出版社 2011 年版。

5. 李昌麒编：《经济法学》，法律出版社 2008 年版。

6. 王先林：《竞争法学》，中国人民大学出版社 2015 年版。

7. 张守文：《经济法学》，北京大学出版社 2018 年版。

8. 曹康泰：《中华人民共和国反垄断法解读理念、制度、机制、措施》，中国法制出版社 2007 年版。

9. ［英］维克托·迈尔-舍恩伯格、肯尼思·库克耶：《大数据时代　生活、工作与思维的大变革》，盛杨燕、周涛译，浙江人民出版社 2013 年版。

10. ［英］戴恩·罗兰德、伊丽莎白·麦克唐纳：《信息技术法》，宋连斌、林一飞、吕国民译，武汉大学出版社 2004 年版。

11. 万江：《中国反垄断法理论、实践与国际比较》，中国法制出版社 2015 年版。

12. 孔祥俊：《反垄断法原理》，中国法制出版社 2001 年版。

13. 权五乘：《韩国竞争法中的相关市场界定》，金善明译，载王晓晔主编：《反垄断法中的相关市场界定》，社会科学文献出版社 2014 年版。

14. 《列宁选集》，人民出版社 1995 年版。

15. ［美］戴维·J. 格伯尔：《二十世纪欧洲的法律与竞争》，冯克利、魏志梅译，中国社会科学出版社 2004 年版。

16. 王泽鉴：《人格权法》，北京大学出版社 2013 年版。

17. ［美］道格拉斯·诺斯、罗伯特·托马斯：《西方世界的兴起》，厉以平、蔡磊译，华夏出版社 2009 年版。

18. 吴玉岭：《契约自由的滥用与规制：美国反托拉斯法中的垄断协议》，江苏人民出版社 2007 年版。

19. ［美］莫里斯·E. 斯图克、艾伦·P. 格鲁内斯：《大数据与竞争政策》，兰磊译，法律出版社 2019 年版。

20. 王磊：《市场支配地位的认定与反垄断法规制》，中国工商出版社 2006 年版。

21. ［美］理查德·A. 波斯纳：《反托拉斯》，孙秋宁译，中国政法大学出版社 2003 年版。

22. 尚明：《对企业滥用市场支配地位的反垄断法规制》，法律出版社 2007 年版。

23. ［美］肯尼斯·W. 克拉克森、罗杰·勒鲁瓦·米勒：《产业组织：理论、证据和公共政策》，上海三联书店 1989 年版。

24. 尚明：《世界主要国家和地区反垄断法律汇编》（上册），中国商务出版社 2013 年版。

25. 王晓晔："重要的补充反不当竞争法与相邻法的关系"，载《国际贸易》2004 年第 7 期。

26. 沈卜铭："论大数据的由来及其界定与特征"，载《科教导刊：电子版》2017 年第 2 期。

27. 刘则渊、王贤文、陈超美："科学知识图谱方法及其在科技情报中的应用"，载《数字图书馆论坛》2009 年第 10 期。

28. 徐剑、何渊："中国法学研究的历史回顾与反思——基于 CSSCI、CNKI（1978—1997）的高被引论文分析"，载《上海交通大学学报（哲学社会科学版）》2009 年第 2 期。

29. 苏力："从法学著述引证看中国法学——中国法学研究现状考察之二"，载《中国法学》2003 年第 2 期。

30. 杨华："我国法学期刊学术规范化分析"，载《西南民族大学学报（人文社会科学版）》2009 年第 2 期。

31. 张琳："人文社会科学期刊特征因子评价研究——基于 CSSCI 法学期刊"，载《图书情报工作》2011 年第 6 期。

32. 何渊、徐剑："中国经济法学 30 年高影响论文之回顾与反思——基于主流数据库（1978—2008）的引证分析"，载《现代法学》2010 年第 1 期。

33. 张燕："中国经济法学研究影响力与经济法实践发展——基于 CNKI39 年文献大数据"，载《法学评论》2019 年第 3 期。

34. 刘大洪、王永强："网络环境中我国《反不正当竞争法》的修改与完善"，载《经济法论坛》2008 年第 1 期。

35. 温兴琦、陈曦："网络不正当竞争：表现、特征及对策"，载《重庆邮电学院学报（社会科学版）》2004 年第 4 期。

36. 吴汉东："论反不正当竞争中的知识产权问题"，载《现代法学》2013 年第 1 期。

37. 肖顺武：“网络游戏直播中不正当竞争行为的竞争法规制”，载《法商研究》2017年第5期。

38. 杨立新、吴烨、杜泽夏：“网络交易信用欺诈行为及法律规制方法”，载《河南财经政法大学学报》2016年第1期。

39. 郑友德、张钦坤、李薇薇、伍春艳：“对《反不正当竞争法》修订草案送审稿的修改建议”，载《知识产权》2016年第6期。

40. 郑友德：“新修订反不正当竞争法的顶层设计与实施中的疑难问题探讨”，载《知识产权》2018年第1期。

41. 程信和：“中国经济法向何处去”，载《社会科学家》2005年第4期。

42. 甘强：“体系化的经济法理论发展进路——读《欧洲与德国经济法》”，载《政法论坛》2018年第5期。

43. 国瀚文：“互联网企业数据识别反垄断法律监管规制”，载《重庆邮电大学学报（社会科学版）》2019年第2期。

44. 解正山：“数据驱动时代的数据隐私保护——从个人控制到数据控制者信义义务”，载《法商研究》2020年第2期。

45. 王利明：“论个人信息权的法律保护——以个人信息权与隐私权的界分为中心”，载《现代法学》2013年第4期。

46. 徐明：“大数据时代的隐私危机及其侵权法应对”，载《中国法学》2017年第1期。

47. 韩伟：“数字经济中的隐私保护与支配地位滥用”，载《中国社会科学院研究生院学报》2020年第1期。

48. 韩伟、李正、沈罗怡：“法德《竞争法与数据》调研报告介评”，载韩伟主编：《数字市场竞争政策研究》，法律出版社2017年版。

49. 殷继国：“大数据市场反垄断规制的理论逻辑与基本路径”，载《政治与法律》2019年第10期。

50. 李世英：“市场进入壁垒问题研究综述”，载《开发研究》2005年第4期。

51. 周万里：“数字市场反垄断法——经济学和比较法的视角”，载《中德法学论坛》2018年第1期。

52. 张新宝：“我国个人信息保护法立法主要矛盾研讨”，载《吉林法学社会科学学报》2018年第5期。

53. 张彤：“论民法典编纂视角下的个人信息保护立法”，载《行政管理改革》2020年第2期。

54. 田野、张晨辉：“论敏感个人信息的法律保护”，载《河南社会科学》2019年第7期。

55. 程啸：“民法典编纂视野下的个人信息保护”，载《中国法学》2019年第4期。

56. 叶金强："《民法总则》'民事权利章'的得与失"，载《中外法学》2017年第3期。

57. 张礼洪："人格权的民法保护及其理论的历史发展——兼议我国的立法模式选择"，载《中国政法大学学报》2018年第4期。

58. 周汉华："个人信息保护的法律定位"，载《法商研究》2020年第3期。

59. 仲春："互联网行业反垄断执法中相关市场界定"，载《法律科学（西北政法大学学报）》2012年第4期。

60. 王利明："数据共享与个人信息保护"，载《现代法学》2019年第1期。

61. 蒋岩波："互联网产业中相关市场界定的司法困境与出路——基于双边市场条件"，载《法学家》2012年第6期。

62. 王文平："大数据交易定价策略研究"，载《软件》2016年第10期。

63. 王东东："我国互联网行业反垄断中相关市场界定方法研究"，载《赤峰学院学报（汉文哲学社会科学版）》2015年第8期。

64. 曾雄："数据垄断相关问题的反垄断法分析思路"，载《竞争政策研究》2017年第6期。

65. 黄道丽、张敏："大数据背景下我国个人数据法律保护模式分析"，载《中国信息安全》2015年第6期。

66. 曾彩霞："大数据垄断对相关市场竞争的挑战与规制：基于文献的研究"，载《中国价格监管与反垄断》2017年第6期。

67. 于左："互联网大数据平台的市场支配地位认定与反垄断政策"，载《竞争政策研究》2017年第5期。

68. 张坤："互联网行业反垄断研究"，湖南大学2016年博士学位论文。

69. 邹开亮、刘佳明："大数据背景下价格歧视行为的法律规制"，载《安阳工学院学报》2018年第1期。

70. 韩伟、李正："反垄断法框架下的数据隐私保护"，载《中国物价》2017年第7期。

71. 姚财福："韩国近年互联网立法趋向和启示"，载《互联网天地》2016年第12期。

72. 潘伟："判断经营者滥用市场支配地位问题研究——'百度搜索引擎服务'垄断纠纷案评析"，载《科技与法律》2010年第6期。

73. 曾雄："以hiQ诉LinkedIn案谈数据竞争法律问题"，载《互联网天地》2017年第8期。

74. 朱理："互联网领域竞争行为的法律边界：挑战与司法回应"，载《竞争政策研究》2015年第1期。

75. 邓志松、戴健民："数字经济的垄断与竞争：兼评欧盟谷歌反垄断案"，载《竞争政策研究》2017年第5期。

76. 朱强："大数据时代装备科技信息资源建设探析"，载中国档案学会编：《创新：档案与

文化强国建设　2014 年全国档案工作者年会优秀论文集》，中国文史出版社 2014
年版。

77. 张瑞："美国历年互联网法案研究（1994—2006）"，载《图书与情报》2008 年第
2 期。

78. 刘丽丽、刘锴："美国网络隐私权保护模式及其对我国的启示"，载《征信》2015 年第
12 期。

79. 蒋坡：《国际信息政策法律比较》，法律出版社 2001 年版。

80. 陈盼："欧盟网络隐私权保护模式研究——兼述欧盟对 Facebook 面部识别技术的调
查"，载《研究生法学》2013 年第 4 期。

81. 王迁："如何研究新技术对法律制度提出的问题？——以研究人工智能对知识产权制度
的影响为例"，载《东方法学》2019 年第 5 期。

82. 吴伟光："大数据技术下个人数据信息私权保护论批判"，载《政治与法律》2016 年第
7 期。

83. 张新宝："从隐私到个人信息：利益再衡量的理论与制度安排"，载《中国法学》2015
年第 3 期。

84. 任超："网上支付金融消费者权益保护制度的完善"，载《法学》2015 年第 5 期。

85. 田明华等："中国价格竞争状况剖析"，载《科技与管理》2002 年第 1 期。

86. 何培育、王潇睿："我国大数据交易平台的现实困境及对策研究"，载《现代情报》
2017 年第 8 期。

87. 包玉婷："个人信息商业化利用的法律规制"，首都经济贸易大学 2017 年硕士学位
论文。

88. 邹开亮、刘佳明："试论大数据垄断的法律规制"，载《大庆师范学院学报》2017 年第
4 期。

89. 雷震文："以平台为中心的大数据交易监管制度构想"，载《现代管理科学》2018 年第
9 期。

90. 张敏："交易安全视域下我国大数据交易的法律监管"，载《情报杂志》2017 年第
2 期。

91. 沈熙菱："大数据背景下垄断认定标准的量化问题——以法经济学分析为维度"，载
《法制博览》2016 年第 17 期。

92. 张敏："大数据交易的双重监管"，载《法学杂志》2019 年第 2 期。

93. 中国国际经济交流中心大数据战略课题组："迈向高质量发展"，载《中国经济报告》
2018 年第 1 期。

二、英文文献

1. "Special online collection: Dealing with data", Science. http://www.sciencemag.org/site/special/data/.

2. McKinsey, "Big data: The next frontier for innovation, competition, and productivity", Accessed November, http://www.mckinsey.com/business-functions/digital-mckinsey/our-insights/big-data-the-next-frontier-for-innovation, 2017.

3. Allen P. Grunes, Maurice E. Stucke, No Mistake About It: The Important Role of Antitrust in the Era of Big Data, The Antitrust Source, No. 1, 2015.

4. Exclusive Supply or Purchase Agreements, Federal Trade Commission (Sep. 1, 2016), https://www.ftc.gov/tips-advice/competition-guidance/guide-antitrust-laws/single-firm-conduct/exclusive-supply.

5. Exclusive Dealing or Requirements Contracts, Federal Trade Commission (Sep. 1, 2016), https://www.ftc.gov/tips-advice/competition-guidance/guide-antitrust-laws/dealings-supply-chain/exclusive-dealing-or.

6. Geoffrey A. Manne, R. Ben Sperry, "The Problems and Perils of Bootstrapping Privacy and Data into an Antitrust Framework", CPI Antitrust Chronicle, No. 2, 2015.

7. French Competition Authority and German Federal Cartel Office: Competition Law and Data, https://www.bundeskarte//amt.de/SnaredDocs/Meldung/EN/Pressemitteilungen/2016/10_05-2016_Big%20Data%20Papier.html, 2016.

8. Brynjolfsson E., Hitt, Lorin M., Kim, HeeKyung Hellen, Strength in Numbers: HOW Does Data-Dvien Decision-making Affect Firm Performance?

9. Mcafee A., Bryniolfsson E., "Big data: the Management Revolution", Harvard Business Review, Vol. 90, No. 10, 2012.

10. Haucap J., Heimeshoff U. Google, Facebook, Amaaon, eBay, "Is the Internet driving competition or market maonopolizationg", International Economics and Economic Policy, 2014.

11. Tucker Darren S., Wellford Hill B., "Big Mistakes Regarding Big Data", Antitrust Source, 2014, https://ssrn.com/abstract=2549044.

12. P. J. Harbour, T. I. Koslov, "Section 2 In AWeb 2.0 World: An Expanded Vision of Relevant Product Markets" Antitrust Law Journal, Vol. 76, 2010.

13. Inge Graef, "Market Definition and Market Power in Data: The Case of Online Platforms" World Competition, Vol. 38, No. 4, 2015.

14. Phillip Areeda, Louis Kaplow, "Antutrust Analysis", 1988.

15. Hilbert M. , L6pez P. , "The world's technllogical capacity to store, Communicate, and Compute in formation", Science, Vol. 332, No. 6025, 2011.

16. Manyika J. , Chui M. , Brown B. , et al, "Big Data: The Next Frontier for Innovation, Compeitition, and Productivity", Analytices, 2011.

17. David J. Teece, Mary Coleman, "The meaning of monopoly: Antitrust analysis in high−technology industries", Technology Management and Policy, 2003.

18. The overview of the theoretical economics literature on selling information below. Also the website of the Data Eco $ y $ tem project: http://cloud−data− pricing. cs. washington. edu/ (last accessed November 4, 2016). Also OECD (2015) on data−driven innovation.

19. Lipsky Jr. , A. B. , J. G. Sidak, "Essential Facilities", Stanfaord Law Review, Vol. 51, 1999, Accessed November 2017, https://www. terione conomics. com/docs/essential facilities1. pdf.

20. Schwartz. P. , Peifer. K. , Transatlantic Data Privacy Law. Georgetown Law Journal, Vol. 106, No. 1, 2017.

21. ECJ, Bronner, C−7/97, judgment of 26. 11. 1998.

22. ECJ, IMS Health, C−418/01, judgment of 29. 04. 2004.

23. GC, Microsofalt2011/04, judgm ent of 17. 09. 2007.

24. Autorité de la concurrence, Bundeskartellamt, "Competition Law and Data", Accessed November, 2017, http://www. autoritedelaconcurrence. fr/user/standard. php? id_ rub = 630& id_ article = 2770.

25. Stuck M. E. , Ezrachi A. , "When Competition Fails to Optimize Quality: A Look at Search Engines", Yale Journal of Law & Technology, 2016.

26. Grunes, Allen P. , "Another Look at Privacy", George Mason Law Review, Vol. 20, No. 4, 2013.

27. Nils−Peter Schepp, Achim Wambach, "On Big Data and its Relevance for Market Power Assessment", Journal of European Competition Law and Practice, 2016.

28. Harbour P. J. , T. I. Koslov, "Section 2 in a Web 2. 0 World: An Expanded Vision of Relevant Product Markets", Antitrust Law Journal, Vol. 76, 2010, Accessed November 20, 2017, http://www. nortonrosefulbright. com/files/us/images/publications/20100816Section2In Web World. pdf.

29. Ezrachi, Ariel, Stucke, Maurice E. , "Artificial Intelligence & Collusion: When Computers Inhibit Competition", Oxford Legal Studies Research Paper No. 18/2015, University of Tennessee Legal Studies Research Paper No. 267, Accessed November, 2017, https://ssrn. com/abstract=

2591874.

30. DOJ, "Former E-Commerce Executive Charged with Price Fixing in the Antitrust Division's First Online Marketplace Prosecution", Press Release by the Department of Justice on Monday, 2015, Accessed November, 2017, http://www. justice. gov/atr/public/press _ releases/ 2015/313011. docx.

31. Big Data Research and Development Initiative, http: www. whitehouse. gov/sites/default/ files/microsites/ostp/big_ data_ press_ release_ final_ 2. pdf, 2013-9-11.

32. Executive Office of the President, "Big Data Across the Federal Gover", http://www. whitehouse. gov/sites/default/files/microsites/ostp/big_ data_ fact_ sheet_ final_ 1. pdf, 2013-09-10.

33. Jeffery L. Teeters, Godfrey K. , Young R. , et al, "Neurodata Without Borders: Creating a Common Data Format for Neurophysi-ology", Neuron.

34. Harbour P. J. , Koslov T. I. , "Seciton 2 in A Web 2. 0Wlrld: An Expanded Vision of Relevant Product Market", Antitrust Law Journal, Vol. 76, No. 3, 2010.

35. Peter Swire, "Protecting Consumers, Pribacy Matters in AntitrustAnalysis" (Oct 19, 2007), available at http://www. americanprogress. org/issues/economy/news/2007/10/19/3564/protecting-consumaers-privacy-matters-in-antitrust-analysis/.

36. President Council of Advisors and Technology, "Report to the President Big Data ande Privacy: a Technological Perspective" (May, 2014) available at: https://www. drugabuse. gov/sites/default/files/ispab_ jun2014_ big-data-privacy_ blumenthal. pdf.

37. Garther, "Selecting Impactful Big Data Use Cases", 2015.

38. Abramo G. , D'Angelo C. A. , Viel F. , "The field-standardized average impact of national research systems compared to world average: The case of Italy", Vol. 88, No. 88, Scientometrics, 2011, 599-615, https://doi. org/10. 1007/s11192-011-0406-x.

39. Diem A. , Wolter S. C. , "The use of bibliometrics to measure research performance in educationsciences", Vol. 54, No. 1, Research in Higher Education 54 (1), 2013, https:// doi. org/10. 1007/s11162-012-9264-5.

40. Ma F. , Xi M. , "Status and trends of bibliometric", Journal of Information Science, 1992, 13 (5).

41. Chen C. , "CiteSpace II: Detecting and visualizing emerging trends and transient patterns in scientific literature", Journal of the Association for Information Science and Technology, 2006, 57 (3), https://doi. org/10. 1002/asi. 20317.

42. Ang-Il Moon, "Big Data and the Protection of Personal Information", Vol. 14, No. 2, 2015.

三、韩文文献

1. 정호열, 「경제법」, 제4판, 박영사, 2012.

2. 權五乘, 「경제법」, 제9판, 법문사, 2011.

3. 이동원, 「소비자법」, 제1판, 진원사, 2012.

4. 박승룡·김재완, 「소비자법」, 제1판, 한국방송통신대학교출판문화원, 2013.

5. 함유근·채승병, 빅데이터 경영을 바꾸다(초판), 삼성경제연구소, 2012.

6. 강정희, "빅데이터 기반의 디지털 경제와 경쟁법의 과제", 「선진상사법률연구」 통권 제74호, 법무부, 2016.04.

7. Schema, "데이터를 어떻게 사용할지를 정의한 데이터베이스의 논리구조", 류한석, 「플랫폼, 시장의지배자」, 코리아닷컴, 2016.

8. 이승규, "빅데이터, 후생증진 vs 경쟁제한.빅데이터가 경쟁정책에 미치는 영향", 「나라사랑」 3월호, 2017.

9. 강상묵. "잊혀질 권리(The right to be for (1991),"경 희사이버대학교 사이버사회연구소 웹진기술혁신전략.

10. 권영성. "전자정부구축에 따른 행정정보 공동이용의 방식과 유형에 관한 고찰," 성균관법학, 제19권 제1호.

11. 박익환, 장용근. "사이버공간에서의 프라이버시보호," 세계 헌법연구, 11권 2호.2005.

12. 이인호, " 디지털시대의 정보기보기본권," 법학논문집 (중앙대), 제26집, 제2호.

13. 박지웅, 이지은(역). "우리가 싫어하는 생각을 위한 자유," 간장, 2007.서주실. "ar-ren·aBrandeis의 The Right to Privacy," 미 국헌법연구 6, 1995.

14. 류한석. "빅데이터 비즈니스의 이슈와 전망," kt경제경영연 구소.

15. 이규철, 원희선, 「新기술(빅데이터) 등장에 따른 경제적 파급효과 및법(규제) 연구」, 한국전자통신연구원.

16. "빅데이터시대: 공공부문 빅데이터 추진방향," IT&Future Strategy, 제6호, 한국정보화진흥원.

17. 한국법제연구원, 「빅데이터관련개인정보보호법제개선방안연구」, 2017.10.

18. 김연지, "구글, EU와 반독점 신경전 … 소송전 준비 나서", 조선비즈 기사(2017.70110).

19. 임미진, "구글·페북의 빅데이터 독점 겨누는 김상조의 공정위", 중앙일보 기사(2017.6.26.).

20. "빅데이터 개인정보보호 가이드라인(안) 관련 진정 건", 2014 의결 제16호, 개인정보보호위원회 결정(2014.7.30.).

21. 고학수, "개인정보 보호 법제에 관한 국내외 논의의 전개와 주요 쟁점", BFL 제66호, 서울대학교 금융법센터(2016), 22-23면은 저자의 견해에 기초가 되는 관점을 제시하고 있다.

22. 이기종, "디지털 플랫폼 사업자 간의 기업결합 규제 - EU의 Facebook/WhatsApp 사건을 중심으로", 「상사판례연구」 제29집 제1권, 한국상사판례학회(2016.3.), 81-82면.

23. 정도영, 김민창, 김재환, 「빅데이터정책추진현황과활용도제고방안」, 입법정책보고서, Vol.2, 2018.5.31.

24. 한국고객관계관리협회, 「빅데이터시대개인정보보호와활용의균형을위한정책방안연구」, 2014.12.25.

25. 한국조사연구학회, 「빅데이터활용통계생산방법론연구용역결과보고서」, 2016.10.

26. 한국지식재산연구원, 「빅데이터와개인정보보호」, 『지식재산정책』 제 21 호, 2014.12.

27. 정도영, 김민창, 김재환, 전게보고서, 26 면.

28. 한국경제연구원, 「빅데이터산업활성화를위한개인정보보호규제개선검토」, 『KERI Brief』 15-28, 2015.12.

29. 김태엽, 「공공데이터개방정책의현황및향후과제」, 『이슈와논점』 제 1455 호, 국회입법조사처, 2018.4.27.

30. 김구, 「공공데이터개방정책에관한평가적고찰: 공공데이터포털을중심으로」, 『국가정책연구』 제31 권제2호, 2017.6.

31. 정도영, 김민창, 김재환, 전게보고서.

32. 한국법제연구원, 「빅데이터관련개인정보보호법제개선방안연구」, 2017.10.

后　记

　　当今社会，数据作为新型生产要素，是数字化、网络化、智能化的基础，已快速融入生产、分配、流通、消费和社会服务管理等各个环节，深刻改变着生产方式、生活方式和社会治理方式。数据作为一种生产要素单独列出，推动了以"大数据"为交易对象的商业模式的发展。党中央、国务院高度重视大数据在推进经济社会发展中的地位和作用。2014 年，大数据首次被写入政府工作报告，逐渐成为各级政府关注的热点。2015 年，国务院印发《促进大数据发展行动纲要》，大数据正式上升至国家战略层面。十九大报告提出要推动大数据与实体经济的深度融合。在 2021 年 3 月发布的"十四五"规划中，大数据标准体系的完善成为发展重点，到 2025 年大数据产业测算规模突破 3 万亿元。但从近年的情况看，大数据交易的发展并没有预想中的顺利，数据权属不明、隐私泄露、数字市场秩序混乱、流通机制设计与国际数字贸易对接不畅等问题掣肘了数据要素价值的实现。主要原因在于大数据包含的商业价值不仅涉及个人信息，也涉及数字市场的秩序监管，使其交易的合法性面临着不确定性；同时，个人信息保护与竞争规制这两个传统上没有关联的问题日渐联系在一起，亟待规范。在此之际，更应该有的放矢地梳理各部门的数据竞争政策。数字经济发展是数字社会发展的重要方面，数字社会需要法治规则服务保障一体化提升。任何时期对社会进程的研究都具有重要的理论意义，也会产生相应的社会效应。通过反思的知识或观念，可以有效指导我们建立区别表象的真观念。只有回望过去，才能镜鉴当下与未来。本书对于大数据交易的规制从竞争法学的角度进行讨论，既是基于数字时代背景的需求，又是我国数据法学研究从理论走向实践过程的总结。

　　竞争法学作为一门带有综合性和交叉性的法律科学，对其进行交叉学科的研究是学科属性的内在要求。我国涉数据交易的竞争法规制主要由《反不正当竞争法》《反垄断法》两部分组成，但在学术研究方面一直是分开进行

的。在数据经济发展过程中，总是会先出现个别违规的新型行为，从保护个别权利入手进行干预而引起学术界的讨论；然后随着经济的发展，会出现更多违规的新型行为，逐渐对市场秩序产生影响，最后引起公权力的介入。又由于互联网经济、数字经济的范围不尽相同，而两部法律的立法时间、社会经济发展背景也有不同，单独论述哪一部部门法都有不能窥视我国数字社会发展进程全貌的嫌疑。本书在原博士毕业论文《빅데이터去来에서의市场支配的地位滥用规制》（Regulation on the Abuse of Market Dominant Position in Big Data Transaction）单独讨论《反垄断法》的基础上，将两部部门法的关联性内容放在一起进行讨论，最终形成本书。通过对2022年《反垄断法》关于竞争政策基础性地位的解读，将现有制度规范与现实技术进行有机结合，深入研究数据的生成机制，对竞争规制领域的新型问题进行体系化、技术化的研究分析，更加全面地分析我国数据竞争规制的现状。以我国互联网竞争法学术的变化发展，展现我国互联网经济发展的全部脉络，从而锁定数字经济、大数据交易以及数据垄断的形成、发展与规制动向，并通过展现外国数据法律体系的构建过程，以经典案例对其适用现状进行论述以寻找对我国有意义的借鉴。

我自读博士时起就开始进行数据竞争法学的研究，写作本书的目的既是对自己从读书到执教三年的一个总结，也是对数据交易竞争法规制发展情况进行一个梳理。但最终能够以此为主题进行书写，要感谢时建中老师，不仅对我这个编外学生时常进行学术上的指导，更是在我对于本书是否出版犹豫不决之际给予我信心和决心。遗憾的是，对于时老师的一些观点和想法，学生"功力尚浅"，尚不能完全领会；且文笔较为幼稚，对于相关问题的认识也只能从时代背景上进行浅析，难言本书已达老师之期许，唯有将来以更加努力的学习和研究来回报师恩。

感谢我的博士后合作导师郭富青教授。在博士毕业之际，我有幸成为郭富青教授在学院的第一位师资博士后。犹记刚刚毕业回国，无论是学校的各项教学与科研要求，还是国内的研究方式，都让我惴惴不安。是郭老师对我的专业研究与教学工作给予了充分指导，在教学、科研和实践方面，郭老师均倾囊相授，严格要求，为我的执教工作打下了良好的基础。对于我的数据竞争法研究，郭老师不仅在前沿理论上把握方向，还时常鼓励我不断书写、投稿，在我失利之时也是不断地鼓励我、帮助我，才使得我的科研梦想在现实与未来中没有破灭。执教三年来，我不仅顺利出站、留校，还发表了 10 余篇学术论文，并主持、参与了各级课题和学校组织的各类教学大赛与学生实践课程。回首这说长不长、说短不短的学术入门路程，离不开郭老师的关爱有加！郭老师渊博的学识、一丝不苟的作风、对学生负责的态度、踏踏实实的精神都使我终身受益。

感谢我的博士指导教师李东原教授。从到韩国求学至毕业回国，李教授无时无刻地不在相伴、相助。在我确定以数据竞争法为研究方向之时，在身兼法学院院长、韩国经济法学会会长等要务繁忙之际带领我辗转韩国全境参与国内、国际学术会议，使我在此方向上可以掌握最新的动态并扩展了国际视野。在我就业之后，也时常督促我专心学习，持续研究，以中国古人的话语"富贵不能淫，贫贱不能移，威武不能屈"教导我：教师是一项神圣的职业，要倾注一生做好学问。感谢恩师一直以来的帮助和指导，弟子必将不忘初心，砥砺前行！

回望 30 多年来的求学之路，中间虽有停顿，但无疑每一步都在前进着。这一路走来，离不开各位老师、同学、朋友、亲人的关心、支持、鼓励和帮助。感谢（韩国）忠北大学的各位师长与朋友们，感谢各位在我离家漂泊之际给予的温暖与鼓励。感谢西北政法大学的各位师长，在我求学过程中对我的帮助和指导，让我受益匪浅；感谢民商法学院的各位领导、各位同事，给予我一个温馨又积极向上的工作环境。感谢最高人民法院的各位领导、老师、朋友的指导与帮助，使我圆满地完成了作为青年教师的实践锻炼任务。感谢西北政法大学的钟秀程、贺瑞恩、金曼泽、成妍、蒋文锋、过亮等同学，你们帮忙校对书稿，感谢对我工作的支持！

最后要感谢我的家人，在我"三十而立"后"四十不惑"前，无论东北的家人还是西北的家人都在无限包容我的梦想，给予我沉甸甸的爱，我无限感恩！

国瀚文

于北京

2022 年 9 月 13 日